MIKA RISSANEN

JUHA TAHVANAINEN

Die Geschichte Europas in vierundzwanzig Bieren

Über die Autoren:

Mika Rissanen und Juha Tahvanainen sind Historiker mit einem Faible für Sport und andere Skurrilitäten. Ihr Buch SPORTS IN ANTIQUITY wurde mit dem größten Non-Fiction-Preis in Finnland, dem Fact Finlandia, sowie als Sportbuch des Jahres ausgezeichnet; außerdem veröffentlichten sie ein viel beachtetes Sachbuch zum Thema HISTORY OF DESTRUCTION.

Mika Rissanen
Juha Tahvanainen

DIE GESCHICHTE EUROPAS IN VIERUNDZWANZIG BIEREN

Aus dem Finnischen von
Gabriele Schrey-Vasara

Eichborn Verlag in der Bastei Lübbe AG

Titel der finnischen Originalausgabe:
»Kuohuvaa Historiaa«

Für die Originalausgabe:
Copyright © 2014 by Mika Rissanen/Juha Tahvanainen.
First published by Atena Kustannus, Finnland, 2014
Published by arrangement with Kontext Agency, Sweden

Für die deutschsprachige Ausgabe:
Copyright © 2016 by Bastei Lübbe AG, Köln
Textredaktion: Wolfgang Seidel, München
Umschlaggestaltung: Massimo Peter
Satz: hanseatenSatz-bremen, Bremen
Gesetzt aus der DTL Documenta ST
Druck und Einband: CPI books GmbH, Leck – Germany

Printed in Germany
ISBN 978-3-8479-0623-0

5   4   3   2   1

Sie finden uns im Internet unter: www.luebbe.de
Bitte beachten Sie auch: www.lesejury.de

Ein verlagsneues Buch kostet in Deutschland und Österreich
jeweils überall dasselbe.
Damit die kulturelle Vielfalt erhalten und für die Leser bezahlbar
bleibt, gibt es die gesetzliche Buchpreisbindung. Ob im Internet,
in der Großbuchhandlung, beim lokalen Buchhändler, im Dorf
oder in der Großstadt – überall bekommen Sie Ihre verlagsneuen
Bücher zum selben Preis.

Inhalt

Wie das Pier summer vñ winter auf dem Land sol geschenckt vnd prauen werden

Item Wir ordnen/setzen/vnnd wöllen/ mit Rathe vnnser Lanndeschafft/ das füran allennthalben in dem Fürstenthümb Bayrñ/auff dem lande/ auch in vnsern Stettn̄ vñ Märckthen/da deßhalb hieuor kain sonndere ordnung ist/ von Michaelis biß auff Georij/ ain maß oder kopffpiers über ainen pfenning Müncher werung/ vñ von sant Jorgen tag/biß auff Michaelis/ die maß über zwen pfenning derselben werung/vnd der enden der kopff ist/ über drey haller/bey nachgesetzter Pene/nicht gegeben noch auffgeschenckt sol werden.   Wo auch ainer nit Merzñ/ sonder annder Pier prawen/oder sonst haben würde/sol Er doch das/kains wegs höher/dann die maß vmb ainen pfenning schencken/vnd verkauffen. Wir wöllen auch sonderlichen/ das füran allenthalben in vnsern Stetten/Märckthen/vñ auff dem Lannde/zū kainem Pier/merer stückh/dañ allain Gersten/Hopffen/vñ wasser/genomen vñ geprauche sölle werdñ. Welher aber dise vnsere Ordnung wissenlich überfaren vnnd nit hallten wurde/ dem sol von seiner gerichtzöbrigkait/daßselbig vas Pier/zūstraff vnnachläßlich/ so offt es geschicht/ genommen werden. Jedoch wo ain Gäuwirt von ainem Pierprewen in vnnsern Stettñ/Märckten/oder ausm lande/yezūzeitñ ainen Emer piers/ zwen oder drey/kauffen/vnd wider vnntter den gemaynnen Pawrßuolck ausschenncken würde/dem selben allain/ aber sonnst nyemandts/sol dye maß/ oder der kopffpiers/ vmb ainen haller höher dann oben gesezt ist/zegeben/ vñ/ außzeschenncken erlaube vnnd vnuerpotñ.

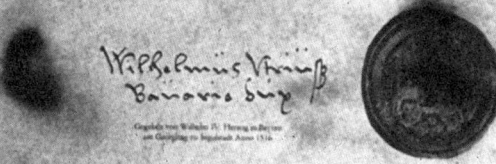

Wilhelmus Vtriuß
Banarie dux

Gegeben von Wilhelm IV. Herzog in Bayern
am Georgitag zu Ingolstadt Anno 1516.

Das Reinheitsgebot, mit Siegel

An den Leser

Die Europäer haben sich das Bier schmecken lassen – so gut sogar, dass die Staatsgewalt es von jeher für richtig befunden hat, nicht nur Steuern auf Bier zu erheben, sondern auch die Herstellung zu regulieren. Das *Reinheitsgebot*, das am 23. April 1516 im bayerischen Ingolstadt erstmals gesetzlich verankert und seither viele Male bestätigt wurde, legt fest, dass Bier ausschließlich aus gemalzter Gerste, Wasser und Hopfen gebraut werden darf, doch hinter dieser Regel steht eine alte Tradition, und die Geschichte des Biers reicht weit über die Grenzen Europas hinaus.

Schon früh merkten die Menschen, dass gekeimtes Getreide süß wird und zum Gären neigt. Die Geschichte des Biers ist so alt wie die Fähigkeit des Menschen, Ackerbau zu treiben. Im iranischen Hochland wurden Tongefäße aus der Steinzeit gefunden, die, wie man mit modernen Untersuchungsmethoden nachweisen kann, gekeimtes und gegorenes Getreide enthielten. Auch wenn die ersten Malzungen und Gärungen vermutlich unbeabsichtigt eintraten, weil die Getreideschüssel feucht geworden war, stellten die Menschen bald fest, dass die Ergebnisse des Gärens erfreulich waren, und lernten, sie zu genießen. Dass die meisten der gefundenen Gefäße in voller Absicht und mit reiflicher Überlegung hergestelltes Bier enthielten und keine zufällig gegorene Malzpampe, darüber sind sich die Archäologen einig.

Es ist sogar die Hypothese aufgestellt worden, dass die Kunst, Getreide in Malz zu verwandeln und daraus Bier zu brauen, dem Menschen die Hefe einbrachte, mit der man Brot backen konnte. Wenn dies zutrifft, ist das Bier ein älteres Nahrungsmittel als Brot.

Bereits viertausend Jahre vor Beginn unserer Zeitrechnung schilderten die Sumerer das Biertrinken, und aus dem 4. Jahrtausend v. Chr. stammen die ältesten Anweisungen, Bier aus gemalztem Getreide und sauberem Wasser zu brauen. Die Bauern, die die fruchtbaren, mit kunstvollen Bewässerungssystemen versehenen Felder des Zweistromlandes bestellten, brauten und konsumierten große Mengen Bier, das schon früh zu einer wichtigen Handelsware wurde. Aus demselben Land stammen auch die ältesten bekannten Regeln über den Ausschank von Bier und die Preisgestaltung sowie Hinweise auf die beflügelnde Rolle, die das Bier bei vielen wichtigen Projekten spielte.

Paragraf 108 des Codex Hammurabi aus dem 18. Jahrhundert v. Chr. legt fest, dass der Preis des Biers sich nach dem Getreidepreis richten und dass ein Wirt, der überhöhte Preise, also mehr Geld als für die entsprechende Menge Getreide, forderte, ertränkt werden sollte. Während beim Wein gedichtet und philosophiert wurde, entstanden beim Bier große Pläne. Der nächste

Paragraf des Codex Hammurabi verfügt nämlich, dass ein Wirt, der Verschwörern erlaubt, sich unter seinem Dach zu versammeln, und sie nicht verhaften und vor Gericht bringen lässt, zum Tode verurteilt werden soll.

Im Ägypten der Pharaonen, wo dereinst die Weinrebe gedieh, galt Bier als Getränk der Säufer. In zahlreichen erhaltenen Papyri finden sich Klagen über den Lärm der Biertrinker auf den Straßen und über den Gestank, den sie in den engen Gassen hinterließen.

Als die Zivilisation aus Ägypten nach Griechenland gelangte, betrachteten die Hellenen Bier als schlechterdings barbarisch. Ebenso verhielt es sich bei den Römern, wo die Weinreben unter der milden Sonne Italiens seit jeher reiche Ernte trugen. Schon die Tatsache, dass Bier aus Gerste zubereitet wurde, die bei den Römern als Tierfutter galt, ließ das Getränk höchst fragwürdig erscheinen. In den römischen Legionen erhielten Soldaten, die aufsässig waren oder ihre Aufgaben nicht sorgfältig genug erledigten, ihre Getreideration zur Strafe in Gerste statt in Weizen. Es ist also nicht verwunderlich, dass die Römer die keltischen Stämme Galliens und später die Germanen, die gern Gerstenbier tranken, für unzivilisierte Wilde hielten.

Im 1. Jahrhundert n. Chr. berichtet der römische Historiker Tacitus in seinem Werk *Germania*, dass die Germanen, wenn sie über wichtige Angelegenheiten wie Krieg und Frieden entscheiden oder über ein Mitglied ihres Stammes das Todesurteil verhängen mussten, reichlich Bier tranken und sich am nächsten Tag versammelten, um noch einmal über den Beschluss zu sprechen. Wenn er ihnen auch dann noch richtig erschien, wurde er verwirklicht. Indem Tacitus seine Leser noch darüber aufklärte, Bier sei *quodammodo corruptum*, »gewissermaßen verdorbener« Gerstensaft, verstärkte er das Fundament der im südeuropäischen Kulturkreis lange vorherrschenden Auffassung, Bier sei kein salonfähiges Getränk.

In den turbulenten Zeiten der Völkerwanderungen und Hungersnöte, die auf den Untergang des Römischen Reiches folgten, reduzierte sich die Ess- und Trinkkultur für viele auf die Hoffnung, überhaupt etwas in den Magen zu bekommen. Im Frühmittelalter hielt die römische Kirche, die im lateinischen Westen nicht nur einen Großteil des Prestiges des ehemaligen Kaiserreiches geerbt, sondern auch in ganz Europa ihren eigenen Amtsapparat aufgebaut hatte, viele Traditionen der Römer verdienstvoll aufrecht. So blieb auch die Vorstellung, Bier sei ein ordinäres und geradezu barbarisches Getränk, jahrhundertelang lebendig. In gewisser Weise ist die auf uralte Zeiten zurückgehende Trennung in ein Wein- und ein Bier-Europa immer noch sichtbar. Die Kerngebiete des alten Römischen Reiches sind weiterhin Weinländer, und diejenigen, die schon Julius Cäsar und Tacitus als Biertrinker bezeichneten – Briten, Belgier, Germanen und Nordmänner –, trinken immer noch Bier.

Auch heute wird Bier mitunter als Massenprodukt abgestempelt, das nur dazu taugt, sich einen Rausch anzutrinken. Wer diese Meinung vertritt, vergisst allerdings die Vielfältigkeit der Bierwelt und gründet seine Auffassung auf die billigen und leichten Lagerbiere, die kistenweise aus dem Supermarkt in den Kofferraum geschleppt werden.

Bier ist jedoch viel mehr. In unserem Buch schildern wir Episoden aus verschiedenen Zeiten, bei denen Bier den Lauf der Geschichte beeinflusste; darüber hinaus möchten wir auch die Rolle des Biers als wesentliches Element der europäischen Speisen- und Brauchtumskultur, als Inspirationsquelle und sogar als Grundlage der Völkerfreundschaft hervorheben.

In den vierundzwanzig Kapiteln dieses Buches beleuchten wir die Verbindungen zwischen dem Bier und der Kultur, den Ideen, gesellschaftlichen Umwälzungen oder dem Wirtschaftsleben verschiedener Epochen. Aufgeführt werden Fallbeispiele aus verschiedenen Gegenden Europas. Zeitlich bewegen wir uns in der Spanne vom Frühmittelalter bis zum 21. Jahrhundert. Zum Abschluss jedes Kapitels gehen wir genauer auf eine mit den Ereignissen verknüpfte Biermarke ein. Die meisten sind fast überall erhältlich; wer will, kann die schäumende Geschichte Europas also auch über seinen Geschmacks- und Geruchssinn kennenlernen.

Wir heben unsere Bierkrüge und laden unsere Leser ein zu einer vergnüglichen Bierfahrt!

Im Lokal »Seiska« in Valtimo, 21. 4. 2014
Die Verfasser

Damit die Geschichte nicht zu trocken wird

Im Zusammenhang mit den im Buch vorgestellten Bieren kommen die Geschichte der jeweiligen Biersorte, ihre Verbindung zu den im Kapitel geschilderten Ereignissen sowie ihre Art und ihre Besonderheiten zur Sprache.

Alkohol: Alkoholgehalt des Biers in Volumenprozenten.

Stammwürze: Der Anteil des beim Maischen aus dem gekeimten Getreide, also dem Malz, im Wasser gelösten Zuckers an der Gesamtmasse der Bierwürze. Der Zucker der Würze gärt mithilfe von Hefe zu Alkohol, eine stärkere Stammwürze erzeugt in der Praxis einen höheren Alkoholgehalt. Angabe in Grad Plato (zum Beispiel bedeutet 10 °P, dass der Anteil des Zuckers an der Gesamtmasse der Würze 10 Prozent beträgt).

Bittereinheit: Die durch den Hopfen eingebrachte Menge an Bitterstoffen nach der europäischen Skala (EBU = *European Bitterness Units*). Je höher der Wert, desto stärker ist die Hopfung und desto größer die Bitterkeit.

Farbe: Die Farbe des Biers nach der europäischen Skala (EBC = *European Brewing Convention*). Je höher der Wert, desto dunkler das Bier.

Um den Vergleich zu erleichtern, wurden in der folgenden Tabelle Beispielwerte für vier verschiedene bekannte Biere zusammengestellt.

	Bitburger Premium	Aecht Schlenkerla	Paulaner Hefe-Weiß-bier	Guinness
	(Bitburg)	(Bamberg)	(München)	(Dublin)
Biertyp	Lager	Rauchbier	Weizen	Stout
Alkohol	4,8 %	6,5 %	5,5 %	4,2 %
Stamm-würze	11,1 °P	17,6 °P	12,5 °P	9,6 °P
Bitter-einheit	28,3 EBU	31,6 EBU	11 EBU	22 EBU
Farbe	6,1 EBC	74,7 EBC	20,1 EBC	108 EBC

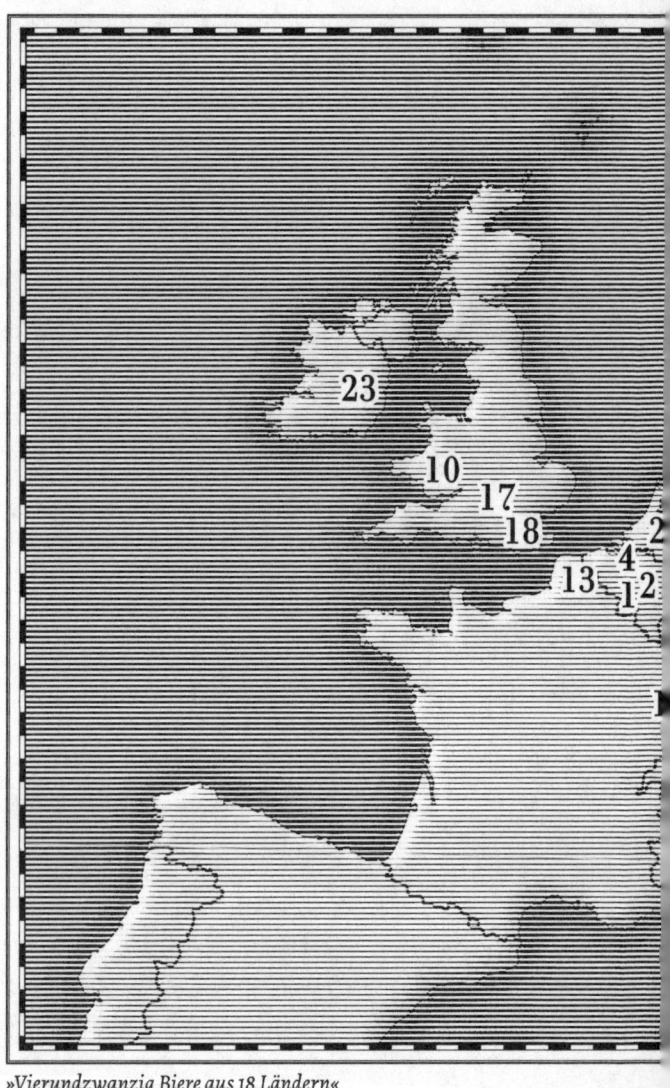

»Vierundzwanzig Biere aus 18 Ländern«

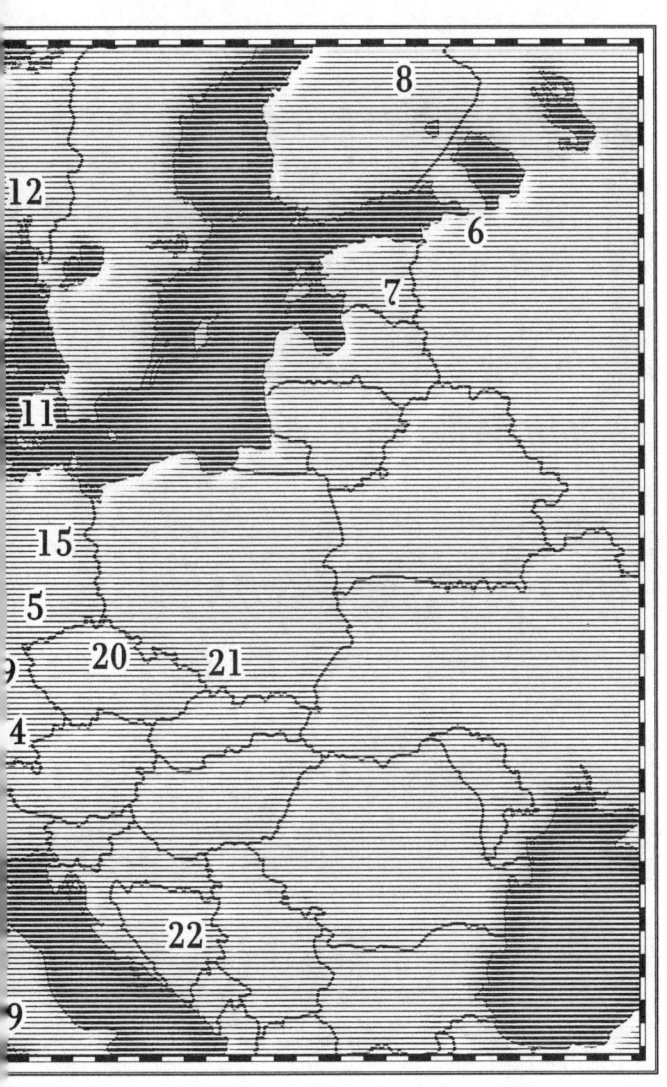

Ein Mönch beim Kosten im Bierkeller. Illustration einer Handschrift aus dem 13. Jahrhundert.

I
Das Bündnis von Kirche und Bier

Die heiligen Schriften des Christentums wurden in einer Region zusammengestellt, in der wenig Braugerste angebaut wurde. Das spiegelt sich auch in der Bibel wider. Bei der Hochzeit zu Kana wurde kein Bier gezapft, und beim letzten Abendmahl machte kein Bierkrug die Runde. Die frühe Christenheit folgte dem Vorbild der Heiligen Schrift und trank Wein.

Schon vor der Ankunft der jüdisch-christlichen Auffassungen konnte die Antipathie gegen Bier in Südeuropa auf eine lange Tradition zurückblicken. Die ältesten bekannten Erwähnungen des Biertrinkens in Europa stammen aus dem 7. Jahrhundert v. Chr. Der frühgriechische Dichter Archilochos berichtete von den Thrakern, die »Gerstenwein« tranken. Die Einstellung der Griechen gegenüber anderen Völkern war, gelinde gesagt, hochmütig, was auch das Urteil über die Bräuche dieser Barbaren prägte – einschließlich der Esskultur und der Getränke. Den Griechen galt Wein als Geschenk des Gottes Dionysos an die Menschheit. Über das Bier, dieses Getränk der Barbaren, findet sich dagegen in der griechischen Literatur kaum ein positives Wort.

Das kritische Urteil der Griechen über den Geschmack und die angeblich gesundheitsschädliche Wirkung von Malzgetränken wurde auch von den Römern übernommen, die es vor und nach dem Beginn unserer Zeitrechnung in den Gebieten verbreiteten, die sie eroberten, vom Nahen Osten bis nach Britannien. Die nördliche Grenze des Römischen Reiches bildete jedoch nicht unmittelbar eine scharfe Grenze zwischen Bier- und Weinkulturen. In den von den Römern unterworfenen Provinzen, wie Gallien (heute Frankreich und Belgien), Hispanien (heute Spanien und Portugal) und Britannien, blieben die Biertraditionen der Kelten im Volk erhalten. Die Oberschicht dagegen schenkte sich lieber Wein ein. Je weiter die Romanisierung der Provinzen voranschritt, desto weniger Bier wurde gebraut.

Der Aufstieg des christlichen Glaubens zur Staatsreligion im Römischen Reich im 4. Jahrhundert intensivierte diesen Wandel. Der Wein hatte sowohl in der jüdisch-christlichen als auch in der griechisch-römischen Tradition Fürsprecher. Der heilige Kyrill von Alexandria beschrieb im 5. Jahrhundert das Bier als »kaltes und trübes Getränk der Ägypter, das unheilbare Krankheiten verursacht«. Wein dagegen erfreute den Worten eines Psalms zufolge »des Menschen Herz«. Nebenbei sei erwähnt, dass der besagte Kyrill unter anderem die Juden aus Alexandria vertrieb, die namhafte Philosophin Hypatia ermorden ließ und einen Teil der Bibliothek von Alexandria vernichtete – über die Urteilsfähigkeit des Kirchenvaters mag jeder seine eigenen Schlüsse ziehen.

Die Völkerwanderungen führten im 4. und 5. Jahrhundert scharenweise Germanen über den Rhein und die Donau; sie waren von alters her gewohnt, ihren Durst mit Bier zu löschen. Schon bald bekehrten sich die Germanen zum Christentum und nahmen die Bräuche ihrer neuen Siedlungsgebiete an. Zwar gaben sie das Biertrinken nicht völlig auf, doch die herrschende Klasse und die Gottesgelehrten meinten, Wein sei ihrer Würde angemessener. Diese Aufspaltung in Getränke der Herrschenden und des Volkes verbreitete sich weithin im von den Germanen besiedelten Mitteleuropa. Wo keine Weintrauben wuchsen, beschafften sich die Adligen den Wein als begehrte Importware aus dem Süden. Das Bier wurde auf dem europäischen Festland allmählich zu einem Getränk zweiter Klasse, bis die wackeren Iren Rettung brachten.

Die römischen Legionen hatten seit den Zeiten von Gaius Julius Cäsar von Gallien aus gelegentlich Kriegs- und Erkundungsexpeditionen über den Kanal nach Britannien unternommen. Schließlich wurden im Jahre 43 n. Chr. die südlichen und mittleren Teile der Insel dem Römischen Reich angegliedert. Den Eroberungsdrang der Römer weckten vor allem die begehrten Metallvorkommen in Britannien, die letztlich jedoch kleiner waren als erhofft. Die Angriffe der Römer reichten bis in das schottische Hochland, doch die Nachbarinsel Irland blieb unbehelligt.

Die Kelten durften auf ihrer Insel am Rand der bekannten Welt bis ins 5. Jahrhundert in Frieden leben;

dann traf der in Britannien geborene Missionar Patrick (ca. 387–460) ein, um den christlichen Glauben unter den Iren zu verbreiten. Über die geschmacklichen Vorlieben des heiligen Patrick ist nichts bekannt, aber seine Schüler verbanden die irische Biertradition mühelos mit der soeben auf die Insel gelangten christlichen Lehre. Der heilige Dónairt (gest. 507) braute in jedem Frühjahr ein Fass Bier, das er am Dienstag nach Ostern den Kirchgängern in Rath Muirbuilc anzubieten pflegte. Die zu den Nationalheiligen Irlands zählende Brigida von Kildare (451–525) war dem Bier noch mehr zugetan. Die Heiligenlegenden preisen ihre Gastfreundschaft. Als ein durstiger Reisender nach Kildare kam und die Getränke ausgegangen waren, verwandelte Brigida ihr Badewasser in Bier. Und das Bierfass, das sie an eine Gemeinde schickte, vervielfältigte sich unterwegs, sodass die Fässer schließlich für achtzehn Kirchen reichten. Den überzeugendsten Beweis für die Gutwilligkeit der Heiligen liefert jedoch ihr Gebet: »Ich würde dem König der Könige gern einen großen See voller Bier geben. Ich würde gern sehen, wie die himmlische Familie in alle Ewigkeit daraus trinken kann.«

Der christliche Glaube schlug in Irland rasch feste Wurzeln. Schon einige Generationen nach Patrick war Irland eines der Länder in Europa, die die meisten Missionare entsandten. Die Männer der Kirche verbreiteten den Glauben vor allem in den entlegensten Winkeln der britischen Inseln, aber auch auf dem europäischen Festland. Gleichzeitig verbreitete sich die bodenständige Auffassung der Iren, ein Leben im Glauben lasse sich durchaus mit dem Biertrinken verbinden.

Der heilige Columban wurde um 540 in Ostirland geboren, diente in zahlreichen Klöstern seiner Heimatinsel und zog im Alter von neunundvierzig Jahren als Missionar auf das Festland. Die religiösen Zustände in Gallien, das unter der Herrschaft der Franken stand, erschütterten Columban; er machte es sich zur Aufgabe, sowohl am Hof von Burgund als auch im Volk die Reinheit der Lehre wiederherzustellen. Er gründete das Kloster Annegray, dessen Klosterregel im Frühmittelalter zum Vorbild für viele Klöster nördlich der Alpen wurde. Zwar gab es auch in seiner irischen Heimat Klöster, die den Fratres jeglichen Alkohol untersagten, doch der Missionar selbst war kein Anhänger der Prohibition. Im Gegenteil. Columban befürwortete Askese im Klosterleben, doch das Bier stand bei ihm in hohem Ansehen. Dass Bier verschüttet wurde, duldete der heilige Abt nicht, und die Klosterregel von Annegray führt detailliert die Strafen an, die einem Mönch auferlegt wurden, wenn er Bier vergeudete. Ein derart unachtsamer Mönch bekam statt seiner Bierration so lange nur Wasser, bis die verschüttete Menge ersetzt war. Die zentrale Stellung des Biers in Columbans Klosterleben spiegelt sich auch in der Fülle malzhaltiger Heiligenlegenden wider.

Als die Mönche sich einmal zum Abendessen versammelt hatten, ging ein Diener in den Keller, um Bier zu holen. Er zog den Zapfen aus dem Fass und war gerade dabei, die Kanne zu füllen, als Columban nach ihm rief. Die Bierkanne in der einen und den Zapfen in der anderen Hand, eilte der Diener nach oben. Als einer der Mönche am Tisch auf den Zapfen deutete, hatte der Diener es plötzlich eilig. Er hatte vergessen, das Fass zu schließen, und lief besorgt in den Keller. Dort erwartete ihn ein Wunder. Kein Tropfen Bier war auf den Boden gelaufen, das Fass war immer noch randvoll. Erleichtert dankte der Diener dem Herrgott. Die erfreuten Mönche führten das Ereignis darauf zurück, dass Gott dem treuen Diener des Abtes die in der Klosterregel festgesetzte Strafe ersparen wollte. Auch der heilige Columban erhielt seinen Anteil an der Ehre, die dieses Wunder bedeutete. Der Glaube der Mönche an die Vorsehung wurde gefestigt, und das Abendessen konnte in fröhlicher Stimmung fortgesetzt werden.

Columban wurde weithin als frommer Mann bekannt und gründete neue Klöster in Burgund. Im Kloster Fontaines vollbrachte er ein weiteres Bierwunder, das Jonas von Bobbio in seiner Biografie des Heiligen schildert: »Columban ging zum Kloster Fontaines und sah sechzig Mönche bei der Feldarbeit. Als diese mit ihrer harten Arbeit fertig waren, sagte er: ›Meine Brüder, möge der Herr euch eine reichliche Mahlzeit geben.‹ Da er dies hörte, sagte der Gehilfe des Abtes: ›Vater, glaubt mir. Wir haben nur zwei Brote und einen

Rest Bier.‹ – ›Bringt sie mir‹, antwortete der Abt. Der Gehilfe brachte die Brote und das Bier zu Columban, der den Blick gen Himmel hob und sprach: ›Jesus Christus, Erlöser der Welt, der du mit fünf Broten fünftausend Menschen speistest, mache diese Brote und dieses Bier ebenso reichhaltig!‹ Das Wunder geschah. Alle konnten sich satt essen und so viel trinken, wie sie wollten. Der Diener trug doppelt so viel Brot und Bier hinaus, als ursprünglich da gewesen war.«

Freilich war nicht jedes Bier gutzuheißen. Im Jahre 611 hörte Columban auf einer Reise in Brigantia (das heutige Bregenz am Bodensee in Österreich) von einem riesigen Bierzuber, den die Stadtbewohner ihrem heidnischen Gott Wodan opfern wollten. Er begab sich auf den Marktplatz, wo der Zuber stand, und stieß wütend alle Luft aus der Lunge. Der Zuber sprang in Stücke, und das Bier floss auf die Erde. Es wird berichtet, dass die Einwohner der Stadt sich nach diesem Vorfall scharenweise zum Christentum bekehrten. Von da an wussten sie, in wessen Namen das Bier zu segnen war.

Columban machte das Bier salonfähig, doch der heilige Gallus (ca. 550–646), ein Mönch, der ihm aus Irland gefolgt war, hat ebenfalls seinen Platz in der Geschichte des Gerstensafts. Gallus begleitete Columban auf der Reise nach Brigantia, erkrankte jedoch unterwegs und musste zur Genesung im Norden der heutigen Schweiz zurückbleiben. Er fand so großen Gefallen an der Gegend, dass er sich dort niederließ. Nach

Gallus' Tod wurde zu seinem Gedenken eine Kapelle errichtet, aus der sich später das Kloster St. Gallen entwickelte. Die Klosterbrüder hielten die Traditionen der Iren in Ehren. St. Gallen zog im Lauf der Jahrzehnte immer wieder neue Mönche an, wurde reich und wuchs. Der berühmte St. Gallener Klosterplan, ein Grundriss des Klosterkomplexes, der um 820 entstand, wurde zum Vorbild für den Klosterbau in Europa im Früh- und Hochmittelalter.

Natürlich wurde in St. Gallen auch dem Bierbrauen die gebotene Aufmerksamkeit gewidmet. Auf dem Klosterplan ist die Anordnung der Getreidespeicher, der Darre, der Mühle, der Behälter für gemalztes und ungemalztes Getreide sowie natürlich der Brauerei detailliert angegeben. Für die Lagerung des Biers waren die Keller vorgesehen. Tatsächlich gab es sogar drei Brauereien, eine Praxis, die sich durch den Klosterplan in vielen Klöstern einbürgerte. Die Hauptbrauerei lieferte Bier für den Eigenbedarf des Klosters, die zweite für hohe Gäste. Die dritte stillte den Durst von Pilgern und Bettlern. Es ist nicht genau bekannt, worin sich die Biere der drei Brauereien unterschieden. Dem Grundriss zufolge war die Hauptbrauerei die einzige, die mit einem eigenen Raum zum Filtern ausgestattet war. Offenbar waren die Mönche der Ansicht, das beste Bier stehe ihnen selbst zu. Auch auf der Synode von Aachen wurde im August 816 festgelegt, die Tagesration eines Mönches sei ein Sextarius (0,55 l) gutes Bier.

Die Verbindung zwischen Klöstern und Bierbrauereien war langlebig und fruchtbar. Im Mittelalter herrschte kein Mangel an Bewerbern, Postulanten genannt, was nicht zuletzt daran lag, dass die materielle Versorgung in der religiösen Gemeinschaft gesicherter war als außerhalb der Klostermauern. Ein Teil der Klosterinsassen spezialisierte sich auf das Bierbrauen und bildete einen angesehenen Berufsstand. Dadurch wuchs im Lauf der Jahrzehnte die Kenntnis des Gärungsprozesses, und die Qualität der Klosterbiere verbesserte sich. Besonders viele Klosterbrauereien gab es im Fränkischen Reich, das Anfang des 9. Jahrhunderts von der Atlantikküste bis weit nach Deutschland reichte. Doch auch in Britannien wurden Brauereien nach dem Vorbild von St. Gallen gegründet. In den irischen Klöstern wusste man ohnehin bereits, wie Bier gebraut wurde, dorthin brauchte das Modell vom Festland also nicht exportiert zu werden.

Die Stabilisierung der politischen Verhältnisse schuf im Spätmittelalter die Voraussetzungen für die Entstehung kommerzieller Brauereien. Die Anzahl der Klosterbrauereien ging allmählich zurück; sie verringerte sich insbesondere im Lauf des 19. und 20. Jahrhunderts. Einerseits wurde die industrielle Bierherstellung der kommerziellen Brauereien in größeren Dimensionen und profitabler betrieben als zuvor. Andererseits hatten die Klöster weniger Zustrom und konzentrierten sich, um einen betriebswirtschaftlichen Begriff zu verwenden, auf das Kerngeschäft. Man hielt Beten und geistiges Leben für wichtiger als das Bierbrauen.

Neben der Schließung hatten die Klosterbrauereien zwei weitere Möglichkeiten. Einige setzten ihre Tätigkeit als Hobby in geringem Umfang fort und brauten Bier nur für den Eigenbedarf. Andere machten sich das neuartige Geschäftsmodell zu eigen und industrialisierten und kommerzialisierten die Produktion. Klosterbier weckt intensive Assoziationen, die sich bei der Vermarktung nutzen lassen. Teilweise führte dies zu krasser Effekthascherei, wenn Brauereien ihre Produkte als Erzeugnisse geschlossener oder nicht existierender Klöster ausgaben. Doch eine unsichtbare Hand scheint die betrügerischsten Falschspieler vom Markt zu ziehen. Für seine Klosterbiere ist heute vor allem Belgien bekannt, wo die Verwendung dieser Bezeichnung strenger kontrolliert wird als in vielen anderen Ländern. Die authentischste Tradition repräsentieren die Biere aus sechs Trappistenklöstern, die von den Mönchen innerhalb des Klosters gebraut werden. Eine größere Gruppe bilden die zertifizierten Klosterbiere, die in Zusammenarbeit von kommerziellen Brauereien und Klöstern hergestellt werden. Rund zwanzig Brauerei-Kloster-Kombinationen sind in Belgien autorisiert, ihre Produkte als Klosterbier zu bezeichnen.

Gesegnetes Bier

Auch wenn Gambrinus nicht zu den offiziellen Heiligen der katholischen Kirche gehört, gilt dieser mythische »König des Bieres« in ganz Europa als Schutzheiliger der Bierkultur insgesamt, sowohl der Biertrinker als auch der Brauereien. Legenden wissen unter anderem zu berichten, er habe die Kunst des Bierbrauens von der ägyptischen Göttin Isis erlernt, die Hopfung erfunden und, beflügelt vom Bier, viele Schlachten gewonnen. Worauf diese Geschichten sich gründen, ist nicht mit Sicherheit festzustellen. Möglicherweise geht der Name der mythischen Gestalt auf das keltisch-lateinische Wort *cambarius*, »Bierbrauer«, zurück oder auf den lateinischen Terminus *ganeae birrinus*, »in der Kneipe saufend«. Als wahrscheinlicher gilt jedoch die Annahme, dass es sich um eine Verballhornung des holländisch-lateinischen Herrschernamens *Jan Primus*, Johann der Erste, handelt. Dieser Name bezieht sich entweder auf Herzog Johann I. von Brabant (1252–1294) oder auf Johann Ohnefurcht, den Herzog von Burgund (1371–1419).

Und damit das Bier nicht zu weltlich erscheint, kann man auf die Schutzheiligen der Bierbrauer, Hopfenpflücker und dergleichen mehr anstoßen, von denen es Dutzende gibt – hier die berühmtesten:

Heilige	Wer?	Schutzbereich	Gedenktag
Amandus	Bischof von Maastricht (ca. 584–675)	Bierbrauer, Wirte	6. 2.
Arnold	Bischof von Soissons (ca. 1040–1087)	Hopfenpflücker, belgische Brauer	8. 6. und 14. 8.
Arnulf	Bischof von Metz (ca. 582–640)	Bierbrauer	18. 7.
Bonifatius	Missionar (gest. 754)	deutsche Brauer	5. 6.
Brigida v. Kildare	irische Äbtissin (451–525)	Bierbrauer	1. 2.
Columban	Missionar (ca. 540–615)	belgische Brauer	23. 11.
Dorothea	Märtyrerin (gest. 311)	Bierbrauer	6. 2.
Gambrinus	Johann I. (1252–1294)	Bierbrauer	11. 4.
Hildegard von Bingen	deutsche Äbtissin (1098–1179)	Hopfenzüchter	17. 9.
Martin	Bischof von Tours (ca. 317–397)	Wirte, maßvolles Trinken	11. 11.
Urban	Bischof von Langres (ca. 327–390)	Fassbinder	2. 4.
Wenzel (tsch. Václav)	Herzog von Böhmen (ca. 907–935)	tschechische Brauer	28. 11.

St-Feuillien Triple
Le Roeulx, Belgien

Typ: Ale
Alkohol: 8,5 %
Stammwürze: 18,5 °P
Bittereinheit: 22 EBU
Farbe: 12 EBC

Der heilige Foillan (frz. *St. Feuillien*) war einer der zahlreichen irischen Mönche, die im Frühmittelalter nach Mitteleuropa kamen, um das Evangelium zu verkünden. Er starb 655 den Märtyrertod, als er und seine Begleiter im Wald von Soignes von Räubern überfallen wurden. Foillans Leiche wurde in die heute belgische Stadt Le Roeulx gebracht, wo im Lauf der Jahrhunderte ein nach ihm benanntes Kloster entstand: *Abbaye St-Feuillien*. Die Geschichte des Klosters endete im ausgehenden 18. Jahrhundert in den Stürmen der Französischen Revolution, doch Bier wurde weiterhin gebraut. Seit 1873 wird die Brauerei unter dem Namen des Klosters von der Familie Friart betrieben. Das Familienunternehmen wird heute bereits von der vierten Generation geleitet.

St-Feuillien Triple ist ein strohgelbes Kloster-Ale mit dichtem Schaum. Im Geschmack, der sich bei der zweiten Gärung auf der Flasche bildet, treten Aromahopfen, Würzigkeit und ein fruchtbetontes Bukett hervor, das auch den Alkoholgeschmack überdeckt. Triple erhielt 2009 eine Auszeichnung in der Klasse der hellen Klosterbiere beim Wettbewerb *World Beer Awards*.

Manneken Pis versprüht seit Jahrhunderten in Brüssel sein Wasser. Gravur von Jacques Harrewyn aus den ersten Jahren des 18. Jahrhunderts.

II
Das Geheimnis des prachtvollen Bogens

Manneken Pis, die Statue eines pinkelnden kleinen Jungen an der Ecke der Rue de l'Étuve und der Rue du Chêne, ist eine der berühmtesten Sehenswürdigkeiten von Brüssel. Die erste Statue wurde an dieser Stelle bereits im 14. Jahrhundert errichtet, und eine der heutigen ähnliche Gestalt schlug seit 1619 im Zentrum von Brüssel ihr Wasser ab.

Einer Legende zufolge ist das Geheimnis des prachtvollen Strahls des kleinen Jungen das örtliche Lambic-Bier.

Für ein öffentliches Denkmal ist Manneken Pis klein, er misst nur einundsechzig Zentimeter. Das entspricht nicht ganz der natürlichen Größe, denn der grinsende kleine Junge steht bereits fest auf den Beinen und dürfte sich mindestens im zweiten Lebensjahr befinden. Seine leicht nach hinten geneigte Haltung ist entspannt, aber standhaft. An Wangen und Beinen lässt sich die für Kleinkinder typische Rundlichkeit erkennen. Der Name der Figur bedeutet in dem flämischen Dialekt, der in der Umgebung von Brüssel gesprochen wird, »pinkelndes Männchen«. Die von Jérôme Duquesnoy geschaffene Bronzestatue ersetzte im 17. Jahrhundert ein dreihundert Jahre altes Denkmal aus Stein. Im Lauf ihrer Geschichte wurde die kleine Statue mehrmals gestohlen; das Original befindet sich heute geschützt im Stadtmuseum von Brüssel an der Grand-Place. Für die Fotos der Touristen schlägt an der Straßenecke eine 1965 aufgestellte exakte Kopie ihr Wasser ab.

Im Mittelalter waren die Niederlande stark zersplittert. Formal gehörte das Gebiet größtenteils zum Heiligen Römischen Reich Deutscher Nation, doch in der Praxis herrschten Grafen und Herzöge ausgesprochen selbstständig über ihre Fürstentümer. Eines der größten Reichslehen der Region war im 12. Jahrhundert das Herzogtum Brabant, dessen Herrschaftsbereich sich von der Mitte des heutigen Belgien bis nach Südholland erstreckte. Das Herzogtum wurde von Brüssel und Löwen aus regiert, auf eine Art, die in den Handelsstädten im Norden häufig auf Ablehnung stieß. Die Bürger von Antwerpen und Breda beschwerten sich darüber, dass ihre Steuergelder in Brüssel versickerten, und der lokale Adel fachte die rebellische Stimmung bereitwillig an.

Gottfried III. wurde 1141, in einer unruhigen Zeit, als Erbe von Brabant geboren. Die Stadt Grimbergen, die später vor allem für ihre Klosterbiere bekannt wurde, rebellierte bereits seit zwei Jahren. Als der Vater, Herzog Gottfried II., im folgenden Jahr überraschend starb, erbte der Kleine ein zerstrittenes Reich und einen prächtigen Titel: »Graf von Löwen, Landgraf von Brabant, Markgraf von Antwerpen und Herzog von Niederlothringen«. Die Familie Berthout, die in Grimbergen herrschte, revoltierte nun offen. Bald begannen auch die anderen Adelsgeschlechter des Nordens, mit den Säbeln zu rasseln. Die Gelegenheit, die Übermacht von Brabant zu brechen, war gekommen.

Der junge Gottfried dürfte in glücklicher Unwissenheit gelebt haben. Als die Aufständischen aus dem Norden 1142 in Richtung Brüssel marschierten, bat Gottfrieds Mutter, Herzoginwitwe Luitgard, ihren Nachbarn um Hilfe. Dietrich von Elsass, der Herrscher über die benachbarte Grafschaft Flandern, entsandte eine Truppe nach Brüssel, deren Anführer, Herr von Gaasbeek, eine überraschende Bitte an die Herzoginwitwe hatte: »Wenn Ihr unseres Sieges gewiss sein wollt, so lasst Euren Sohn mit uns auf das Schlachtfeld ziehen. Diese Bitte hat meine Truppe geäußert.« Luitgard konnte es sich nicht leisten abzulehnen. Sie selbst blieb in Brüssel, doch Gottfried, der offizielle Oberbefehlshaber der Armee, der einige Monate zuvor laufen gelernt hatte, zog aus, den Aufstand niederzuschlagen. Unterwegs kümmerte sich eine Amme namens Barbara um den Knirps.

Die wohlhabendsten Familien engagierten im Mittelalter im Allgemeinen eine Amme, die das Kind bis zum Alter von anderthalb bis zwei Jahren nährte. Für eine adlige Frau schickte es sich nicht, körperliche Arbeit zu leisten; in diese Kategorie fiel auch das Stillen. Zudem war es eine Art Statussymbol, eine Amme einzustellen, denn das konnten sich nur die Wohlhabendsten leisten, auch wenn der Lohn nicht übermäßig hoch war. Nach allgemeiner Auffassung verhinderte Stillen eine neue Schwangerschaft. Wenn man also in rascher Folge Nachkommen wollte, musste jemand anders als die Mutter das Neugeborene stillen. In der Praxis übernahmen die Ammen größtenteils auch die sonstige Kinderpflege.

Die Armee der Brabanter stieß etwa zehn Kilometer nach Norden vor und begegnete den Aufständischen auf dem Feld von Ransbeek, in unmittelbarer Nähe der Stadt Grimbergen. Die Truppen gingen in Stellung, und Gottfried bekam seine Mahlzeit. Um genug Milch zu haben, pflegte Barbara in regelmäßigen Abständen aus einem Fässchen Lambic-Bier zu trinken, eine Spezialität der Brüsseler Region.

Jahrhundertelang glaubte man fest daran, dass Biertrinken die Milchbildung erhöht, und noch in der ersten Hälfte des 20. Jahrhunderts wurde Bier als gesundes Getränk für stillende Mütter empfohlen. Auch wenn Alkohol für Stillende nicht ratsam ist, gibt es tatsächlich wissenschaftliche Beweise für die positive Wirkung von Bier auf die Milchbildung. Ganz einig sind sich die Forscher allerdings nicht. In einigen Untersuchungen wurde als letztliche Ursache Beta-Glucan identifiziert, ein Polysaccharid, das unter anderem in Gerste und Hafer enthalten ist. Der Alkoholgehalt des Biers hat keinen nennenswerten Einfluss auf die Menge an Beta-Glucan, dieselbe Wirkung ist daher auch mit alkoholfreiem Bier, Dünnbier und Malzextrakt zu erreichen. Im Mittelalter nahm man es mit dem Alkohol freilich nicht so genau.

Wenn der etwas über ein Jahr alte Gottfried sich nach Abwechslung von der Muttermilch sehnte, konnte er einen Schluck leichtes Lambic aus seinem eigenen Lägel trinken.

Als die Truppen in Reih und Glied standen, hatte Gottfried sich den Bauch gefüllt. Er wurde in eine Wiege gelegt, die an einem Baum hing, und rülpste zum Dank. Da meldete sich plötzlich die Natur. Gottfried stand auf, lehnte sich ein wenig zurück und bedachte die feindlichen Krieger mit einer ausgiebigen Dusche.

Die Brabanter Armee belohnte die Heldentat ihres Oberbefehlshabers mit Hurrarufen. Der junge Herzog hatte die Aufständischen empfindlich gedemütigt. Er hatte ihnen die Kronjuwelen eines Grafen und Herzogs gezeigt und sie zudem buchstäblich angepisst. Als Gottfried sein Geschäft erledigt und sich zum Mittagsschlaf hingelegt hatte, stürmte die brabantische Armee auf die Aufständischen zu. Die furchtlose Geste des Oberbefehlshabers hatte die Männer mit einem Siegeswillen ausgestattet, gegen den die Truppen von Grimbergen nicht ankamen. Die Schlacht von Ransbeek war schnell vorbei. Die Macht Brabants blieb erhalten, und die Rebellen zogen nach Hause, um Kraft für spätere Scharmützel zu sammeln.

Die siegreiche Armee kehrte im Triumphzug nach Brüssel zurück, und die Legende vom pinkelnden kleinen Mann ging von Mund zu Mund. In Liedern hieß es, siegreich seien »sowohl die Waffen Brüssels als auch sein Lambic«. Die Soldaten am Ende des Zuges trugen als Siegeszeichen die Eiche, an deren Ast Gottfrieds Wiege geschaukelt hatte. Der Baum wurde im Zentrum der Stadt eingepflanzt, wo er der Überlieferung nach rund zweihundert Jahre lang an das Ereignis erinnerte. Als die Eiche schließlich morsch wurde, verewigte man die Heldentat mit einem in Stein gehauenen Springbrunnen.

Die Regierungszeit Gottfrieds III., der Aufstand von Grimbergen und die Schlacht von Ransbeek sind historisch belegte Tatsachen. Die Pinkelgeschichte dagegen wurde mündlich überliefert; ob sie sich tatsächlich zugetragen hat, ist ungewiss.

Es gibt auch andere Legenden über den Hintergrund des Manneken Pis. Einer solchen Geschichte zufolge hatte ein kleiner Junge dereinst die Stadt gerettet, indem er beim Wasserlassen die Zündschnur einer von Verschwörern gelegten Bombe löschte. Andere glauben, ein wohlhabender Kaufmann habe die Statue aus Dankbarkeit gestiftet, da sein verschwundener kleiner Sohn nach längerer Suche gefunden wurde, als er gerade sein Geschäft verrichtete.

Cantillon Gueuze
100 % Lambic Bio
Brüssel, Belgien

Typ: Lambic
Alkohol: 5,0 %
Stammwürze: 12,7 op
Bittereinheit: 25,8 EBU
Farbe: 16 EBC

Lambic wird in einem geografisch genau begrenzten
Gebiet am Flusstal der Senne in Brüssel und südwestlich der Stadt hergestellt. Es gibt nur rund zehn Produ-
zenten dieses traditionellen Biertyps. Der Hopfen des
Lambic ist zwei bis drei Jahre alt und hat seine Schärfe
bereits verloren. Die reichliche Hopfung verleiht dem
Lambic daher keinen bitteren Geschmack, sondern verbessert lediglich die Haltbarkeit. Die größte Besonder-
heit des Lambic ist, dass das Bier durch eine von wilden
Hefen und Bakterien ausgelöste Spontangärung entsteht, ohne Beifügung von Hefe zur Würze. Nach dem
Sieden lässt man die Würze in flachen Becken auf den
Dachböden der Brauereien abkühlen. Dabei lässt man
die Fenster des Dachbodens offen, damit die Mikroben
und natürliche Hefesporen aus dem Flusstal vom Wind
hereingetragen werden. Später füllt man die Würze
samt der wilden Hefe in Holzfässer, wo die Gärung je

nach dem gewünschten Ergebnis von einigen Monaten bis zu drei Jahren dauert.

Gueuze ist eine Mischung von neuem und altem Lambic, die auch in der Flasche noch weiter gärt. *Cantillon Gueuze*, das von einer seit 1900 bestehenden Familienbrauerei hergestellt wird, ist eine Mischung aus ein-, zwei- und dreijährigem Lambic. Die Rohstoffe des Biobiers sind Pilsner Malz, ungemalzter Weizen und zwei Jahre alter Hallertau-Hopfen. Das Bier ist trüb und bernsteinfarben. Der Geschmack ist sehr säuerlich, körnig und halb vollmundig; erkennbar sind Zitrus- und Apfelnoten.

Martin Luthers Arbeitszimmer in Coburg 1510: Alles Notwendige war vorhanden, vom Bier bis zu Büchern. Holzschnitt aus dem 19. Jahrhundert. Landesbibliothek Coburg.

III
Die Hopfen-Reformation

Rund um die Kleinstadt Eisleben erstreckt sich eine urdeutsche ländliche Gegend. Im Nordwesten ragen die bewaldeten Berge des Harzes auf. In den anderen Himmelsrichtungen sieht man hügelige Felder, dazwischen kleine Wäldchen und Dörfer. Auf den Äckern wogen Weizen und Gerste. Hier und da sticht ein dunkelgrüner Hopfengarten ins Auge.

Der berühmteste Sohn der Stadt ist der Theologe und Reformator Martin Luther. Er wurde 1483 in Eisleben geboren und starb 1546, im Alter von 62 Jahren, ebendort. Obwohl selbst in diesen nördlichen Gebieten damals noch Wein angebaut wurde, kam im 16. Jahrhundert in Eisleben kein Wein auf den Tisch. Zum Essen trank man Bier, beim Frühstück wie beim Abendbrot. Wein gab es nur sonntags am Altar in der Kirche – für den Pfarrer.

Vor diesem Hintergrund ist verständlich, dass auch Luther gern Bier trank. In seinen Studienjahren hockte er, wie die anderen jungen Männer, in den Kneipen von Erfurt. Im Nachhinein erinnerte sich Luther, die Universität Erfurt sei ein einziges großes Freudenhaus und Bierlokal gewesen. 1508 setzte Magister Luther

sein Theologiestudium in Wittenberg fort, der Bier-
hauptstadt Sachsens. Damals gab es in der Stadt etwa
2000 Einwohner und 172 Brauereien. (Das beeindru-
ckende Verhältnis von annähernd einer Brauerei pro
zwölf Einwohner erklärt sich daraus, dass es sich bei
den meisten Brauereien um Hausbrauereien handelte.)
Das Studium ging gut voran, und schon 1512 wurde Luther in Wittenberg zum *Doctor Theologiae* promoviert
und begann seine Lehrtätigkeit. In die Annalen der Geschichte ein ging Luther im Jahre 1517, als er in Wittenberg seine 95 Thesen an das Portal der Schlosskirche
nagelte, in denen er den Ablasshandel und andere Übel-
stände in der katholischen Kirche kritisierte. Luthers
Thesen fanden rasch Verbreitung, vor allem im nördlich
der Alpen gelegenen Teil Europas: in Deutschland, den
Niederlanden, Großbritannien und im rückständigen
Skandinavien – verallgemeinernd gesagt, überall da, wo
man Bier trank.

An der Spitze der katholischen Kirche stand damals
Papst Leo X. aus dem florentinischen Geschlecht der Medici. Er führte das Leben eines Renaissancefürsten, war
sich seines Ranges und seiner Familientradition bewusst
und liebte und förderte die Künste ebenso, wie er die
Freuden opulenter Tafeln genoss. Seine Wahl zum Papst
hatte Giovanni de' Medici im März 1513 gefeiert, indem
er den Florentinern ein viertägiges Fest spendierte, bei
dem der Wein aus goldenen Fässern floss. Als der neue
Papst im April 1513 im Triumphzug in Rom eintraf, spru-
delte aus den Springbrunnen der Stadt Wein statt Wasser,

während Seine Heiligkeit vorbeizog. Persönlichen Reichtum besaß der neue Papst bereits zur Genüge, doch die katholische Kirche brauchte Anfang des 16. Jahrhunderts immer mehr Geld. Vor allem der Bau des Petersdoms verschlang die Scherflein der Christen.

Eine Form der Mittelbeschaffung war der Ablasshandel. Die Praxis, durch gute Taten, wie zum Beispiel Geldspenden an die Kirche, Sünden abzugelten, war bereits seit Jahrhunderten verbreitet, doch im 16. Jahrhundert wurde der Verkauf von Ablässen an Sünder nachdrücklicher betrieben als je zuvor. In Deutschland gelang es vor allem dem Dominikanermönch Johann Tetzel, die Botschaft von der durch Geld erkauften Gnade zu vermarkten. Ungewiss ist allerdings, ob gerade er den Werbespruch »Sobald das Geld im Kasten klingt, die Seele in den Himmel springt« verwendete.

Luthers Thesen, die den Ablasshandel kritisierten, wurden in Rom ungnädig aufgenommen. Drei Jahre später, 1520, verurteilte Papst Leo X. in einer Bulle Luthers Thesen und viele seiner Schriften und verlangte deren Widerruf. Als der Deutsche sich nicht herbeiließ, auf die päpstliche Zurechtweisung zu reagieren, und den Brief obendrein öffentlich verbrannte, wurde er im Januar 1521 aus der Kirche ausgeschlossen. Vor Luther schien derselbe Weg zu liegen wie vor den früheren Kritikern der päpstlichen Macht, Jan Hus und John Wycliffe. Hus wurde 1415 beim Konzil von Konstanz auf dem Scheiterhaufen verbrannt. Wycliffe war 1384 eines natürlichen Todes gestorben, doch auf Befehl des Papstes wurden seine Gebeine 1428 exhumiert und auf den Scheiterhaufen geworfen.

Luthers Rettung war die schützende Hand des Kurfürsten von Sachsen, Friedrich III., genannt »der Weise« – auch er ein Bierfreund. Der Papst schätzte Friedrich und dessen politischen Einfluss und verzichtete auf härtere Maßnahmen gegen den Schützling des Kurfürsten. Friedrich III. verschaffte Luther die Gelegenheit, auf dem Reichstag zu Worms im April 1521 seine Auffassungen öffentlich zu verteidigen.

In Worms am Rhein wurde den Gästen nur Wein angeboten. Dies wusste ein Freund Luthers, Herzog Erich I. von Braunschweig-Lüneburg-Calenberg. Er wollte, dass Luther sich möglichst wie zu Hause fühlte, während er am Rhein seine Verteidigung vorbereitete, bei der es buchstäblich um Leben oder Tod gehen konnte. Der Herzog schickte ein Fass Einbecker Bier nach Worms, wofür Luther sich später wiederholt bedankte. Die Examination auf dem Reichstag zu Worms war ein Erfolg für Luther – in gewisser Weise. Er rückte nicht von seinem Standpunkt ab, was zu seiner endgültigen Exkommunikation, dem Ausschluss aus der katholischen Kirche, führte. Von nun an veränderte Luther die katholische Kirche nicht mehr von innen. Ohne es eigentlich gewollt zu haben, begründete er damit eine neue, die protestantische Kirche. In den Augen seiner Anhänger trug Luther nach dem Reichstag zu Worms nicht nur den Strahlenkranz eines religiösen Anführers, sondern auch den Mantel eines weltlichen Märtyrers. Kaiser Karl V. verhängte nämlich die Reichsacht über Luther, was bedeutete, dass jeder das Recht hatte, ihn gefangen zu nehmen.

Es war bereits das Gerücht im Umlauf, Luther sei von Meuchelmördern getötet worden, doch in Wahrheit versteckte er sich, vom sächsischen Kurfürsten Friedrich III. geschützt, auf der Wartburg. Als sich die schlimmste Aufregung gelegt hatte, kehrte er 1522 nach Wittenberg zurück. Dort konnte er unter dem Schutz Friedrichs relativ frei leben, wie vor der Veröffentlichung seiner Thesen – und gelegentlich Bier trinken, zu Hause und in Bierstuben. Seinen Kritikern erwiderte er, es sei »besser, in der Bierstube zu sitzen und an die Kirche zu denken, als in der Kirche zu sitzen und an die Bierstube zu denken«. Häufig leistete ihm Philipp Melanchthon Gesellschaft, der zwar im Ruf eines Asketen stand, aber ebenfalls gern ins Glas schaute. (Tatsächlich hatte Melanchthon als alter Mann sogar eine Hausbrauerei, wie es sich für einen anständigen Wittenberger gehörte.) Es heißt, Luther habe zu Hause einen großen Bierkrug mit drei Zierreifen gehabt. Den ersten nannte er »Zehn Gebote«, den zweiten »Glaubensbekenntnis« und den dritten »Vater unser«. Luther scherzte, während er selbst den ganzen Krug auf einmal leeren und dabei in Gedanken die drei Grundpfeiler des Glaubens durchdenken könne, schaffe Melanchthon es in seiner Biertheologie nur bis zu den Geboten.

Seit der Veröffentlichung seiner Thesen war Luther eine bekannte Persönlichkeit; er wurde unablässig beobachtet – und jeder Bierkrug, den er erhob, wurde gezählt. Luthers religiöse und politische Gegner stempelten den Wittenberger als Säufer ab. Es weist jedoch nichts darauf hin, dass er große Mengen von Alkohol konsumiert hätte. Im Gegenteil, in seinen Predigten mahnte er zu Mäßigung. Speise und Trank waren Gaben Gottes, die man nicht missbrauchen durfte. Auf seine alten Tage witzelte Luther allerdings 1544 bei der Vorbereitung einer Predigt über Noahs Trunkenheit, er werde am Abend viel trinken, damit er am nächsten Tag aus eigener Erfahrung über diese missliche Angelegenheit sprechen könne.

1525 heiratete Luther Katharina von Bora, eine ehemalige Nonne. Katharina hatte im Kloster gelernt, Bier zu brauen, und wandte diese Kunst auch im eigenen Heim an. So sehr Martin Luther das Einbecker oder Naumburger Bier schätzte, versäumte er nicht, auch das von seiner Frau gebraute, leichte Wittenberger Bier zu loben. Bei den Luthers kam allerdings nicht nur Katharinas Bier auf den Tisch. Die Haushaltsbücher aus den 1530er-Jahren verraten, dass die Luthers jährlich für dreihundert Gulden Fleisch und für zweihundert Gulden Bier kauften. Für Brot gaben sie fünfzig Gulden aus.

Luthers Bierbegeisterung wurde im Lauf der Jahrhunderte auch aufgebauscht. Ihm wird unter anderem der Spruch zugeschrieben: »Wer Bier trinkt, schläft gut. Wer gut schläft, sündigt nicht. Wer nicht sündigt, kommt in den Himmel.« Das Zitat hängt in vielen deutschen Kneipen an der Wand und schmückt auch Bierkrüge. Ein schönes und logisches Gedankengebäude.

Allerdings belegt keine einzige zeitgenössische Quelle, Luther habe diese Sätze ausgesprochen – geschweige denn niedergeschrieben. Dagegen spricht auch, dass Luther in seiner Glaubenslehre konsequent zwischen Sündlosigkeit und Gnade unterschied. Nicht Sündlosigkeit oder gute Taten führten in den Himmel, sondern der Glaube und die Gnade. In einem Brief an Melanchthon erklärte Luther 1521: »Sei ein Sünder und sündige tapfer, aber noch tapferer glaube und freue dich in Christus.«

Obwohl Luther Gerstensaft lieber mochte als Wein, verschmähte er auch Letzteren nicht. Zum Leben gehörte Genuss. Allerdings ist nicht belegt, dass der Wittenberger Theologe ein zweites ihm zugeschriebenes Zitat je geäußert hätte: »Wer nicht liebt Wein, Weib und Gesang, bleibt ein Narr sein Leben lang.« Der Erste, der diesen Spruch nachweislich äußerte, war der Sprachwissenschaftler Johann Heinrich Voss, der gut zweihundert Jahre nach Luther lebte.

Als Luther 1546 starb, befand sich die religiöse Landschaft Europas im Umbruch. Auf dem Territorium des Heiligen Römischen Reiches Deutscher Nation entsprach die Trennlinie zwischen Protestanten und Katholiken ungefähr der zwischen Bier- und Weingegenden. In der Bierzone dominierten die Protestanten. Neben den nördlichen und östlichen Teilen Deutschlands hatten sie auch in Bayern, Böhmen und Schlesien eine starke Position; dort war allerdings nach dem Dreißigjährigen Krieg (1618–1648) die Gegenreformation sehr erfolgreich und sie blieben letztlich katholisch. Das katholische Rheinland war das Reich des Weines. Außerhalb des Kaiserreichs waren die Übereinstimmungen geringfügiger. Calvins protestantische Lehren waren im 16. Jahrhundert in den Weinbaugebieten Südfrankreichs populär, während man zum Beispiel in der Bierregion Irland dem Papst die Treue hielt.

Später, nachdem der Dreißigjährige Krieg die Konfessionsgrenzen in Europa zementiert hatte, wurden einige Übereinstimmungen zwischen Trinkgewohnheiten und Konfessionen erkennbar. Doch es gibt auch Ausnahmen. Unter den Bierländern sind unter anderem Irland, Belgien, Tschechien und Bayern bis heute katholisch. Weingebiete mit protestantischer Mehrheit finden sich beispielsweise in der französischsprachigen Westschweiz. Die häufig zu hörende Behauptung, die protestantischen Gebiete seien völlig identisch mit den Gegenden, in denen mehr Bier als Wein getrunken wird, ist also nicht ganz korrekt.

Zusätzliche Würze erhält die Beziehung zwischen Glaubenskämpfen und Bier durch den Hopfen (*Humulus lupulus*), der in den heutigen Bieren eine Selbstverständlichkeit ist. Anfang des 16. Jahrhunderts, in denselben Jahrzehnten, in denen in Europa der Kampf um den Inhalt der christlichen Lehre begann, führten *Gruit* und Hopfen ihren letzten großen Kampf um die Seele des Bieres.

Hopfen war bereits seit dem 8. Jahrhundert zum Würzen von Bier verwendet worden, und vor allem Hildegard von Bingen, die im 12. Jahrhundert lebte, machte mit ihrem Werk *Physica* den Hopfen in den gelehrten Kreisen Europas bekannt. »Der Hopfen ist warm und trocken. (...) Seine Bitterkeit hält, wenn er Getränken zugesetzt wird, die Fäulnis ab und befördert ihre Haltbarkeit.« Die heilige Hildegard, später die Schutzheilige der Hopfenzüchter, äußerte allerdings auch ihre Auffassung darüber, weshalb Hopfen selten verwendet wurde: »... weil er Melancholie bewirkt, den Sinn der Menschen traurig macht und die Eingeweide beschwert«.

Üblicher war es zu jener Zeit, das Bier mit anderen Pflanzen zu würzen. Besonders populär war eine Kräutermischung, die den Namen Gruit trug. Die Zusammensetzung der Mischung war regional unterschiedlich, doch sein Rückgrat erhielt der Geschmack durch die Sumpfmyrthe (*Myrica gale*), die buschartig an den Ufern von Meeren, Flüssen und Kanälen in Mittel- und Nordeuropa wächst. Des Weiteren enthielt die Mischung meist unter anderem Rosmarin, Lorbeerblätter, Schafgarbe und das Harz von Nadelbäumen. Auch Hildegard von Bingen kannte Gruit. Sie schreibt über eine Pflanze namens *Mirtelbaum*, unter der vermutlich nicht die an den Ufern des Mittelmeers wachsende Myrte (*Myrtus communis*) zu verstehen ist, sondern die auch in Deutschland vorkommende Sumpfmyrthe, verbreitet auch Gagelstrauch oder einfach Gagel genannt: »Wer Bier brauen will, koche die Blätter und Früchte mit, das Getränk wird umso gesünder sein.«

Die nützliche Wirkung des Gruit beim Bierbrauen

war weitgehend dieselbe wie die des Hopfens. Gruit gab dem Bier Geschmack und verbesserte durch die Bitterstoffe vor allem seine Haltbarkeit. In den Tiefebenen Mitteleuropas war der Gagel weitverbreitet, sodass die Beschaffung von Gruit im Mittelalter nicht schwierig war. Kostenlos war die Verwendung allerdings nicht. Schon aus dem 9. Jahrhundert sind die ersten Erlasse bekannt, die den Klöstern das Monopol auf die Verwendung von Gruit gaben. In den folgenden Jahrhunderten wurde dies in Mitteleuropa zur gängigen Praxis. Klöster, Bischofssitze und andere Inhaber des Gruit-Monopols durften das Nutzrecht gegen Bezahlung an andere Bierbrauer weitergeben. Der Verkauf von Gruit-Rechten wurde so zu einer Art Biersteuer, die der Kirche beträchtliche Einnahmen brachte.

Hopfen war bereits im 13. Jahrhundert in Polen, dem Baltikum und Russland der wichtigste Würzstoff für Bier. Allmählich trat er auch in Deutschland und den Niederlanden gegen die Vorherrschaft des Gruit an. Der Wandel nahm Jahrhunderte in Anspruch, denn einerseits neigte man dazu, an alten Bräuchen festzuhalten, und andererseits schmeckt Hopfen bitter. Mit Gruit gewürztes Bier war deutlich süßer als gehopftes. In Holland besiegte der Hopfen den Gruit im 14. Jahrhundert, und im Lauf des 15. Jahrhunderts verzichtete die katholische Kirche auf die Erhebung der Gruit-Steuer. In Deutschland fand der Umschwung im 15. und 16. Jahrhundert statt. Am längsten wurde Gruit im Rheinland im Westen Deutschlands verwendet. In Köln zum Beispiel wurde Hopfen erst zu Beginn des 16. Jahrhunderts beliebter als Gruit. Eine deutsche Brauerei nach der anderen stellte die Verwendung von Gruit ein, was die Einkünfte der katholischen Kirche Tropfen für Tropfen schmälerte. Nach der Veröffentlichung von Luthers Thesen wurde der Übergang von Gruit zu Hopfen auch eine religionspolitische Entscheidung. Für Hopfen brauchte man keine Steuer an den Papst zu zahlen, nicht einmal in den katholisch dominierten Gebieten. Die Beliebtheit des Gruit ging dramatisch zurück, und mit Gagel gewürztes Bier wurde Anfang des 16. Jahrhunderts innerhalb weniger Jahrzehnte zu einem seltenen Relikt. In der Kirchen- und Biergeschichte Europas war eine neue, mit Hopfen gewürzte Seite aufgeschlagen worden.

Einbecker Ur-Bock Dunkel
Einbeck, Deutschland

Typ: Bock
Alkohol: 6,5 %
Stammwürze: 16,3 op
Bittereinheit: 36 EBU
Farbe: 34 EBC

Martin Luther fand 1521 Geschmack am Einbecker Bier, als er seine Thesen auf dem Reichstag zu Worms verteidigte. Als vier Jahre später seine Hochzeit mit Katharina von Bora gefeiert wurde, wollte Dr. Luther seinen Gästen »das beste Getränk, das ich kenne«, wie er selbst schrieb, anbieten. Für das Festmahl wurden elf Fass Einbecker Bier bestellt, 4400 Liter.

Die Brautätigkeit in Einbeck und anderen norddeutschen Städten verringerte sich seit dem Ende des 16. Jahrhunderts, weil die geschwächte Hanse das Bier nicht mehr im selben Maß wie früher in andere Märkte exportierte. Die namhaftesten Braumeister zogen nach München. Dort entwickelte sich im 17. Jahrhundert die Bezeichnung »Bock« für starkes Bier, da der Name der Bierstadt im bayerischen Dialekt zunächst »Oanbock« ausgesprochen wurde und später die erste Silbe entfiel.

Das Einbecker Brauhaus hält die Brautradition seiner Heimatstadt aufrecht. *Ur-Bock Dunkel* kommt dem berühmten Bier des 16. Jahrhunderts am nächsten. Seine Farbe ist kupferbraun und seine Duftnote süß-malzig. Im Geschmack findet man karamellartiges Malzaroma mit einem Hauch von Gewürz. Den Abgang dominiert Hopfen.

Ausgelassene Kneipenstimmung im 17. Jahrhundert in den Niederlanden. Adriaen Brouwer: Männer rauchen, 1636.

IV
Maler von Bauern und Tavernen

Viele bildende Künstler ließen sich vom Bier inspirieren – durch persönlichen Genuss ebenso wie bei der Motivwahl. Eine bedeutende Rolle spielte die Bierdarstellung vor allem in der niederländischen Malerei des 16. und 17. Jahrhunderts. Unter anderem sind Pieter Brueghel der Ältere und Adriaen Brouwer mit ihren Biermotiven in die Kunstgeschichte eingegangen. Sie malten keine klassischen Stillleben mit Birnen und Äpfeln und einer Bierkanne, sondern gaben das ausgelassene Treiben auf Bauernfesten und in Bierstuben ausgesprochen schwungvoll wieder.

Peter Brueghel der Ältere (ca. 1525–1569) gilt als einer der großen Namen der flämischen Renaissancekunst. Er wurde in der Provinz Limburg an der heutigen Grenze zwischen Belgien und Holland geboren und studierte in Antwerpen Malerei. Zu Beginn seiner Laufbahn malte Brueghel sowohl in Antwerpen als auch in Italien. Der für ihn charakteristische satirische Stil entwickelte sich zu voller Blüte, nachdem er Anfang der 1560er-Jahre nach Brüssel gezogen war.

Schon in seinen Jahren in Antwerpen hatte Brueghel auf seinen Gemälden das Leben der Bauern in der

Umgebung dargestellt. Nach dem Umzug nach Brüssel wurde das Biertrinken noch häufiger zum Motiv seiner Bilder. Im Gegensatz zu vielen anderen Malern der Renaissance hob Brueghel keineswegs die edelsten Züge der Menschen hervor. Typisch für seine Werke sind aus trüben Augen stierende, dümmlich wirkende Gestalten, die mal streiten, mal – erschöpft vom übermäßigen Essen oder Trinken – schlaff auf dem Boden liegen. Dieser Stil hat die Kunsthistoriker beschäftigt. Die allgemeine Auffassung geht dahin, dass es Brueghel keineswegs darum ging, die Landbevölkerung zu verspotten, wie die meisten »Gebildeten« seiner Zeit glaubten, sondern dass er gerade gegen die allgemeine Scheinheiligkeit sticheln wollte. Die Adligen, die Brueghels Gemälde kauften und bewunderten, frönten denselben Lastern wie das bäuerliche Volk auf den Bildern – was sie in ihrer Doppelmoral jedoch meist nicht zugaben. So waren die Gemälde im Grunde Spiegel der Seele ihrer Betrachter.

Obwohl Brueghel bewusst vereinfachend malte, gelten seine Darstellungen der ländlichen Gegenden von Brabant und der dortigen Bräuche als wahrheitsgetreu. Besonders gut lernte Brueghel die westlich von Brüssel gelegene Region Pajottenland kennen, deren hügelige Landschaft auf vielen seiner Bilder zu sehen ist. Das fruchtbare Pajottenland produzierte Lebensmittel und Getränke für die Märkte und Läden in Brüssel. Die bekannteste Spezialität der Region ist das im Senne-Tal gebraute traditionelle Lambic-Bier, bei dessen Gärung wilde Hefe verwendet wurde und das Brueghel auf Holztafeln festhielt.

In seinem Gemälde *Die Kornernte* (*De Oogst*, 1565) stellt Brueghel Arbeit und Muße auf dem Land dar. Auf der linken Bildseite mühen sich Landarbeiter auf einem großen, hügeligen Kornfeld, sie mähen Getreide und binden Garben. Den Gegenpol dazu bildet die Essenspause der Arbeiter, die den rechten Teil dominiert. Die Teller sind offenbar mit Getreidebrei gefüllt, und man trinkt Bier aus großen Kannen. Einer der Arbeiter macht ein Nickerchen.

Auch auf dem Gemälde *Die Bauernhochzeit* (*De Boerenbruiloft*, 1568) spielt das Bier eine herausragende Rolle. An der langen Hochzeitstafel sitzt eine bunt zusammengewürfelte Gesellschaft, der es wichtiger zu sein scheint, sich den Bauch vollzuschlagen, als sich mit den anderen zu unterhalten. Der Gutsherr am Tischende denkt daran, dass der Mensch nicht vom Brot allein lebt, und spricht ein Tischgebet, wobei ihn der neben ihm sitzende Mönch mit seinem Gequassel stört. Die anderen Gäste löffeln Brei oder gießen sich aus Tonkannen Bier in die Kehle. Im Hintergrund sieht man die einfacheren Leute im Stehen trinken. Ein Dudelsackspieler wirft einen sehnsüchtigen Blick auf Speis und Trank, und ein Diener füllt eine Trinkkanne mit hellem Bier. Die Kunstwissenschaftler betrachten das Gemälde als sinnbildlichen Verweis auf die Hochzeit zu Kana: Brueghel stichelt gegen seine Zeitgenossen, die in ihrer Selbstsucht die Wunder um sich herum nicht wahrnehmen.

Am schwungvollsten ist Brueghels Bierdarstellung im *Bauerntanz* (*De Boerendans*, 1568). Auf der Dorfstraße findet ein Fest statt, bei dem die Bauern das Tanzbein schwingen. Ein wesentliches Element der Feststimmung neben dem Tanz ist das Herumsitzen vor der Kneipe am linken Bildrand. Die Biertrinker fuchteln mit den Armen und bieten dem Spielmann etwas zu trinken an. Einer versucht seinen widerstrebenden Nebenmann zu küssen, ein anderer schlägt an der Kneipenwand sein Wasser ab. Der Tag scheint sich bereits zum Abend zu neigen, und einige der Trinker wirken akut ruhebedürftig.

Brueghel heiratete 1563 und bekam zwei Söhne, die ebenfalls Maler wurden: Pieter (als Brueghel der Jüngere bekannt) wurde 1564 geboren, Jan 1568. Dafür, dass Brueghel der Ältere bereits zu Lebzeiten ein angesehener Künstler war, weiß man letztlich recht wenig über sein Leben. Auch die Ursache seines frühen Todes (1569 im Alter von vierundvierzig Jahren) ist der Nachwelt nicht bekannt.

Über Brueghels Biergeschmack schweigt die Geschichte, doch über die Trinkgewohnheiten eines anderen flämischen Meisters, Adriaen Brouwer, sind zahlreiche Anekdoten überliefert. Auf ihn scheint der Spruch Nomen est omen zuzutreffen: *Brouwer* ist die holländische Form der Berufsbezeichnung Brauer. Allerdings ist es möglich, dass der Name nicht auf den Beruf eines Stammvaters der Familie zurückgeht, sondern auf deren Wohnort La Bruyère in Nordwestfrankreich.

Brouwer wurde 1606 in der Stadt Oudenaarde in Flandern geboren. Mit sechzehn Jahren verließ er sein Elternhaus und zog nach Amsterdam, in die Stadt der unbegrenzten Möglichkeiten, um ein Künstlerleben zu führen. Er wurde rasch bekannt als begabter Maler, aber auch als Stammgast in den Kneipen von Amsterdam und Haarlem. Infolge seiner Lebensweise steckte Brouwer ständig in Schulden. Sein Biograf Cornelius de Bie dichtete: »Langsam malte er, vertrank sein Geld ganz und gar/lachte und rauchte in Kaschemmen immerdar.«

In verkommenen, billigen »Kaschemmen« fand Brouwer auch die Motive seiner Bilder. Der Umzug ins heimische Antwerpen 1631 brachte keine Veränderung. Die Gläubiger folgten ihm, und die Kneipen blieben sein zweites Zuhause. Raufereien, Kartenspiel, Pfeifenrauchen und Biertrinken waren die zentralen Themen seiner Werke. Brouwer malte Bauernschenken und städtische Kneipen. Diese Schwemmen waren in dunklem Holz eingerichtet, wie man es in den Niederlanden heute noch in den »braunen Lokalen« findet. Dunkel war auch der Inhalt der Gemälde, bis hin zum Bier. Meist dürfte es sich um das Brown Ale Flanderns, *oud bruin*, gehandelt haben. In Oudenaarde, dem Geburtsort des Künstlers, ist heute übrigens die *Brouwerij Roman* tätig, die ein Bier namens Adriaen Brouwer produziert – selbstverständlich Brown Ale.

In Brouwers Werken herrscht eine interessante Diskrepanz zwischen den groben Themen und der feinfühligen Malweise. In den dunkel gefärbten Kneipendarstellungen stehen die Gesichter und das Mienenspiel der Menschen im Mittelpunkt. So hebt zum Beispiel auf dem Gemälde *Männer rauchen* (*Mannen roken*, 1636) ein Mann übermütig den Bierkrug, ein anderer schnäuzt sich mit den Fingern, der dritte lächelt vor sich hin und zwei weitere konzentrieren sich darauf, Rauchkringel in die Luft zu pusten. Auf dem Bild *In der Taverne* (*In de Taverne*, 1630er-Jahre) wiederum versetzt ein Glas braunes Bier die Tischgesellschaft nachgerade in Verzückung.

Die Kunst forderte ihren Tribut. Brouwers Herz, geschwächt von pausenlosem Rauchen, übermäßigem Trinken und schlechter Ernährung, versagte ihm 1638, im Alter von einunddreißig Jahren, den Dienst. Als Besitzloser wurde er zunächst in einem Massengrab beerdigt, doch die Mitglieder der Künstlergilde verschafften ihm später eine Ruhestätte im Karmeliterkloster zu Antwerpen. Auf dem Grabstein wurde als Todesursache nicht der Herzinfarkt genannt, sondern schlicht »Armut«.

Nicht alle Kneipenmaler starben vor der Zeit. Neben Brueghel und Brouwer sind vor allem David Teniers der Jüngere (1610–1690) und Adriaen van Ostade (1610–1685) für Werke mit Bierthematik bekannt. Diese vier Maler legten das Fundament für die niederländische Genremalerei, die ihre Motive im Alltagsleben fand.

Die Werke des Flamen Teniers sind gewissermaßen eine Kombination der Biermotive von Brouwer und Brueghel. Mitunter malte er dunkel gefärbte Kneipenbilder, wie das nachdenkliche *Ein Raucher stützt die Ellbo-gen auf den Tisch* (*Roker scheve zijn elleboog op een tafel*, 1643). Andere Gemälde schwelgen in kräftigen Farben und zeigen vom Bier beflügelte, tanzende Bauern in der Art von Brueghels Bildern. Der Holländer van Ostade gab gern alltägliche Situationen des Biertrinkens wieder; eines der berühmtesten unter diesen Bildern ist *Geigenspieler vor einem Bauernhof* (*Violist voor een boerderij*, 1673).

Eine Gemeinsamkeit aller vier Biermaler ist die Detailtreue. Beim Vergleich ihrer Gemälde werden die Unterschiede der Bierkultur in den verschiedenen Regionen der Niederlande sichtbar. In der Umgebung von Amsterdam in Holland und rund um Antwerpen in Flandern bevorzugte man dunklere Biersorten. In Brüssel und Brabant wurde dagegen häufig helleres Lambic und Weizenbier getrunken. Auch der zunehmende Wohlstand wird sichtbar. Brueghels Bauern des 16. Jahrhunderts tranken aus schmucklosen Tongefäßen. Im folgenden Jahrhundert gab es auch in den Bauernkneipen Tonkrüge mit Henkel. In den städtischen Lokalen sieht man Holzkrüge mit Deckel. In den von der Mittelschicht frequentierten Tavernen waren flötenartige Biergläser aufgekommen; ein solches Glas erhebt auch David Teniers der Jüngere auf seinem *Selbstporträt in der Taverne* (*Zelfportret in de taverne*, 1646). Seine entspannte, zufriedene Miene lässt darauf schließen, dass ihm das Künstlerleben gelegentlich hervorragend mundete.

Lindemans Faro
Vlezenbeek, Belgien

Typ: Lambic
Alkohol: 4,5 %
Stammwürze: 16 op
Bittereinheit: 23 EBU
Farbe: 25 EBC

Lambic-Bier kann bereits nach der Fassgärung getrunken werden. Meist wird das Roh-Lambic jedoch zu einer Mischung aus neuem und altem Bier (Gueuze), zu verschiedenen Fruchtbieren oder zu Faro verarbeitet. Faro ist eine Mischung aus fassgegärtem und einjährigem Lambic sowie Kandiszucker. Dadurch ist Faro leichter als Gueuze und erhält seinen typischen frischen Geschmack, in dem sich Süße und Säure verbinden.

Auf den Gemälden von Brueghel und Teniers trinken die Bauern der Umgebung von Brüssel sowohl trübes helles Bier (vermutlich Gueuze) als auch etwas dunkleres Lambic, bei dem es sich der Farbe nach um Faro handeln dürfte. Das schmale Flötenglas, das in den Werken von Teniers und van Ostade häufig vorkommt, war im 17. Jahrhundert ein typisches Trinkgefäß für Lambic und Weizenbier.

Vlezenbeek, eine Ortschaft mit dreitausend Einwohnern in unmittelbarer Nähe von Brüssel, ist eine kulinarische Großstadt. Dort findet man einen der namhaftesten belgischen Hersteller von qualitativ hochwertiger Schokolade, Neuhaus, sowie eine der neun kommerziellen Lambic-Brauereien des Landes, das 1822 gegründete Familienunternehmen Lindemans. *Lindemans Faro* ist ein perlendes bernsteinfarbenes Lambic-Bier mit einer Spur Kandiszucker. Der Geschmack ist ausgewogen und leicht herb.

Begegnung zwischen einem Soldaten und einem Bauern. Kupferstich aus der Zeit des Dreißigjährigen Krieges.

V
Der Siegtrunk von Krostitz

Im Osten Deutschlands, an der Grenze zu Tschechien, führt der Freistaat Sachsen einige Traditionen des früheren Kurfürstentums und späteren Königreichs Sachsen fort. Zu den wichtigen Städten zählen Leipzig und Dresden. Nördlich von Leipzig liegt Krostitz, dessen Nachbardorf Breitenfeld gleich durch zwei Schlachten des Dreißigjährigen Krieges (1631 und 1642) bekannt wurde, in denen sich die schwedischen Kanoniere und die finnischen Hakkapeliten (Bedeutung ungefähr: Hau drauf) auszeichneten. Wie so viele deutsche Dörfer und Kleinstädte entstand auch Krostitz aus einem mittelalterlichen Lehen. Der Überlieferung nach gab der Landesherr einem seiner treuen Ritter einen nördlich von Leipzig gelegenen Gutshof samt Hörigen als Lehen. Es ist nicht restlos geklärt, ob der Ritter sich nach seinen Ländereien »von Crostewitz« nannte oder ob der Gutshof und das spätere Dorf ihren Namen nach dem des Lehnsherren erhielten, der später zu Krostitz abgekürzt wurde. So oder so, bereits im Mittelalter war Crostewitz – Crostitz – Krostitz (die Schreibweise wechselt) für Bierbrauen und Hopfenanbau bekannt, und im Dreißigjährigen Krieg kam sogar der schwedische König Gustav II. Adolf mit der örtlichen Biertradition in Berührung. Heute gehört Krostitz zu Groß-Leipzig, und so mancher Tourist passiert den Stadtteil, ohne es zu bemerken, es sei denn, der Malzgeruch der Brauerei weckt seine Aufmerksamkeit.

Zu Beginn des Dreißigjährigen Krieges (1618–1648) unterstützte Johann Georg I., der Kurfürst von Sachsen, die Habsburger und den katholischen Glauben; sein Fürstentum wurde von den Kriegshandlungen kaum berührt. Die Lage änderte sich, als er sich nach dem Kriegseintritt Schwedens mit den Schweden verbündete und für die Protestanten eintrat. Nun erfasste das Kriegselend auch Sachsen.

In den damaligen Kriegen wurden sehr viel mehr Soldaten von Krankheiten, vor allem von Darminfektionen, dahingerafft als von den feindlichen Waffen, und ebenso großen Schaden richteten die Krankheiten auch unter der Zivilbevölkerung der betroffenen Gebiete an. Eine der schlimmsten Infektionsquellen war verschmutztes Wasser. Heute genießt in Flaschen abgefülltes Quell- und Mineralwasser überall in Europa einen guten Ruf und wird zu stolzen Preisen verkauft, und die Wasserregale in den Supermärkten sind riesig – auch dieses Phänomen hat seine Tradition.

Stellen wir uns einen traditionellen Häuserblock in einer europäischen Stadt vor, mit mehrstöckigen Häusern an allen vier Seiten. Innerhalb des Blocks, zwischen den Häusern, verblieb ein Hof, gesäumt von Brennholzschuppen, Latrinen, Pferde- und anderen Ställen. In der

Mitte befand sich der Brunnen. In einem solchen Block lebten Hunderte von Menschen sowie die Tiere, die zur Fortbewegung und als Nahrung gebraucht wurden – Pferde, Schweine, Hühner, Kaninchen und andere. Es braucht nicht viel Fantasie, um sich vorzustellen, wie in früheren Zeiten das Brunnenwasser in den Städten beschaffen war, die noch nicht über moderne Wasserleitungen und Kanalisation verfügten.

Ganz ähnlich verhielt es sich auf dem Land. Selbst dort, wo das Brunnenwasser der Dörfer und Viehställe nicht unmittelbar gesundheitsschädlich war, schmeckte es in Regionen mit jahrhundertelanger Besiedlung nicht unbedingt gut. Magenkrankheiten traten häufig auf, und bis in die Neuzeit warf man Juden oder anderen als Feinde betrachteten Menschen vor, sie hätten die Brunnen vergiftet.

Die Verschmutzung der Brunnen war ein regelmäßiger Kollateralschaden von Kriegen und Unruhen. Wenn große Scharen von Männern und Pferden unterwegs waren, schieden sie notwendigerweise auch etwas aus, und die Soldaten, vor allem, wenn sie sich auf dem Vormarsch oder Rückzug durch feindliches Land befanden, neigten nicht unbedingt dazu, penibel auf Sauberkeit zu achten.

Zu allen Zeiten haben Bierbrauer die Bedeutung sauberen Wassers hervorgehoben. Schon eine geringfügige Unreinheit im Quell- oder Brunnenwasser, die nur ein Chemiker in einem modernen Labor feststellen könnte, gibt dem Bier einen deutlichen, leicht zu bemerkenden

Beigeschmack. Je reineres Wasser ein Brauer verwendete, desto leichter konnte er sein Bier verkaufen. Da die Würze nach allen Regeln der Kunst gekocht wurde und anschließend in für die damalige Zeit bemerkenswert sauberen Gefäßen gärte, wo die Bitterstoffe des Hopfens und der sich bildende Alkohol das Bakterienwachstum in Schach hielten, war Bier ein ungefährliches Getränk – im Vergleich zu dem verfügbaren Wasser geradezu steril. In früheren Zeiten, als man von Bakterien und anderen Mikroorganismen nichts wusste, hatte man in der Praxis die Erfahrung gemacht, dass Biertrinker gesünder blieben als diejenigen, die sich mit Wasser begnügten. Es ist also kein Wunder, dass Strategen bei der Planung der Truppenbewegungen und Kriegshandlungen auch die Biervorräte in der betreffenden Region berücksichtigten.

Natürlich wäre die Behauptung übertrieben, die Strategen hätten ihre Kriegsoperationen allein aufgrund der Verfügbarkeit von Bier geplant. Tatsache ist jedoch, dass die Soldaten bei der Ankunft in einem Gebiet das verfügbare Wasser ihren Pferden zu trinken gaben und ihren eigenen Durst zuerst mit den Lagerbeständen der Wirtschaften und Brauereien stillten, anschließend die Keller der Bauernhöfe und städtischen Häuser durchsuchten und erst dann Wasser tranken, wenn auch diese Bierquellen erschöpft waren. Aus der Zeit des Dreißigjährigen Krieges sind zahlreiche Dokumente aus vielen Teilen Deutschlands erhalten, in denen das Elend geschildert wird, das die Zwangseintreibungen der Soldaten über das Land und seine Bewohner brachten. Beispielsweise klagten in den Jahren 1632/33 die Menschen aus der Umgebung von Leipzig darüber, dass die Truppen ihnen auf dem Vormarsch und Rückzug alles genommen hatten, sodass kaum noch Stroh als Viehfutter vorhanden war, das Brot aus allerlei Ersatzstoffen, bis hin zu Erbsenschoten und Spreu, gebacken werden musste und man von Bier nur träumen konnte.

Im Sommer 1631 war der Krieg bereits über die Leipziger Region hinweggerollt. Als der September anbrach, hatten die von Graf Tilly angeführten katholischen Truppen auf ihrem Rückzug sämtliche Nahrungsmittel mitgenommen, deren sie habhaft werden konnten, einschließlich des geschnittenen, aber noch nicht gedroschenen Getreides. Epidemien, darunter die gefürchtete Pest, begannen sich zu verbreiten. Auf einigen Feldern war immerhin noch das ungeerntete Getreide zurückgeblieben, und darauf setzten die Einwohner ihre Hoffnung, wenn sie an den kommenden Winter dachten.

Bald nach dem Abzug der Katholiken marschierten die schwedischen Truppen der Protestanten durch Krostitz und weckten der Überlieferung zufolge Bewunderung: große, prächtige, gut ausgerüstete und disziplinierte Soldaten, die nicht plünderten, sondern erbaten, was sie haben wollten, und das, was sie bekamen, mit klingender Münze bezahlten.

Am Vormittag des 17. September wartete in Krostitz

ein namenlos gebliebener Bauer auf seine Knechte, die die letzten Getreidegarben des Jahres holen sollten. Von den Knechten und Fuhren war nichts zu hören und zu sehen, und dem Bauern schwante Böses: Wie mochte es den Knechten ergangen sein ... Hatte der Feind sie überrascht?

Die heiß ersehnte Getreideladung ließ auf sich warten.

Weiter weg, auf der großen Landstraße, trabte ein einzelner Reiter heran. Bangen Herzens sah der Bauer, dass der Reiter ihn bemerkte und den Weg zu seinem Hof einschlug. War den Bauern wieder eine neue Pflicht auferlegt worden? Und was würde aus dem Bier werden, das er bisher glücklich im Keller hatte verbergen können? Für eine Flucht war es zu spät.

Der Reiter zügelte sein dampfendes Pferd vor dem am Tor stehenden Bauern. Der Bauer maß ihn mit den Blicken: Das Pferd war von edler Rasse, und der junge, rotwangige Reiter in seiner Höflingskleidung wirkte wie ein Adliger. Der Fremde begann das Gespräch mit der höflichen Frage: »Ist es in diesem Hause üblich, Bier zu brauen?« Der Bauer wagte nicht, diese Tatsache zu bestreiten. »Seid Ihr der Hausherr?« Wieder brummte der Bauer bejahend. »Habt Ihr derzeit Bier?«

Der Bauer spürte, wie die Bangigkeit seines Herzens seinen ganzen Körper erfasste. Nein zu sagen konnte die Sache nur verschlimmern, denn die Wahrheit würde, ob im Guten oder im Bösen, schließlich doch ans Licht kommen. Er drückte sich vorsichtig aus: »Nur ganz wenig, eine kleine Menge, die ich als Erntebier verwahrt habe.«

»Gott sei Dank, das ist wunderbar! Für den König von Schweden, der bald hier vorbeikommen wird, bitte ich um eine kleine Erfrischung. Entlang unseres Wegs ist nämlich alles ausgetrunken, auch das Wasser. Im Namen Seiner Majestät bitte ich Euch: Nehmt Euren besten Bierkrug, füllt ihn mit gutem Bier und stellt Euch dort an die Landstraße, um den hohen Herrn zu begrüßen, wie es seinem Rang gebührt.«

Nachdem er dies gesagt hatte, wendete der Höfling, bei dem es sich um den siebzehn Jahre alten August von Leubelfing gehandelt haben soll, sein Pferd und sprengte davon, zurück zur Landstraße. Der Bauer, erfreut darüber, dass es sich um Schweden handelte und dass er für tauglich befunden wurde, dem mächtigen König einen Dienst zu erweisen, begab sich bald darauf mit einem vollen Bierkrug an die Straße.

Die hohe Gesellschaft näherte sich. Den staubigen Fußsoldaten folgte ein halbes Schwadron Dragoner, danach unter der blaugelben Flagge eine Gruppe von Reitern, unter denen der Bauer den schwedischen König erkannte. Der König rief: »Ah, seht her, ein barmherziger Samariter, der mich Dürstenden erquickt!« Er hielt sein Pferd an und nahm den Krug entgegen. Der Bauer, beeindruckt von dem feierlichen Augenblick, versuchte zu reimen: »Mög's dem allergnädigsten Herrn mit dem Feinde gelingen/so wie er dieses Kännlein wird bezwingen!«

Der König lachte und sagte: »Nun habe ich keine andere Wahl, als alles bis zum letzten Tropfen zu trinken.« Dann trank er das Bier in langen Zügen, wischte sich den Bart und sagte: »Das tat gut. Würzig, schmackhaft und ruhmreich ist dieses Bier! Der Schöpfer möge Euch die gute Tat entgelten, die Ihr dem Verbündeten Eures Fürsten erwiesen habt. Nehmt dies zum Dank.« Damit zog der König einen goldenen, mit einem großen Rubin geschmückten Ring vom Finger und legte ihn in den leeren Krug, den er dem Bauern reichte. Dann ritt Gustav II. Adolf mit seinem Gefolge in Richtung Breitenfeld davon.

Gegen Mittag war von Breitenfeld her Kanonendonner zu hören, und nachdem sich der Schlachtenlärm am Nachmittag gelegt hatte, erfuhr man vom großen Sieg der Schweden.

Die Legende verschweigt, was aus der Getreidefuhre und den Knechten wurde und wie fröhlich das Erntefest im Haus des namenlosen Bauern verlief. Doch der Brunnen, aus dem das Wasser für das so hervorragende Bier geschöpft worden war, erhielt den Namen *Schwedenquelle*, und in Krostitz erzählt man sich bis heute, dass der Sieg der Protestanten in Breitenfeld dem ausgezeichneten Bier zu verdanken war, mit dem der durstige Gustav II. Adolf sich stärkte, als er am 17. September 1631 in die Schlacht ritt.

Von den Sagen zur Wirklichkeit. Die erste gesicherte urkundliche Erwähnung des *Rittergutes Crostewitz* stammt aus dem Jahr 1349. Zu dem Gut gehörte – natürlich, man war ja in Deutschland – auch eine Brauerei. Diese hatte von Anfang an einen guten Ruf, und sogar Martin Luther soll sich lobend über das Krostitzer Bier geäußert haben. Die Legende von Gustav II. Adolf wird durch keine historische Quelle bestätigt. In modernen Begriffen ausgedrückt, dürfte es sich um eine Marketingstrategie gehandelt haben, mit der man in dem Fürstentum einen Markennamen aufbaute. Wie auch immer, die Geschichte wurde seit dem Dreißigjährigen Krieg für die Vermarktung des Krostitzer Biers genutzt, und zu den Schätzen der Brauerei zählt bis heute eine »echte Kopie« vom Ring des Königs. Für das Bier wird auch weiterhin das Wasser der *Schwedenquelle* verwendet. Natürlich ist der Brunnen aus der Legende schon vor langer Zeit im sandigen Boden versunken, doch die heutige Brauerei verwendet dasselbe Grundwasserreservoir. Hervorgehoben sei noch, dass der König in der Legende das Bier als *würzig* lobte; bei der Herstellung der Würze war also weder an Malz noch an Hopfen gespart worden. Autorität erhält ein solches Bier auch durch den respektablen Alkoholgehalt, der im Frieden des Kellers entsteht.

Noch im 17. Jahrhundert war die Bierbrauerei, allein schon wegen der Transportverhältnisse, selbst im besten Fall eine ortsgebundene Unternehmenstätigkeit. In den folgenden gut hundert Jahren waren in dieser Hinsicht bedeutende Fortschritte zu verzeichnen. Breite, feste Landstraßen wurden gebaut, auf denen die schweren Getreide- und Bierfuhren leichter vorankamen, und im 19. Jahrhundert kam noch die Eisenbahn hinzu. Die verbesserten Transportmöglichkeiten eröffneten Brauereiunternehmern ganz neue Perspektiven im Hinblick auf die Konzentration der Herstellung, den Vertrieb und die Schaffung eines Markennamens. So war es auch in Krostitz. Besitzer des ehemaligen Rittergutes wurde 1803 ein gewisser Heinrich Oberländer, mit dem die mehr als einhundertzwanzig Jahre bestehende Bierdynastie Oberländer begann. Die Brauerei wurde 1878 als separates Unternehmen von dem Gut abgetrennt, und 1907 wurde sie zur Aktiengesellschaft Bierbrauerei Klein-Crostitz F. Oberländer AG. Die Zahl der Mitarbeiter war von etwa vierzig um die Mitte des 19. Jahrhunderts auf über zweihundert gestiegen, und an die Stelle des früheren Holzhauses war eine Gruppe fünfstöckiger Gebäude getreten, die einen ganzen Häuserblock füllte. Das Krostitzer Bier war in ganz Mitteldeutschland bekannt.

Als Deutschland nach dem Zweiten Weltkrieg geteilt wurde, gehörten die Leipziger Gegend und mit ihr die Krostitzer Brauerei zur DDR. Die ehemalige Firma Oberländer wurde zum VEB Brauerei Krostitz, und das einzige historische Relikt, das sie im sozialistischen Paradies bewahrte, war das stilisierte Porträt Gustav II. Adolfs auf dem Etikett der Flaschen.

Ur-Krostitzer Feinherbes Pilsner
Krostitz, Deutschland

Typ: Pils
Alkohol: 4,9 %
Stammwürze: 11,7 op
Bittereinheit: 26 EBU
Farbe: 8 EBC

Seit der Wiedervereinigung gehört die Krostitzer Brauerei zum Brauereikonzern Radeberger Gruppe. Die
schwedische Tradition wird weiterhin hochgehalten:
Von den Etiketten blickt Gustav II. Adolf noch strenger
als zuvor, und die Brauerei hat eine eigene Traditions-
gruppe, die an Festtagen, in schwedische Uniformen ge-
kleidet, Szenen aus der Zeit des Dreißigjährigen Krieges aufführt. Die Fabrik hat ein Gustav-Adolf-Museum
und einen gleichnamigen Saal, den auch Mitglieder der
heutigen schwedischen Königsfamilie besucht haben.

Die Brauerei wurde im 21. Jahrhundert völlig neu
aufgebaut und ist heute eine der modernsten Europas.
Unter der Obhut des grimmigen Blicks von Gustav II.
Adolf produziert sie jährlich rund 400 000 Hektoliter
Bier. Das heutige Spitzenprodukt ist das *Feinherbe Pils-
ner*. Den Geruch prägen Kräuter, Hopfen und Apfel. Der
Geschmack ist trocken, malzig und leicht süß.

Peter der Große besuchte 1698 die Londoner Werften und lernte dort auch Porter, das Getränk der Arbeiter, kennen. Peter Maclise: Peter der Große auf der Werft Deptford, 1857.

VI
Der Durst nach Europäischem in Russland

Peter der Große überragte seine Mitmenschen – nicht nur körperlich (203 Zentimeter), sondern auch geistig. Auf den Schlachtfeldern war er der Mutigste der Mutigen, in der Staatsführung hatte er den größten Weitblick und bei Trinkgelagen den größten Durst. Die Wodkamengen, die der Zar zu konsumieren pflegte, hätten weniger geübte Trinker ins Jenseits befördert. Unglücklicherweise soff auch das russische Volk, und die meisten vertrugen den Schnaps nicht so gut wie Peter. Der Zar erkannte das Problem und beschloss, das Volk müsse nüchtern werden. Er richtete den Blick nach Westen und suchte eine europäische Lösung für die Alkoholgier von Mütterchen Russland.

Peter wurde 1682, im Alter von nur zehn Jahren, gemeinsam mit seinem geistesschwachen Bruder Iwan V. formal der Herrscher über sein Land. In der Praxis lag die Regentschaft bis zu Peters Volljährigkeit in den Händen seiner Halbschwester Sophia und seiner Mutter Natalja. Das künftige Staatsoberhaupt brauchte sich nicht um die alltäglichen Regierungsgeschäfte zu kümmern, sondern konnte sich in seinen Jugendjahren auf das umfassende Studium der Lebenskünste konzentrieren.

Eine der Leidenschaften Peters war Europa. Russland war Ende des 17. Jahrhunderts ein rückständiges Land, das in gewisser Weise immer noch im Mittelalter lebte. Das Wirtschaftsleben war nicht anpassungsfähig, Neuerungen begegnete man mit Ablehnung, und die Kirche hatte eine zentrale Position in der Gesellschaft. Die Ratgeber des jungen Peter, der Schotte Patrick Gordon und der Genfer François Lefort, wussten faszinierende Geschichten über den nach Neuem strebenden Westen zu erzählen. Gordon kannte das Schulwesen und die Armeen in Europa. Lefort wiederum wusste einiges über Handel, Seefahrt und die Genüsse des Lebens. Besonders beeindruckt war Peter von Leforts Trinksitten. Während es den Russen beim Wodkatrinken letztlich darum zu gehen schien, sich zu betäuben, wurde Lefort im Rausch nur noch lebhafter und gab immer lustigere Geschichten zum Besten.

Im Alter von siebzehn bis achtzehn Jahren begann auch Peter, sich im Moskauer Nachtleben einen Namen zu machen. Dank seiner gewaltigen Größe – und auch dank allmählich wachsender Erfahrung – war er fähig, mehr zu trinken als die anderen. Besonders berühmt wurde der inoffizielle Verein »Ausgelassenste und betrunkenste Synode der Spaßvögel und Narren«, dessen Gelage mitunter tagelang dauerten. Die Vertreter der Kirche missbilligten das lästerliche Verhalten der Gruppe, doch andererseits war die Teilnahme an der feuchtfröhlichen »Synode« für viele Bischöfe und Mönche Ehrensache.

Nachdem Peter Anfang der 1690er-Jahre seine Stellung als Alleinherrscher gefestigt und 1695 gegen die Osmanen Krieg geführt hatte, um Zugang zum Asowschen Meer (und weiter zum Schwarzen Meer) zu erhalten, brach er auf, um in Europa praktische Erfahrungen zu sammeln. Der Hauptzweck der Reise war die Modernisierung der Armee und der Bau einer Flotte, doch nebenbei wollte Peter Russland auch in anderen Bereichen modernisieren – bis hin zu den Tafelfreuden.

Nach längerem Aufenthalt in den Niederlanden traf Peter mit seinem Gefolge im Januar 1698 in London ein. Er bezog eine Wohnung über einem Pub in der Norfolk Street (heute Temple Place) am Ufer der Themse. Peter machte sich Tag für Tag mit der Tätigkeit des Hafens und der Werften bekannt und packte voller Begeisterung auch eigenhändig mit an. Nachts erholte er sich dann von der Anstrengung. Die Russen kosteten im Pub im Erdgeschoss die dunklen Biersorten, die die Hafenarbeiter bevorzugten. Einer zeitgenössischen Schilderung zufolge wies Peter einen Kellner, der ihm Bier einschenken wollte, laut lachend an: »Lass den Becher, bring mir eine Kanne!« Neben Bier und Pfeifentabak mundete den Männern auch Brandy. Später im Frühjahr, als die Russen eine Privatwohnung in der Nähe der Werften von Deptford bezogen, trat Hochprozentiges an die Stelle des Biers. Die Villa des Schriftstellers John Evelyn erlitt Totalschaden. Nach dem Auszug der russischen Mieter musste er die Fußböden auf drei Etagen sowie praktisch das gesamte Mobiliar im Haus erneuern. Den Rechnungsbüchern zufolge zahlten die Russen unter anderem Schadensersatz für »fünfzig zu Brennholz zerschlagene Stühle, fünfundzwanzig zerrissene Gemälde, dreihundert Fensterscheiben, Kachelöfen und alle Schlösser der Wohnung«.

Dennoch kehrte im August 1698 ein energiegeladener Herrscher nach Russland zurück, der feststellte, es sei an der Zeit, dass das russische Volk nüchtern und tatkräftig wurde. Für sich persönlich beschränkte Peter sich auf die Tatkraft. Er führte eine Reform der Armee durch und besiegte innerhalb einiger Jahre Feinde in allen Himmelsrichtungen. 1703 ließ er auf ehemals schwedischem Territorium an der Mündung der Newa die Peter-und-Paul-Festung errichten. Der Appetit wuchs beim Bauen. Bereits ein Jahr später beschloss der Zar, das im Aufbau befindliche St. Petersburg zur Hauptstadt seines Reiches zu ernennen.

Bauarbeit macht natürlich durstig. Peter dem Großen lag der rasche Fortschritt der Arbeiten besonders am Herzen, und deshalb bekamen die Arbeiter Bier. Dieses dunkle Elixier hatten auch die Hafen- und Werftarbeiter in London getrunken, und in England war von Faulheit und Trunksucht nichts zu bemerken gewesen – außer bei Peters Reisegruppe. Die Architekten und Baumeister der künftigen Hauptstadt erhielten das gleiche aus England herangeschaffte Bier, das auch am Hof des Zaren getrunken wurde. Die Bauarbeiter mussten sich mit den Produkten der regionalen Brauereien begnügen, die aber auch nicht ungenießbar waren. Schließlich hatte das Bierbrauen in Russland eine jahrhundertelange Tradition.

Wladimir, der Fürst von Kiew, der später ebenfalls den Beinamen der Große erhielt, hatte Ende des 10. Jahrhunderts eingehend überlegt, zu welcher Religion er sich selbst und sein Volk bekehren sollte. Der Überlieferung nach kam der Islam nicht infrage, weil er Alkohol verbot. Schließlich wählte Wladimir Byzanz statt Rom und öffnete der orthodoxen Kirche das Tor zu Russland. Im Zusammenhang mit dieser Legende ist erwähnenswert, dass Russland – trotz seines eingefleischten Rufs – nicht immer ein Wodkaland war. Erst ein halbes Jahrtausend später lernte man destillierten Schnaps kennen; Wladimir, der den Islam zurückwies, und sein Volk hatten im 10. Jahrhundert folglich andere Lieblingsgetränke: Met, Kwas und Bier. Das russische Wort хмель (*hmel*) bezeichnet wie seine finnische Entsprechung sowohl die Pflanze (*Humulus lupulus*), mit der das Bier gewürzt wird, als auch den vom Alkohol erzeugten Rausch. Auch dies deutet darauf hin, dass Bier das Getränk war, mit dem sich die Russen vorrangig berauschten. Später änderte sich der Brauch. Die früheste schriftliche Erwähnung der Wodkadestillation in Russland stammt aus dem Jahr 1558. Bereits am Ende desselben Jahrhunderts klagte man, der Schnaps sei zum nationalen Problem geworden.

In der Zeit Peters des Großen holte das Bier zum Gegenschlag aus. Vor allem in der städtischen Mittel- und Oberschicht, die generell am empfänglichsten für westliche Einflüsse war, begann man Bier und andere »europäische« Getränke dem Wodka vorzuziehen. Auch der ärmste Teil der Landbevölkerung konsumierte traditionell leichtere Getränke. Allerdings hielt die Wende nicht lange vor. Als Peter alterte, legte sich der Westwind, und auch die Ausnüchterung des Volkes wurde nicht mehr als Kernproblem empfunden. Der Wodka hatte auch sein Gutes: Er brachte dem Staat ansehnliche Steuern ein.

Die Jahrzehnte nach der Regierungszeit Peters des Großen waren durch wiederholte Palastrevolutionen geprägt. Am Hof wurde zwar auch Bier getrunken, doch angesehener waren französische Getränke, von Wein bis Cognac. In den 1760er-Jahren kam Bier erneut in Mode, da die aus Deutschland stammende Katharina II. die Große Malzgetränke zu schätzen wusste. Ihr Vater hatte für die Hochzeitsfeier in Zerbst gebrautes deutsches Bier geschickt. Die russischen Biere schmeckten Katharina freilich nicht. Sie bestellte für den Hof jährlich eine ansehnliche Menge dunkles Bier aus London. Außerdem forderte sie die russischen Brauereien auf, englische Braumeister zu engagieren. Der Rat wurde befolgt, und die Qualität verbesserte sich vermutlich.

Neben der Reform der inländischen Bierherstellung blühte der Handel. In der langen Regierungszeit Katharinas (1762–1796) vervielfachte sich der Bierimport. Im Jahre 1784 erinnerte sich der englische Reiseschriftsteller William Coxe an seinen Besuch in St. Petersburg: »... und ich habe niemals besseres und vollmundigeres englisches Bier und Porter getrunken.« In den Jahren 1793 bis 1795 wurde Bier im Wert von einer halben Million Rubel importiert, dem Geldwert nach fast doppelt so viel wie Gewürze. Den Kurs der Trinksitten in Russland konnte Katharina jedoch nicht mehr korrigieren. Der Wodkakonsum war im 18. Jahrhundert auf das Zweieinhalbfache gestiegen – und dieser Trend setzte sich auch später fort. Seit den 1990er-Jahren gewann das Bier in Russland jedoch erneut an Popularität. Wieder einmal verband man damit die Vorstellung von europäischem Wesen. Auch diesmal waren es die gebildeten Städter, die besonders eifrig den Wodka durch Bier ersetzten.

Frauen sind in der Geschichtsschreibung generell unterrepräsentiert, doch in der Personengalerie der Biergeschichte scheint die Dominanz der Männer besonders stark zu sein. Katharina, die prahlte, sie könne beim Biertrinken mit den Männern an ihrem Hof mithalten, stellt eine erfrischende Ausnahme dar. Die meisten Frauen, wie zum Beispiel die im nächsten Kapitel erwähnten Bierwitwen von Tartu (Dorpat), sind nur als namenlose Gestalten in die Geschichte eingegangen. Unter den berühmten Frauen vergangener Jahrhunderte sind nur wenige als Bierfreundinnen bekannt, so etwa Kaiserin Elisabeth von Österreich-Ungarn, genannt Sisi.

Es gibt zahlreiche Biere, die nach großen Männern der Geschichte benannt sind. Einige repräsentative Beispiele haben wir für dieses Buch ausgewählt. Frauen sind spärlich vertreten. Nach Katharina der Großen hat mindestens die belgische Kleinbrauerei *Smisje* ihr *Imperial Stout* benannt. Ein ihr gewidmetes Bier (*Žatec Baronka*) erhielt auch die böhmische Baronin Ulrike von Levetzow. Johann Wolfgang von Goethe verbrachte 1821 seinen Urlaub in der Nähe des Kaiserwaldes, einem Mittelgebirge in Westböhmen, und lernte dort die achtzehnjährige Ulrike kennen. Das hochgeborene Fräulein zeigte dem dreiundsiebzig Jahre alten Dichter die landschaftlichen Schönheiten, wobei sie auch eine örtliche Brauerei besuchten. Das edelhopfige böhmische Bier und die Schönheit der jungen Frau verdrehten dem alten Mann den Kopf. Goethe konnte die Baronin auch nach seiner Heimkehr nicht vergessen, sondern plante allen Ernstes, um ihre Hand anzuhalten. Aus dieser Romanze wurde keine nähere Beziehung, doch sie führte zur Entstehung von Gedichten, die zu Goethes persönlichsten zählen, wie die *Marienbader Elegie*.

Baltika No 6 Porter
St. Petersburg, Russland

Typ: Porter
Alkohol: 7,0 %
Stammwürze: 15,5 op
Bittereinheit: 23 EBU
Farbe: 162 EBC

Am russischen Zarenhof wurden aus England einge-
führte, besonders starke Stout-Biere getrunken, die später, im 19. Jahrhundert, als kaiserlich bezeichnet wurden: *Imperial Stout*. Die baltischen Porter entstanden, als
man seit dem 18. Jahrhundert begann, entsprechendes
dunkles Bier in den Brauereien von St. Petersburg und
der näheren Umgebung herzustellen. Diese Biersorte
passte gut zu den russischen Sakuski wie Roggenbrot
und Salzgurken.

Die Traditionen des Bierbrauens überdauerten auch
die Sowjetzeit, auch wenn die Qualität der Produkte
schwankte. Um den Ruf des Sowjetbiers zu retten,
wurde eine neue, hochwertige Brauerei in Leningrad
geplant, die im Herbst 1990 fertiggestellt wurde, als
die Sowjetunion bereits in den letzten Zügen lag. 1992
wurde die Brauerei Baltika privatisiert und stieg innerhalb von vier Jahren zur größten Bierbrauerei Russlands

auf. Heute ist sie die zweitgrößte Brauerei Europas, und ihr Besitzer ist seit 2008 der dänische Brauereikonzern Carlsberg.

Baltika No 6 Porter ist, anders als seine britischen Vorbilder, ein untergäriges Bier. Es ist fast schwarz und entwickelt beim Einschenken eine dichte helle Schaumkrone. Im Geruch unterscheidet man Roggenbrot, Röstaroma und Malzbrei. Der Geschmack ist malzig mit einer Spur Schokolade und recht trocken. Im Abgang finden sich auch Spuren von Apfelsine und Hopfen.

Frauen und Kinder verrichteten in den Brauereien meist nur Hilfsarbeiten, doch im 18. Jahrhundert trugen sie in Tartu (Dorpat) die Verantwortung für die Brautätigkeit der ganzen Stadt. Holzschnitt aus dem 17. Jahrhundert.

VII
Bier zum Wohle der Waisen

Seit dem Ende des Mittelalters wurde das Bierbrauen in den größten Städten Europas allmählich zum Privileg geschlossener Gilden, so auch in Tartu (Dorpat), einer der ältesten Städte Nordeuropas. Jahrhundertelang durften dort nur die Mitglieder der Großen Gilde Bier brauen. Im 18. Jahrhundert focht die konkurrierende Kleine Gilde dieses Vorrecht an. Die russische Verwaltung war der Streitereien der Gilden überdrüssig und fällte 1783 im Rahmen einer größeren Verwaltungsreform ein salomonisches Urteil: Keine der beiden Gilden durfte den Bierhandel dominieren. In Tartu sollte das Bier künftig von Witwen, Waisen und anderen Menschen gebraut werden, die keine Möglichkeit hatten, sich ihren Lebensunterhalt anderweitig zu verdienen.

In England und den Niederlanden war das Gildensystem der Bierbrauer bereits im 14. Jahrhundert entstanden. Ursprünglich hatten die Gilden den Zweck, den Lebensunterhalt ihrer Mitglieder zu gewährleisten. Da man die Zahl der Brauereien nicht erhöhen wollte, gab es praktisch nur zwei Möglichkeiten, zur Gilde zugelassen zu werden: indem man eine Brauerei erbte oder kaufte. Die Anforderungen an die Berufskenntnis variierten von Stadt zu Stadt. Beispielsweise heißt es in der Zunftverfassung von Wismar aus dem 15. Jahrhundert, jeder unbescholtene männliche Bürger der Stadt dürfe eine Brauerei kaufen. Erfahrung im Bierbrauen wurde nicht gefordert. In München musste ein angehender Braumeister mindestens zwei Jahre Erfahrung in der Branche nachweisen. In Paris forderte die Gilde sogar fünf Jahre Berufserfahrung, bevor die Erlaubnis zum Besitz einer Brauerei erteilt werden konnte.

Das Gildensystem trug auch dazu bei, die Qualität des Biers zu gewährleisten. Da ohne Zustimmung der Gilde keine neuen Konkurrenten in der Branche tätig werden konnten, hatten die Braumeister die Möglichkeit, sich langfristig auf die Feinheiten des Bierbrauens zu konzentrieren, ohne unter Preisdruck zu geraten. Häufig wählten sie aus ihrer Mitte einen Inspektor, der in seiner auf einige Jahre begrenzten Amtszeit umfassende Befugnisse im Bereich der Qualitätskontrolle hatte. Der Inspektor hatte freien Zutritt zu jeder Brauerei, wo er die Rohstoffe prüfen, die Arbeitsphasen beobachten und das Ergebnis kosten durfte. Wurden Mängel festgestellt, reichten die Folgen von einer Ermahnung bis zu Geldstrafen und im schlimmsten Fall zum Ausschluss aus der Gilde, in der Praxis also zum Verlust der Brauerei. Wie hoch die interne Kontrolle der Gilde geschätzt wurde, zeigt die unter anderem aus Gent bekannte Praxis, dass die Türen der Brauereien nicht verriegelt werden durften. Bier hielt die Stadt am Leben, daher war es angebracht, seine Qualität sicherzustellen.

Über die Hansestädte verbreitete sich das Zunftwesen im 15. Jahrhundert überall in der Ostseeregion. Die älteste Erwähnung des Braurechts der Großen Gilde von Tartu stammt aus dem Jahr 1461, doch Hinweise auf das Bierbrauen finden sich seit der Gründung der Hansestadt im 13. Jahrhundert. Anders als in Mitteleuropa gab es in Tartu keine eigene Gilde der Bierbrauer, sondern die Brauereibesitzer gehörten wie die anderen Kaufleute zur Großen Gilde, deren Mitglieder durchweg deutschsprachig waren. Der Kleinen Gilde, die von Handwerkern gebildet wurde und eher der Mittelschicht zuzuordnen war, gehörten dagegen sowohl Mitglieder mit deutscher als auch solche mit estnischer Muttersprache an.

Nachdem die deutschstämmige Livländische Ritterschaft schwächer geworden war, wechselte die Herrschaft über die Stadt seit der Mitte des 16. Jahrhunderts mehrfach. Tartu kam 1558 kurzzeitig unter russische Herrschaft, fiel 1582 an Polen und 1625 an Schweden. Die neuen Herrscher hoben die traditionellen Braurechte nicht auf, ergänzten die Vorschriften jedoch bisweilen um eigene Zusätze. Beispielsweise verfügte der polnische König Stefan Batory 1582, dass in einem Radius von einer Meile um das Zentrum von Tartu nur die städtischen Gasthäuser Bier verkaufen durften.

Im Nordischen Krieg brannte Tartu 1708 ab, und es dauerte lange, bis die Stadt sich erholte. Schon vor dem endgültigen Friedensschluss verkündete der russische Zar Peter der Große 1717, in Tartu würden die bisheri-

gen Vorrechte hinsichtlich der Herstellung und des Ver-
kaufs von Bier in Kraft bleiben. Damit wollte sich die
Kleine Gilde jedoch nicht abfinden. Da die Stadt unter
russischer Besatzung stand, aber noch keine neue regu-
läre Administration hatte, versuchten einige Gildenmit-
glieder ihr Glück und brauten Bier. Zwischen den beiden Gilden kam es zu Auseinandersetzungen und sogar
zu Handgreiflichkeiten, doch die provisorische Verwaltung griff nicht ein. Selbst der Friede von Nystad 1721
und die Angliederung der Stadt an Russland lösten den
Konflikt nicht. Das Rechtskollegium Peters des Großen
erließ im selben Jahr einen Beschluss, der mehrere Deu-
tungen erlaubte und die Befugnisse der beiden Gilden
nicht klar regelte. So begann eine Spirale von Beschwer-
den und Streitigkeiten, die sich jahrzehntelang drehte.

Schließlich stellte das Rechtskollegium 1782 fest, es
gebe keine Grundlage für das Vorrecht der Gilden auf
die Bierbrauerei. Die Brautätigkeit wurde jedoch nicht
liberalisiert, sondern das Alleinrecht ging auf eine neue
Institution über. Zarin Katharina II. die Große ordnete
an, in Tartu ein Brauereiunternehmen zu gründen, das
für die Bierherstellung in der ganzen Stadt zuständig
sein sollte. Der Generalgouverneur von Estland und Livland, der aus Irland gebürtige George von Browne, kümmerte sich um die praktischen Maßnahmen nach dem
Vorbild der rund zwanzig Jahre zuvor gegründeten
Brauereikompanie von Riga.

Die Dorpater Brauer-Compagnie wurde ein Akteur,
der nicht nur den Bierstreit der Gilden beendete, son-

dern auch seinen Anteil zur Armenpflege beitrug. Als Mitglieder der Kompanie, die sowohl Besitzer als auch Mitarbeiter waren, wurden ausschließlich Witwen und Waisen von verstorbenen Gildenangehörigen sowie Gildemitglieder zugelassen, die ohne eigenes Verschulden verarmt waren. So konnte das Unternehmen den Lebensunterhalt derjenigen Mitglieder von Gildenfamilien sichern, die kein anderes Einkommen hatten. Damit die Brauereikompanie nicht zum Zankapfel der Gilden wurde, galt die Vorschrift, dass ihr gleich viele Mitglieder aus beiden Gilden angehören sollten.

Tartu hatte sich im Lauf der Jahrzehnte vom Nordischen Krieg und den wiederholten Feuersbrünsten erholt. In der Stadt mit ihren knapp viertausend Einwohnern gab es genug durstige Kehlen. Nahrungsmittel wurden durch Salzen und Trocknen konserviert, was den Getränkeverbrauch erhöhte. Gemessen am heutigen Standard war der Bierkonsum im 18. Jahrhundert enorm. In Tartuer Dokumenten vom Beginn des Jahrhunderts wurde die Tagesration für die Männer und Frauen in der Stadt auf eine Kanne – zweieinhalb Liter – Bier festgelegt. Soldaten standen anderthalb Kannen zu, und sonntags sollte jeder Christenmensch zwei Kannen Gerstensaft genießen dürfen. Bei einem erheblichen Teil dieser Menge handelte es sich wahrscheinlich um selbst gebrautes Bier oder um Dünnbier. Die Brauer-Compagnie produzierte in den 1780er-Jahren jährlich höchstens zweihundert Liter pro Einwohner, also gut einen halben Liter pro Tag.

Der Anfang der Tätigkeit wirkte vielversprechend. Die Kompanie erhielt ein Darlehen von der Stadt, mit dem am Ufer des Flusses Emajõgi (dt. Embach), nur einen Steinwurf vom Rathaus entfernt, eine neue große Brauerei errichtet wurde. Neben der Brautätigkeit erhielt die Kompanie das Monopol auf den Betrieb von Gasthäusern in der Stadt. Sie führte diese Gaststätten nicht selbst, erhielt aber Einkünfte aus der Verpachtung des Schankrechts und aus dem Bierverkauf. Schätzungen zufolge gab es in Tartu Ende des 18. Jahrhunderts rund sechzig Bierstuben.

Das Unternehmen entsprach weitgehend einer heutigen Genossenschaft. Das Ziel war nicht Profitmaximierung, sondern die Versorgung der Mitglieder. Die Brauerei wurde von zwei Zunftmeistern geleitet – jede der beiden Gilden ernannte einen von ihnen. Das Unternehmen zahlte den für Herstellung und Vertrieb des Biers zuständigen Mitgliedern Lohn. Blieb nach Abzug der Unkosten, der Kreditrückzahlung und der Steuern ein Gewinn, wurde er unter den Mitgliedern aufgeteilt. Wenn ein Mitglied die Kompanie verlassen und eine andere Tätigkeit übernehmen wollte, erhielt es seine Genossenschaftseinlage zurück. Dann wurde ein neues Mitglied aufgenommen, das vom Lohn der ersten Jahre nach und nach seinen Anteil an der Brauerei erwarb.

Auch in Riga, Pärnu und Tallinn (Reval) waren Ende des 18. Jahrhunderts die Minderbemittelten für das Bierbrauen zuständig. Soziale Unternehmen von der Art der baltischen Brauerkompanien sind eine historische

Seltenheit, doch Frauen trifft man in der Geschichte der Brauereien durchaus an. In Estland, wie auch andernorts in Europa, haben Frauen jahrhundertelang Bier für den Hausgebrauch gebraut. Es war auch nicht ungewöhnlich, dass nach dem Tod eines Braumeisters seine Witwe das Geschäft weiterführte. Aus dem Mittelalter und der Neuzeit kennt man zudem einige unabhängige, ledige Frauen, die Brauereiunternehmerinnen wurden. Gleichberechtigt wurden sie freilich allem Anschein nach nicht behandelt. In München erhielten die städtischen Behörden 1599 einen Appell, in dem gefordert wurde, das Braurecht solle nicht an die Witwen von Braumeistern vererbt werden, da »Frauen die edle Kunst des Bierbrauens nicht zu erlernen vermögen«. Die Eingabe scheiterte, Frauen durften in Bayern auch weiterhin Brauereien besitzen. Vor allem in England wurde das von »Bierweibern« (*ale wives*) hergestellte Getränk nur allzu häufig als qualitätsschwach diffamiert. Die britischen Moralapostel ereiferten sich auch darüber, dass Frauen als Besitzerinnen von Pubs Männer auf den Pfad der Trunksucht lockten.

Probleme gab es auch in Tartu. Nach den ersten Jahren ging der Absatz zurück. Die Qualität des Biers wurde kritisiert, und die besseren Kreise der Stadt gingen dazu über, ihre Getränke bei ländlichen Brauereien zu erwerben. Der Landadel hatte seit der polnischen Zeit das Recht, Bier zu brauen. Zwar durfte Landbier in Tartu und der näheren Umgebung nicht verkauft werden, doch im Umkreis von einigen Meilen gab es mehrere Gutshöfe mit Brauereien, in denen sich die Bürger mit Bier versorgen konnten. Die Witwen in der Brauerkompanie büßten ihren Verdienst ein, und der Stadt entgingen Steuereinnahmen. Viele Gasthäuser in Tartu passten sich den Geschmacksvorlieben ihrer Kunden an und verschmähten das Bier der Kompanie; da sie kein anderes Malzgetränk ausschenken durften, verlegten sie sich auf den Verkauf von Wodka.

In Russland bestieg 1796 Paul I., der Sohn von Katharina der Großen, den Zarenthron. Er führte eine Umgestaltung der Verwaltung Livlands und der anderen Ostseeprovinzen durch, wobei er die Reformen, die seine Mutter Katharina die Große 1783 angeordnet hatte, rückgängig machte. Damit bot sich dem Rat der Stadt Tartu die Gelegenheit, die seit mehr als zehn Jahren tätige Brauerkompanie diskret abzustoßen.

Niemand erdreistete sich vorzuschlagen, man solle Witwen und Waisen ihrem Schicksal überlassen, damit die Stadt mehr Steuern einnahm und die Einwohner von Tartu besseres Bier bekamen. Die Lösung, die man fand, war die Verpachtung der Braurechte – in derselben Art, wie bereits die Schankrechte verpachtet wurden. Formal besaß die Kompanie weiterhin das Alleinrecht auf Brauereitätigkeit, doch sie durfte Konzessionen an Privatunternehmen verpachten. Das Geschäft blühte. In der Stadt wurden mehrere Privatbrauereien gegründet, und das Bier mundete wieder allen. Die Pachteinnahmen gaben den Waisen ein Grundeinkommen, und da sie selbst kein Bier mehr zu brauen brauchten, konnten sie sich eine andere Arbeit suchen. Dieses System erwies sich offenbar als funktionstüchtig – jedenfalls gab es keine öffentlichen Hinweise auf Arme, die infolge der Reorganisation hungern mussten. Bis 1820 floss das Biergeld über die Brauerkompanie als Sozialhilfe an minderbemittelte Stadtbewohner.

A. Le Coq Porter
Tartu, Estland

Typ: Porter
Alkohol: 6,5 %
Stammwürze: 14,6 op
Bittereinheit: 16 EBU
Farbe: 54,7 EBC

Albert Le Coq gründete 1807 in London ein Unternehmen, das seinen Namen trug und mit Wein und Bier handelte. Als besonders begehrte Ware erwies sich das dunkle und starke obergärige Bier, das Le Coq aus den Londoner Brauereien auf den russischen Markt exportierte. Norwegische Taucher fanden 1974 auf dem Grund der Ostsee das 1869 gesunkene Dampfschiff *Olivia*, das für Russland bestimmtes Porter von Le Coq geladen hatte.

Die Zollgebühren, mit denen Russland seine eigene Bierproduktion schützen wollte, veranlassten das Unternehmen, seine Tätigkeit Anfang des 20. Jahrhunderts nach St. Petersburg auszudehnen. A. Le Coq & Co. kaufte 1902 die Brauerei Tivoli in Tartu und nahm die Produktion von Porter innerhalb des Russischen Reiches auf. Noch im selben Jahr erhielt A. Le Coq den Ehrentitel eines kaiserlichen Hoflieferanten. Die Brauerei

A. Le Coq war während der sowjetischen Okkupation in Staatsbesitz, wurde aber bei der Wiederherstellung der Unabhängigkeit Estlands privatisiert. 1997 ging sie in den Besitz des finnischen Unternehmens Olvi über.

A. *Le Coq Porter* setzt die zweihundertjährige Tradition des Unternehmens als Porterproduzent fort. Es handelt sich um ein dunkelbraunes Bier mit dichtem Schaum, das aus ausgewähltem dunklen Spezialmalz hergestellt wird. Der Geschmack ist weich und süß. Auch Röstaroma, Fruchtigkeit und Kaffee sind herauszuschmecken.

Der Darstellung des Dichters Runeberg zufolge stand auf der Festtafel von Oberst Sandels in Partala eine Vielzahl von Getränken. Zeichnung von Albert Edelfelt.

VIII
Offizier und Feinschmecker

Johan August Sandels ist nicht nur als einer der letzten siegreichen Feldherren Schwedens in die Geschichte eingegangen, sondern auch als großer Freund der Esskultur, der gute Speisen und die dazugehörigen Getränke zu schätzen wusste. Den Aphorismus »Die Armee marschiert mit dem Magen« (der fälschlich sowohl Napoleon als auch Friedrich dem Großen zugeschrieben wird), interpretierte Sandels auf seine Weise: Wichtige Entscheidungen traf er nie mit leerem Magen oder trockener Kehle.

Sandels wurde am 31. August 1764 in Stockholm geboren. Wie es in den Kreisen, die Wert auf eine akademische Bildung legten, damals üblich war, gab es auch in der Familie Sandels viele Pfarrer. Das lag nicht daran, dass die Gebildeten damals frommer gewesen wären als heute, sondern an der uralten Tradition, das Universitätsstudium mit dem Studium der Theologie zu beginnen. Erst danach widmete man sich dem Fach, das einen wirklich interessierte. Nicht wenige ließen sich bei der Gelegenheit auch ordinieren. Viele Experimentierer, Erfinder und Gelehrte vergangener Jahrhunderte waren daher offiziell Pfarrer. Dies gilt zum Beispiel für den

Schotten Robert Stirling, den Erfinder des nach ihm benannten Stirling-Motors, und für den bekannten finnischen Wirtschaftswissenschaftler Anders Chydenius, der, nebenbei bemerkt, auch ein Fürsprecher der einheimischen Opiumproduktion war.

Als Fundament einer standesgemäßen Karriere für Angehörige der höheren Gesellschaftsschichten eignete sich neben der Universität auch die Kadettenschule. Die Jungen traten nach der Elementarausbildung in das auf den Soldatenberuf vorbereitende Internat ein, wo sie einen allgemeinbildenden Unterricht erhielten, der neben militärischen Fächern unter anderem Mathematik, Physik, Geografie, Französisch und Musik umfasste. Auch gute Manieren und hoffähiges Benehmen standen auf dem Stundenplan.

Der junge Sandels trat 1775 mit elf Jahren in die Kadettenschule in Stockholm ein und schloss die Ausbildung einige Jahre später als Unterleutnant der Artillerie ab. Schon zu Beginn seiner militärischen Laufbahn war er als Mann bekannt, der Essen, Trinken und ein geselliges Leben liebte und die Spannung beim Glücksspiel genoss. Die Spielbegeisterung blieb nicht ohne Folgen. Die Bilanz der Schulden, Gewinne und Soldeinkünfte des Rittmeisters Sandels lag 1785 derart im Argen, dass er in den Fernen Osten des Schwedischen Reiches, nach Finnland, versetzt wurde.

Sandels gewöhnte sich bald an die Finnen, und diese gewöhnten sich an seine Art. Zwei Jahre später war Sandels Major, und im Russisch-Schwedischen Krieg 1788 bis 1790 kommandierte er ein sechshundert Mann starkes Dragonerbataillon, zur Freude aller außer den Feinden. Gegen Ende des Krieges wurde er zum Oberstleutnant der Dragoner Kareliens ernannt, und auch in dieser Position weckte er wohl nur bei den Russen Unzufriedenheit.

Sandels war kein volkstümlicher oder leicht zugänglicher Mensch. Die Soldaten lernten jedoch bald, sich auf ihn zu verlassen, denn er hatte drei für einen Feldherrn wichtige Eigenschaften. Erstens: Wo Sandels war, ging es rund. Zweitens: Sandels verlor im Kampf nie die Beherrschung. Und drittens: Er sparte nicht an verdientem Lob. Natürlich wussten die Mannschaften, wie sehr ihr hoher Vorgesetzter den Annehmlichkeiten des Lebens zugetan war. Doch da er – wie später unter anderen Wassili Tschuikow vor Stalingrad oder Erwin Rommel in Libyen – gelegentlich im heftigsten Kampf an vorderster Front erschien und notfalls ein paar Tage lang mit einem Glas Wasser und einem Schneeball auskam, hatte er unter den Soldaten einen guten Ruf. 1799 wurde Sandels zum Oberst befördert und 1803 zum Befehlshaber der Jäger von Savo ernannt.

Die regionale Landesverteidigung ist keine ganz neue Erfindung. Im Schweden des 18. Jahrhunderts wurde sie in Form der Rotteneinteilung organisiert. Die Offiziere und Unteroffiziere waren auf Amtsgütern in ihrem Verteidigungsgebiet stationiert. Die Soldaten, die sie zu befehligen hatten, wurden nach dem Hufensystem (schwed. *mantal*, »Zahl der Männer«) rekrutiert.

Die Zentralbehörde, die Finanzkammer in Stockholm, hatte errechnet, welche Ackerfläche notwendig war, um neben den anderen Steuerzahlungen einen Soldaten zur Verteidigung des Reiches zu finanzieren. In Finnland waren die Bauernhöfe klein, daher gab es nur wenige Höfe mit einem vollen *mantal*. In Sandels' Verteidigungsgebiet, das ungefähr die gesamte Provinz Savo umfasste, brauchte man im Durchschnitt vier oder fünf Höfe, um einen Soldaten aufzustellen, ihm eine Kate als Unterkunft zu geben und seine Ausrüstung zu bezahlen. Zu festen Terminen, in der Praxis an einigen Sonntagen im Jahr, versammelten sich die Soldaten eines Kirchspiels nach dem Gottesdienst und übten unter Anleitung eines Gefreiten oder Unteroffiziers geschlossene Formationen, Zielschießen und andere »Kriegskunststücke«, wie man damals sagte. Manchmal fanden unter Führung von Offizieren auch größere Manöver für eine Kompanie oder ein Bataillon statt.

Als die Napoleonischen Kriege zu Beginn des 19. Jahrhunderts Europa verwüsteten, wurden die Rottensoldaten Schwedens als »Sonntagssoldaten« bezeichnet. Sandels war sich über den schlimmsten Fehler des Systems völlig im Klaren. Da der Sold der Offiziere aus dem Ertrag ihrer Amtsgüter bestand, zeigte so mancher von ihnen mehr Interesse an der Landwirtschaft als daran, seine militärischen Künste und seine Einsatzbereitschaft aufrechtzuerhalten. Ebenso konzentrierten sich die Soldaten auf die Bewirtschaftung ihrer Kartoffel- und Rübenäcker sowie auf die Gelegenheitsarbeiten, die ihnen erlaubt waren. Zudem liegt auf der Hand, dass die Bauern nicht ihre fähigsten Knechte, das heißt ihre besten Arbeitskräfte, als Soldaten aufstellten. Den Regeln zufolge musste ein Rottensoldat volljährig, aber weniger als vierzig Jahre alt sein und die Tauglichkeitsanforderungen der Armee erfüllen. Die schwedische Regierung, die auf Frieden eingestellt war, nahm es mit der Kontrolle dieser Vorschriften nicht übermäßig genau. Der finnische Nationaldichter Johan Ludvig Runeberg lässt in seinem Gedicht »Der Soldatenjunge« einen Jungen über seinen Vater sagen: »Mit fünfzehn Jahren trat er ein«, und als die Armee im Februar 1808 wegen des drohenden russischen Angriffs mobilisiert wurde, waren die jüngsten Rottensoldaten tatsächlich knapp fünfzehn Jahre alt. Andererseits waren sechzigjährige Großväter mit von der Partie, und in den Reihen sah man auch Einäugige, von Krankheiten Gezeichnete sowie auf einem Holzbein hinkende Invaliden, die im Register der Soldaten vergessen und bei keiner Inspektion entdeckt und ausgemustert worden waren. Doch die Truppen machten ihre mangelnde Kampffähigkeit durch die Kenntnis der örtlichen Gegebenheiten und des Terrains wett. Hier kam Sandels' Talent zur Geltung: Er führte seine Truppen genau dann in den Kampf, wenn sie am stärksten waren und die günstigsten Verhältnisse herrschten.

Obwohl die Anzeichen für einen Krieg deutlich gewesen waren, kam der Angriff der Russen am 21. Februar 1808 für die Verteidiger Finnlands überraschend.

Auf einen Winterkrieg war man nicht vorbereitet. Die schwedische Kriegsführung wählte die Strategie des Rückzugs. Nur die Festungen Svartholma und Viapori an der Südküste sollten unter allen Umständen gehalten werden. Im Übrigen sah der Plan vor, den Invasoren auszuweichen und sie dadurch zu zwingen, ihre Kräfte zu zersplittern, um die immer länger werdenden Flanken und Verbindungen nach hinten sichern zu können. Auch von der Front in Savo retirierten die Truppen befehlsgemäß bis in die Umgebung der Stadt Oulu. Dort wurde aus den Jägern von Savo im April die Fünfte Brigade gebildet, zu deren Kommandeur Johan August Sandels ernannt wurde.

Runeberg schreibt in seinem Gedicht »Der Trosskutscher«: »Langsam fährt man, wenn man von der Heimat fährt«, und beginnt die letzte Strophe mit den Worten: »Ruft die Leute auf, lasst Trommeln rühren schnell! Schon verging die Nacht, der Tag erglänzt schon hell!« (Deutsch von Wolrad Eigenbrodt) Die Fünfte Brigade trat wie der Rest der Armee im Mai 1808 zum Gegenangriff an. In den folgenden fünf Monaten hinterließen Sandels und die Savoer Jäger eine siegreiche Spur in der schwedischen Kriegsgeschichte. Sandels mochte eigensinnig und auf seinen Rang bedacht sein, ein schwieriger Fall als Untergebener wie als Vorgesetzter, und es ist nicht abzustreiten, dass er Essen und Trinken ein wenig mehr schätzte als notwendig. Andererseits bewegte er die seinem Kommando unterstellten Rottensoldaten und die sie anführenden Landwirte-Offiziere zu beachtlichen Leistungen im Kampf gegen die Kosaken und die russische Infanterie.

Ihren ersten Sieg errang die Fünfte Brigade am 2. Mai in Pulkkila. Die Trosse, die sie von den Russen eroberte, veranlassten Sandels, den Jackpot anzustreben: das große Nachschublager der Russen in Kuopio. Der Oberst war bereit, die kleinen persönlichen Bequemlichkeiten des Lagers gegen karge Armeeverpflegung, wenig Schlaf und zermürbenden Vormarsch einzutauschen, da ihm größere Genüsse vorschwebten. Es war bereits eine beachtliche Leistung, in der Zeit der Schneeschmelze und der schlechten Wege zweihundert Kilometer innerhalb einer Woche zurückzulegen. Nach diesem Eilmarsch eroberte eine einhundertfünfzig Mann starke Truppe, angeführt von dem aus Kuopio stammenden Hauptmann Carl Wilhelm Malm, die Stadt in einem nächtlichen Sturmangriff. Aus den russischen Vorräten erbeuteten Sandels' Truppen unter anderem tausendzweihundert Fässer Getreide, rund tausend Säcke Mehl, achttausendfünfhundert Kilo Pökelfleisch und fünfundachtzig Tonnen Pferdefutter. Auch Bier zum Herunterspülen des Essens war vorhanden. Das Bierbrauen war in Finnland 1776 von den Zunftregeln befreit worden, und auch in Kuopio gab es mehrere Brauereien. An Gerstensaft herrschte in der eroberten Provinzhauptstadt kein Mangel.

Der vorausschauende Sandels ließ die Proviant-, Getränke- und Waffenlager sofort nach der Eroberung nach Toivala am Nordufer des Sees Kallavesi transportieren, in leicht zu verteidigende Stellungen. Obwohl die Angriffsspitze der Fünften Brigade über hundert Kilometer nach Süden vordrang, bis zum Kirchdorf Joroinen, mussten die Schweden den geordneten Rückzug antreten, da die russischen Truppen verstärkt wurden. Ende Juni zog Sandels alle seine Truppen aus Kuopio nach Toivala zurück. Die drei Kilometer breite Seefläche Kelloselkä schützte die Brigade vor russischen Angriffen, und die Lebensmittel würden mindestens für drei Monate reichen. Die Armee brauchte ihre Verteidigungsstellungen weder mit leerem Magen noch mit trockener Kehle zu halten.

Die Offiziere auf beiden Seiten der Front im Finnischen Krieg hatten gelernt, nach kontinentaler Art Krieg zu führen, wie beim Schachspiel: Die in Reihen ausgerichteten Truppen, deren kleinste Einheiten Bataillone von mehreren Hundert Mann waren, nahmen auf einem flachen Schlachtfeld Aufstellung. Diese Art der Kriegsführung war in den fruchtbaren Ebenen Mitteleuropas immer noch zeitgemäß. Doch die Realität an der Front in Savo sah anders aus. Der gebürtige Pole Faddei Bulgarin, der als russischer Kavallerieoffizier diente, schilderte das Gelände mit Worten, in denen Entsetzen und Ehrfurcht mitschwangen: »Finnland besteht aus zahllosen Seen und Felsen; mancherorts sind Letztere sehr hoch, wie aufeinandergehäuft, und überall fast unüberwindlich. In den kleinen Tälern zwischen den Felsen liegen Steinhaufen und Granitblöcke, und sie sind durchzogen von reißenden Bächen, manchmal auch von kleinen Flüssen, welche die Seen miteinander verbinden. In manchen Tälern wächst undurchdringlicher Wald.«

Es versteht sich, dass die traditionellen Lehren des Frontalangriffs und der Kavalleriemanöver in einem solchen Terrain nicht anwendbar waren. Sandels hatte im Lauf der Jahre die Gegebenheiten in Ostfinnland kennengelernt und wandte geschickt die Taktiken des »freien Krieges« an, die an der Kadettenschule in Haapaniemi entwickelt worden waren. Es gelang ihm zum Beispiel, den Vormarsch der Russen zu behindern, indem er kleine Scharfschützenpatrouillen einsetzte, die von der Flanke her zuschlugen. Bulgarin verwünschte die Savoer Bauern, die seinen Worten zufolge »unsere allergefährlichsten Gegner in diesem unwegsamen Land waren: Man konnte sich keine hundert Schritte von der Landstraße entfernen, ohne beschossen zu werden, und das ... hinderte uns daran, Klarheit über das Terrain zu gewinnen.«

Noch nachteiliger als einzelne Scharfschützen waren die Nachschubprobleme der Russen. Die Vorschriften aus der Zeit Peters des Großen legten die Tagesration der Soldaten fest, zu der neben Essen auch gut drei Liter Bier gehörten. In der Praxis konnte man von solchen Rationen nur träumen. Die Russen mussten hungrig kämpfen, und auch Bier war aus St. Petersburg nur selten zu erwarten. Die Knappheit wurde dadurch verstärkt, dass es den schwedischen Truppen gelang, mehrere Nachschubtrosse der Russen zu rauben.

Sie nahmen so viel Getreide und Schnaps mit, wie sie transportieren konnten, und vernichteten den Rest, indem sie ihn zum Beispiel in einen See schütteten. In der Praxis mussten sich die Russen vor Ort Lebensmittel beschaffen. Bulgarin berichtet, dass die Soldaten auf dem Land Brot, Milch, getrockneten oder eingesalzenen Fisch sowie leichtes Bier bekamen.

Auf beiden Seiten der Front hielten sich die Offiziere an die gleiche, den höfischen Sitten in Frankreich entlehnte Etikette. Die Französische Revolution und die republikanischen Ideale hatten ihr Weltbild noch nicht erschüttert. Die Standessitten waren ungebrochen lebendig. Zur Zeit von Sandels' Angriff, im Mai/Juni, hatten die russischen Offiziere an der Savoer Front kein standesgemäßes Leben führen können, daher jubelten sie über die Rückkehr nach Kuopio. Zwar war der Lebensmittelvorrat der Armee verloren, doch Sandels hatte nicht alle Vorratskisten in der Stadt geleert. Bulgarin berichtet, in dem Haus einer Kaufmannsfrau, das ihm als Quartier diente, habe es eine Fülle von Speisen gegeben, die mit Kaffee, Wein und Punsch heruntergespült wurden. Bier scheint der Etikette der russischen Offiziere nicht entsprochen zu haben.

Anders verhielt es sich eine Meile weiter in Toivala. Auch Sandels hatte unter seinen Vorräten importierte ausländische Getränke, die für die Offiziere reserviert waren, doch im Alltag trank er das gleiche Bier wie die Soldaten. Das war dazu gedacht, das Vertrauen der Savoer Jäger in ihren Befehlshaber zu verstärken. Der

Oberst war vom gleichen Fleisch und Blut wie sie – und auch sein Durst war von derselben Art. Da das Essen der Soldaten um der Haltbarkeit willen stark gesalzen war, musste man natürlich viel trinken. Die schwedische Krone hatte die tägliche Mindestration pro Mann auf eine Kanne (zweieinhalb Liter) Bier oder Dünnbier festgesetzt.

Es war ausdrücklich von Bier die Rede, obwohl man sich im Land der tausend Seen befand. Bei den Bauern kaufte man auch Dickmilch, doch Bier wurde sogar von der obersten Kriegsleitung empfohlen. Ein Brief des schwedischen Kriegskollegiums an Reichsmarschall Gustaf Horn aus dem Jahr 1655 sagt alles Wesentliche: »Den Soldaten muss gewiss genug Bier zum Trinken gegeben werden oder so viel Geld, dass sie dasselbe kaufen können, auf dass sie nicht im gegenteiligen Falle dazu getrieben werden, Wasser zu trinken, und dadurch zum Schaden Seiner Majestät und der Krone von Krankheit und Kraftlosigkeit befallen werden.« Dies galt auch im Finnischen Krieg. Wenn Hunderte von Männern wochenlang an einem See lagern und ihre Notdurft verrichten, wo sie wollen, kann man nicht erwarten, dass das Uferwasser sauber bleibt. Von September 1808 an, als die Lebensmittel und das Bier in den Magazinen allmählich zur Neige gingen und die Widerstandskraft der Soldaten durch die mangelhafte Ernährung geschwächt war, brachen Epidemien aus. Vor allem die Ruhr, die durch verschmutztes Trinkwasser übertragen wurde, brachte die Männer in die Krankenstube und ins Grab.

Im Finnischen Krieg starben mehr Soldaten an Krankheiten als durch Verwundung im Kampf.

Als die Hauptkräfte der schwedischen Armee in Westfinnland Niederlagen erlitten hatten, musste auch Sandels Ende September den Rückzug aus Toivala antreten. Am 27. Oktober, beim Ablauf der Waffenruhe, trat er mit rund zweitausend Mann am Fluss Koljonvirta bei Iisalmi an, um die Stellungen zu verteidigen, gegen die sechstausend Russen unter Führung von Tutschkow anstürmten. Zwar gelang es Sandels, die Russen trotz ihrer zahlenmäßigen Übermacht zurückzuschlagen, doch für den Ausgang des Krieges hatte dieser Sieg keine Bedeutung. Die Niederlagen der Hauptarmee in Ostbottnien zwangen auch die Savoer Jäger, sich nach Oulu zurückzuziehen.

Johan Ludvig Runeberg hat drei Gedichte über den Kampf am Koljonvirta geschrieben.

Eines dieser Gedichte befasst sich mit Sandels – »er saß in Pardala beim Frühstück in aller Ruh. Schlag zwölf sind die Russen wieder da, sie drängen der Brücke zu« und so weiter, wobei Sandels den Pastor, der ihm an der Tafel Gesellschaft leistet, auffordert, mehr Madeira, Gans, Soße, Kalb und anderes zu nehmen. Als von der Front das Dröhnen der Kanonen und das Knallen der Musketen zu hören ist und ein Leutnant hereinstürmt, um zu fragen: »Wie lautet die Order?«, erwidert Sandels: »Ja, dass Ihr Euch ruhig setzt zu Tisch und Messer und Gabel schwingt. He, bringt ein Besteck! Nun esst nur frisch, und habt Ihr gegessen, so trinkt!«

Es ist Runeberg zweifellos gelungen, Sandels als Freund des Tafelns im Gedächtnis der Nation zu verewigen, obwohl dem Gedicht zufolge in Partala nur Forelle (die übrigens kein Luxus war, weil sie in den Gewässern Ostfinnlands reichlich vorkam), Soße, Gans und Kalb auf dem Tisch standen. An Getränken werden Madeira, Laffitte, das heißt offenbar französischer Rotwein aus Bordeaux, sowie Genever erwähnt.

Es gibt keine historischen Quellen über die Bewirtung in Sandels' Quartier in Partala, doch die Auswahl der Getränke für hochrangige Gäste kann der vom Dichter beschriebenen durchaus ähnlich gewesen sein. Die Bedeutung der Offiziersgetränke wurde bei der Versorgung der Armeen nicht unterschätzt. Man weiß zum Beispiel, dass die Galeasse *Fyra bröder* im August 1808 Nachschub an Portwein und Bordeaux über den Bottnischen Meerbusen brachte. Völlig aus der Luft gegriffen ist dagegen Runebergs Darstellung, Sandels habe wegen seines Appetits und wegen des Zeitunterschiedes zwischen den beiden Reichen den Anfang der Schlacht verpasst. Sandels wusste genau, welche Zeit die Uhren der Russen zeigten und wann die Waffenruhe enden sollte. Dass er in den ersten Momenten der Schlacht nicht in vorderster Linie stand, war Teil seiner siegreichen Taktik. Er leitete den Gegenangriff erst ein, als der Vortrupp der Russen die Brücke überschritten hatte. Und sein Frühstück hatte er rechtzeitig eingenommen.

Während des Rückzugs nach dem Sieg am Koljonvirta stellte Sandels erneut seine Anpassungsfähigkeit unter Beweis. Da es keine Gelegenheit zu standesgemäßer Bewirtung gab, aß und trank der Oberst dasselbe wie die Mannschaft. Einer zeitgenössischen Schilderung zufolge hungerte Sandels wie seine Soldaten und aß, ebenso wie die anderen Offiziere, mit Wasser gekochten Brei – zum Frühstück, mittags und abends.

Sandels' letzter Auftritt im Finnischen Krieg begann allerdings in einem festlicheren Rahmen. Am 5. Juli 1809 hatte er die Offiziere zu einem Abendessen in der Nähe von Umeå eingeladen, wohin sich die Reste der schwedischen Armee zurückgezogen hatten. Die Gläser klirrten, Silberbesteck klapperte auf dem feinen Porzellan. Als ein Bote die Nachricht vom Angriff der Russen brachte, geriet der Oberst in Wut. Seine Offizierskollegen wussten, dass Sandels nichts so zuwider war wie die Unterbrechung eines Festmahls. Doch das Vaterland rief. Die Schlacht von Hörnefors endete mit einer Niederlage der Schweden, und die Reste von Sandels' Abendessen blieben als Frühstück für die russischen Offiziere zurück. Möglicherweise inspirierte gerade diese unterbrochene Mahlzeit in Hörnefors Runeberg zu der Schilderung des Essens in Partala in seinem Gedicht *Sandels*.

Auch nach dem Finnischen Krieg setzte Sandels seine militärische Laufbahn erfolgreich fort. Er kämpfte 1813 in der Völkerschlacht bei Leipzig gegen Napoleon, wurde Präsident des schwedischen Kriegskollegiums und war 1818–1827 Gouverneur von Norwegen. 1824 wurde Johan August Sandels zum Feldmarschall befördert – er ist der letzte Schwede, dem dieser Titel verliehen wurde. Sandels, der vor allem in der britischen Militärgeschichtsschreibung als einer der hervorragendsten nordeuropäischen Taktiker aller Zeiten gilt, starb 1831 im Alter von siebenundsechzig Jahren in Stockholm. Wer sich für Militärgeschichte interessiert oder gutes Essen und Bier liebt, kann bei einer Reise nach Stockholm das Grabmal des Feldherrn in der Klarakirche besichtigen.

Olvi Sandels
Iisalmi, Finnland

Typ: Lager
Alkohol: 4,7 %
Stammwürze: 10,6 op
Bittereinheit: 15 EBU
Farbe: 8 EBC

Hinter der Gründung der Brauerei Olvi in Iisalmi im Jahre 1878 stand der Wunsch, die Trunksucht zu bekämpfen. Der Braumeister William Gideon Åberg und seine Frau Onni wollten dem Volk leichtere alkoholische Getränke als Ersatz für Branntwein anbieten. Zur Zeit der Gründung waren in Finnland achtundsiebzig Brauereien tätig. Von diesen ist nur Olvi als selbstständiges finnisches Unternehmen bestehen geblieben.

Die Brauerei in Iisalmi befindet sich nur etwa fünf Kilometer südlich des Flusses Koljonvirta, wo Sandels seinen berühmtesten Sieg errang. 1973 nahm Olvi die Herstellung des Sandels-Biers auf, das für Gelegenheiten angepriesen wurde, bei denen man »das Beste isst und trinkt«.

Olvi Sandels ist ein untergäriges, bei kühler Temperatur langsam gereiftes, weiches Lager, das aus finnischer Gerste sowie deutschem Bitter- und tschechischem

Aromahopfen gebraut wird. Die Farbe des Biers ist gold-gelb, der Geschmack halb vollmundig, schwach hopfig und weich. Das Etikett auf der Rückseite der Flasche informiert in kurzen Episoden über die Vorliebe von Oberst Sandels für gutes Essen und Trinken.

Die Eröffnung der ersten deutschen Bahnstrecke zwischen Nürnberg und Fürth 1835 gab Anlass zu einem großen Volksfest.

IX
Fässer auf die Schienen

In den ersten Jahrzehnten des 19. Jahrhunderts begann man in Großbritannien, Dampfkraft für den Antrieb von Fahrzeugen zu nutzen. Nachdem es Robert Stephenson gelungen war, die Anfangsprobleme der Eisenbahnen wie Entgleisungen, Maschinenschäden und zu hoher Holz- und Kohleverbrauch zu lösen, erwachte in den 1820er- und 1830er-Jahren auch auf dem europäischen Festland das Interesse am Schienenverkehr. Die erste deutsche Bahnstrecke verband 1835 die Städte Nürnberg und Fürth. Neben dem Personentransport wurde die Dampfkraft auch für eine wichtige nationale Aufgabe eingesetzt: zur Beschleunigung der Beförderung von Gütern. Da man sich in Bayern befand, war die erste Bahnfracht natürlich das Nationalgetränk: Bier.

Nürnberg und Fürth liegen knapp zehn Kilometer voneinander entfernt. Heute sind die beiden Städte zusammengewachsen und Teil einer großstädtischen Region mit dreieinhalb Millionen Einwohnern geworden, doch Anfang des 19. Jahrhunderts bildeten sie separate städtische Einheiten, die sich in ihrer Identität und ihrer sozialen Struktur voneinander unterschieden. Fürth mit knapp fünfzehntausend Einwohnern war das traditionelle Zentrum einer Agrarregion, das sich gerade in eine Industriestadt zu verwandeln begann. Das dreimal größere Nürnberg war eine Stadt der Bürger und Gelehrten. Im 16. Jahrhundert war es das Zentrum der deutschen Renaissance gewesen, eine der führenden europäischen Handelsstädte nördlich der Alpen. Allerdings verblasste der Glanz Nürnbergs im 17. und 18. Jahrhundert. Die Entdeckungsreisen der Spanier, Portugiesen und Holländer hatten den Schwerpunkt des internationalen Handels an die Atlantikküste verschoben, und Nürnberg lag nicht einmal an einem großen Fluss, der als Verkehrsader hätte dienen können. Von Nachteil für den Handel waren auch die zahlreichen Zollgrenzen in dem in Kleinstaaten zersplitterten Deutschland. Vor diesem Hintergrund ist es verständlich, dass man dem neuen Verkehrsmittel gerade in Nürnberg mit vorurteilslosem Interesse begegnete. Die Bürger der Stadt begannen in den 1820er-Jahren über eine Bahnverbindung zu den Nachbarstädten nachzudenken, und auch der bayerische Hof interessierte sich für das Projekt.

König Ludwig I. von Bayern (1786–1868) war ein fortschrittlicher Monarch, dem daran lag, die Verkehrsverbindungen in seinem Binnenstaat zu verbessern. Er entwarf einen Kanal, der die Flüsse Main und Donau verbinden und auch über Nürnberg führen sollte. Damit sollte eine Schiffsverbindung von der Nordsee über Rhein und Main zum Schwarzen Meer ermöglicht werden. Infolge des Siegeszuges der Dampfkraft wurde es jedoch vordringlicher, den Schienenverkehr in Bayern einzuführen. 1828 ordnete der König den Bau einer Bahnstrecke zwischen Nürnberg und Fürth an. Der Staat unterstützte das Projekt allerdings vor allem ideell. Das Geld für den Bau der Strecke musste anderweitig aufgetrieben werden.

Die örtlichen Unternehmen und Privatinvestoren standen dem Projekt zurückhaltend, aber durchaus wohlwollend gegenüber. Es war bekannt, dass die britischen Eisenbahnpioniere im vorangegangenen Jahrzehnt Rückschläge erlitten hatten: Züge waren entgleist, Schienen hatten nachgegeben, Maschinenschäden hatten das Ihre getan. Das Projekt war mit Risiken verbunden, doch die Geschäftsleute der Nürnberger Region glaubten an die Dampfkraft. 1833 gründeten sie eine Eisenbahngesellschaft, die eine ungewöhnlich hohe Rendite auf das Investitionskapital versprach: über 12 Prozent. Dies beschleunigte den Zufluss der benötigten Mittel, und die Bahnarbeiten konnten beginnen.

Die Bahnstrecke verlief fast schnurgerade zwischen Nürnberg und Fürth. Die Bahnhöfe wurden beiderseits am Stadtrand errichtet, sodass die Strecke eine Gesamtlänge von gut sechs Kilometern hatte. Die Lokomotive wurde bei der Firma von Robert Stephenson in Großbritannien bestellt. Im September 1835 wurden die Bauteile der Dampflok mit dem Schiff von Newcastle nach Rotterdam gebracht, doch danach begann ein problematischerer Abschnitt – die Transportschwierigkeiten unterstrichen gewissermaßen die Notwendigkeit von Eisenbahnen auch auf dem europäischen Festland. Der Transport über die Entfernung von rund tausend Kilometern zwischen Rotterdam und Nürnberg nahm mehr als einen Monat in Anspruch. Die Lokomotivteile wurden mit einem Flussschiff auf dem Rhein nach Köln und von dort auf Schleppkähnen und auf von Maultieren gezogenen Wagen nach Bayern gebracht. In Nürnberg wurde die Lokomotive zusammengebaut, und Ende November begannen die Probefahrten. Obwohl die Lokomotive auf den Gleisen blieb und die Wagen mit der schwindelerregenden Geschwindigkeit von vierzig Stundenkilometern in die Nachbarstadt beförderte, gab es immer noch genügend Zweifler. Die Karikaturen in den Zeitungen zeigten zum Beispiel Reisende, die die entgleiste Lok auf die Schienen heben mussten, während im Hintergrund ein Pferdegespann den Unfallort passierte – langsamer, aber zuverlässiger.

Dennoch – als der Tag der offiziellen Einweihung näher rückte, hatte das Eisenbahnfieber über Nordbayern hinaus das ganze deutschsprachige Mitteleuropa erfasst. Sogar aus Wien und Berlin reisten Reporter an. Allerdings zogen über der Nürnberg-Fürth-Bahn dunkle Wolken auf, weil das Budget überschritten war. Am 6. Dezember, einen Tag vor der Eröffnung, trafen sich die Investoren im Nürnberger Rathaus. Die budgetierten 150 000 Gulden waren zwar zusammengekommen, doch die Arbeiten waren teurer geworden als veranschlagt. Wenn man nicht weitere 26 000 Gulden zur Tilgung der Schulden auftrieb, würde die Jungfernfahrt auf unbestimmte Zeit verschoben werden müssen. Georg Zacharias Platner, der Direktor der Eisenbahngesellschaft, hielt eine emotionale Rede, in der er hervorhob, was die Investoren bereits erreicht hatten. Sie hatten eine Bahnstrecke gebaut, die künftigen Generationen ein Vorbild sein würde. All dies war ohne öffentliche Gelder geleistet worden, und die Eisenbahn würde – vorausgesetzt, dass die fehlenden Gulden zusammenkamen – die Wettbewerbsfähigkeit des örtlichen Geschäftslebens ungemein steigern. Die Rede erfüllte ihren Zweck; die Investoren erhöhten ihren Einsatz.

Die erste Lokomotive Deutschlands, *Der Adler*, startete am Montag, dem 7. Dezember 1835. Von weither waren Besucher nach Nürnberg geströmt, um das ohne Pferde fahrende Verkehrsmittel zu bestaunen. Die Militärkapelle der Stadt spielte auf, es herrschte eine feierliche Stimmung. Nachdem der Bürgermeister seine Rede gehalten hatte und Hochrufe auf den König von Bayern ausgebracht worden waren, konnte die Reise beginnen. Die Ehrengäste wurden auf der nach dem König benannten *Ludwigsbahn* in neun Minuten nach Fürth gebracht. Die Rückfahrt begann exakt einundzwanzig Minuten später, und zur nächsten vollen Stunde wurde die Strecke noch einmal in beiden Richtungen zurückgelegt. Dann brachten die Mechaniker die Lokomotive zur

Wartung und anschließend zur Nachtruhe, und vor die Waggons wurden Pferde gespannt. Man wollte die wertvolle Zugmaschine nicht durch unablässigen Einsatz strapazieren, daher waren täglich nur zwei Touren mit Dampfkraft vorgesehen. Bei den Fahrten am Vormittag sowie spätnachmittags und abends war Hafer der Treibstoff – die Pferde brauchten für die sechs Kilometer lange Strecke fast dreimal so lange wie der »Adler«: fünfundzwanzig Minuten.

Die Nachricht von der erfolgreichen Jungfernfahrt verbreitete sich dank der angereisten Reporter in ganz Deutschland und schürte die Begeisterung. Im Dampf lag die Zukunft, glaubte man, und so begann man in allen etwas größeren Städten, den Eisenbahnbau vorzubereiten. Die Publizität war nicht der einzige Gradmesser des Erfolgs. Die Passagierzahlen der Ludwigsbahn waren höher als erwartet, mehr als vierhunderttausend Fahrten im Jahr; die Ausschüttung der zwölf Prozent Dividende, die man den Investoren versprochen hatte, bereitete daher keine Probleme. Der Aktienwert der Eisenbahngesellschaft verdreifachte sich in den ersten drei Monaten der Tätigkeit. Im ersten Rechnungsjahr, von Dezember 1835 bis Dezember 1836, belief sich der als Dividende auszuschüttende Gewinn auf zwanzig Prozent des Kapitals. Auch in den folgenden Jahren wurden Dividenden in Höhe von fünfzehn bis siebzehn Prozent gezahlt.

Nachdem der Personenverkehr angelaufen war, erhob sich die Frage, ob auf der Strecke auch Fracht transportiert werden sollte. Die Besitzer der Bahngesellschaft vertraten unterschiedliche Auffassungen. Einige hielten es für absurd, dass ein Mehlsack oder ein Bierfass schneller von der einen in die andere Stadt gelangen sollte, als es mit einem Pferdefuhrwerk möglich war. Die Gegner des Güterverkehrs führten außerdem ins Feld, dass die Bahnfracht die Fuhrleute um ihre Arbeit bringen und dass das Be- und Entladen Verzögerungen im Fahrplan verursachen würde. Andere blickten weiter in die Zukunft. Wenn eines Tages die Städte Deutschlands durch Schienen verbunden wären, würde das Stahlross die Fracht auch dahin bringen, wohin der Gaul es nicht schaffte. Die Zweifel an der Rentabilität des Gütertransports verlangsamten die Entwicklung, stoppten sie aber nicht. Die Mehrheit war bereit, es mit dem Frachtverkehr zu versuchen.

Bedenkt man, wie geringfügig die Veränderung im Grunde war, so erscheint die Aufmerksamkeit, die der erste Gütertransport in ganz Europa erregte, unfassbar. Es waren fast ebenso viele Reporter anwesend wie bei der Eröffnung der Strecke, als am Samstag, dem 11. Juni 1836 zwei Fässer Bier der Brauerei Lederer und ein Bündel der *Allgemeinen Handelszeitung* in Nürnberg auf Sitzbänke außerhalb des ersten Wagens geladen wurden. Exakt neun Minuten nach dem Abfahrtssignal wurden die Fässer am Fürther Bahnhof abgeladen. Die erste von einer Dampflok transportierte Zugfracht Deutschlands war glücklich ans Ziel gelangt. Die Arbeiter in Fürth bekamen noch frischeres Bier zum Mittagessen als bisher, und als die Zeitungen vom Rhein bis an die Oder in der folgenden Woche über die wundersame Reise zweier Bierfässer berichteten, entstand auch außerhalb des traditionellen Absatzgebiets Nachfrage nach Lederer-Bier.

Die Fracht für ein auf der Außenbank reisendes Fass kostete so viel wie ein Sitzplatz in der dritten Klasse, sechs Kreuzer für die einfache Fahrt. Die Brauerei Lederer hatte keinen praktischen Grund, vom Pferdewagen zur Eisenbahn zu wechseln, doch im Hinblick auf den Ruhm und damit auf den Absatz erwies sich die Aktion als voller Erfolg. Auch weiterhin wurden zwei Fässer mit der Bahn von Nürnberg nach Fürth geschickt. Für den sonstigen Güterverkehr wurde die Strecke nach und nach geöffnet. Erst zehn Jahre später, 1845, wurde der Frachtverkehr zum festen Bestandteil der Tätigkeit der Ludwigsbahn.

Für einen kräftigen Bahnarbeiter war es keine besondere Anstrengung, zwei Bierfässer auf einen Wagen zu laden, und doch ebnete dieser bescheidene Anfang dem Bier den Weg zur Eroberung der Welt. Wie die Visionäre Anfang der 1830er-Jahre vermutet hatten, war das europäische Festland nach einigen Jahrzehnten von einem weitverzweigten Eisenbahnnetz überzogen, auf dem Güter in unerhörter Geschwindigkeit von Stadt zu Stadt und sogar von Land zu Land reisten.

Der Bedarf an Biertransporten war im 19. Jahrhundert allerdings gering, da man in den deutschen Städten aus gutem Grund das örtliche Bier zu schätzen wusste, doch die Durstigen waren nicht überall in dieser glücklichen Lage. 1867 wurde Bier der Wiener Brauerei Dreher zur Weltausstellung nach Paris transportiert. In den eigens gebauten Bierwaggons legte das mit Eis gekühlte Lagerbier die eintausendfünfhundert Kilometer quer über den Kontinent in fünf Tagen zurück. Am Ziel war das Bier immer noch frisch und vier Grad kalt, wie bei der Abfahrt. In den rund hundertfünfzig Jahren, die seither vergangen sind, ist die Zahl der Brauereien zurückgegangen, an die Stelle der Eisenbahn sind Lastwagen getreten, und Biertransporte sind alltäglich geworden. Es genügt, im nächsten Laden einmal zu zählen, wie viele ausländische Biersorten angeboten werden.

Die Bahnstrecke zwischen Nürnberg und Fürth überdauerte die Geschichte weniger erfolgreich als das Konzept, Bier auf größere Märkte zu transportieren. Als sich die Eisenbahnen überall verbreiteten, wurde die Ludwigsbahn vom übrigen Streckennetz isoliert. In Nürnberg wurde 1844 an einer verkehrsgünstigeren Stelle ein neuer Bahnhof gebaut, den die Fernzüge nach München und Bamberg ansteuerten. Der alte Bahnhof und die Strecke nach Fürth wurden ausschließlich für den Regionalverkehr genutzt. Der Verkehr ging zurück; 1922 fuhr der letzte Zug. Später wurde die Strecke für Straßenbahnen verwendet, und heute verkehrt hier die Linie U1 der Nürnberger U-Bahn.

Die Lokomotive »Der Adler« wurde 1857 in den verdienten Ruhestand versetzt. Zur Erinnerung an die erste

Dampflok Deutschlands wurden in Jubiläumsjahren Briefmarken herausgegeben, zum Beispiel 1935 und 1985. Im Nürnberger Eisenbahnmuseum (*DB Museum*) steht neben dem neuesten ICE-Hochgeschwindigkeitszug heute ein originalgetreues Modell des *Adlers* auf dem Ehrenplatz – beladen mit zwei Bierfässern.

Lederer Premium Pils
Nürnberg, Deutschland

Typ: Pils
Alkohol: 5,1 %
Stammwürze: 11,6 op
Bittereinheit: 34 EBU
Farbe: 6 EBC

Die Stammkneipe von Friedrich Wanderer, Professor an der Kunstakademie von Nürnberg, war Ende des 19. Jahrhunderts das Lokal »Zum Krokodil«. Der Name der Gaststätte inspirierte ihn zu dem Krokodil-Logo, das seit 1890 das Emblem der Brauerei Lederer ist. Die Brauerei selbst kann auf eine weitaus längere Geschichte zurückblicken. Sie wurde 1468 unter dem Namen Herrenbrauhaus gegründet. Ihren heutigen Namen erhielt sie 1812, als Christian Lederer sie erwarb. Heute ist Lederer ein Teil des größten privaten Brauereikonzerns in Deutschland, der Radeberger Gruppe im Besitz des Lebensmittelriesen Dr. Oetker.

Premium Pils ist ein traditionelles deutsches Pils. Seine Farbe ist hellgelb, die Duftnote schwach hopfig. Die für Pils typische Bitterkeit geht auf Aromahopfen zurück. Einige Ortsansässige meinen, die Bissigkeit des Hopfens habe Wanderer zu seinem Krokodil-Emblem inspiriert, doch für den Wahrheitsgehalt dieser Anekdote gibt es keine Beweise. Im Geschmack des *Lederer Premium Pils* treten auch Aromen von Erde, Gras und zartem Zitrus hervor.

Louis Pasteur in seinem Labor in Paris.

X
Die Bierforschungen des Louis Pasteur

Der Franzose Louis Pasteur (1822–1895) ist vor allem durch das nach ihm benannte Verfahren bekannt, die Haltbarkeit von Lebensmitteln durch kurzes Erhitzen zu verbessern. Dadurch wird ein großer Teil der Bakterien und anderer schädlicher Mikroorganismen abgetötet. Heute denkt man bei dem Wort pasteurisieren vor allem an Molkereiprodukte, doch Pasteur selbst war kein Milchfreund. Hinter dem Kampf gegen die Bakterien stand ein höheres nationales Ziel: Die Pasteurisierung sollte Deutschland vom Thron des führenden Bierlandes stürzen.

Pasteur war ein vielseitiger Wissenschaftler. Zur Mikrobenforschung wurde er durch ausgesprochen praktische Fragen geführt: Wie lässt sich verhindern, dass Wein verdirbt oder dass die Raupen des Seidenspinners massenweise sterben? Im Herbst 1868 erlitt Pasteur eine Gehirnblutung, von der er nur langsam genas. Als er 1871 wieder gesund war, krankte sein Vaterland. Der Deutsch-Französische Krieg hatte mit einem überwältigenden Sieg der Deutschen geendet. Paris war besetzt. Pasteurs Labor hatte die Tätigkeit einstellen müssen. Sein einziger Sohn Jean-Baptiste war als Soldat an Typhus erkrankt. Die besten Hopfenanbaugebiete Frankreichs im Elsass und in Lothringen waren durch die neue Grenzziehung Deutschland zugefallen.

Louis Pasteur sann auf Rache. Er wollte die Deutschen auf ihrem ureigensten Feld schlagen: beim Bierbrauen. Pasteurs Freunden zufolge trank der Chemiker selten Bier und konnte einzelne Brauereiprodukte geschmacklich kaum voneinander unterscheiden, doch das tat seinem Biereifer keinen Abbruch. Bereits in der ersten Hälfte der 1860er-Jahre hatte Pasteur den Gärungsprozess von Wein und Bier untersucht und die Bedeutung des Erhitzens für die Zerstörung von Mikroben erkannt. Ein der Pasteurisierung vergleichbares Verfahren zur Verbesserung der Haltbarkeit alkoholischer Getränke war bereits Jahrhunderte zuvor in China und Japan dokumentiert worden. Pasteurs Untersuchungen machten die Methode in den 1860er- und den 1870er-Jahren in der westlichen Welt bekannt.

Um die Praxis des Bierbrauens kennenzulernen, besuchte Pasteur 1871 die Brauerei Kühn in Chamalières in Zentralfrankreich. Die Brauerei war für ihre überdurchschnittliche Qualität und ihre traditionellen Herstellungsmethoden bekannt, doch gerade diese Traditionalität verblüffte Pasteur. Es war Brauch, die beim Brauen verwendete Hefe von der alten Würze in die neue zu übernehmen, bis die Stammkunden der örtlichen Kneipe sich über den Geschmack des Biers beschwerten. Dann besorgte man in einer Brauerei der Umgebung neue Hefe. Pasteur begann eine neuartige Herstellungsmethode zu entwickeln, die es ermöglichte, den Anteil der von außen hinzukommenden Faktoren zu minimalisieren: Das Bier sollte nur aus den gewünschten Rohstoffen gebraut werden, ohne Mikroben, die es verderben konnten. Nach Paris zurückgekehrt, ließ Pasteur in seinem Labor eine Minibrauerei einrichten und vertiefte sich in die Geheimnisse des Biers.

Bald folgte ein Ergebnis auf das andere. Pasteur entwickelte eine Methode, mit der man die Hefe für untergärige Biere vom Lager-Typ schneller und zu deutlich geringeren Kosten heranziehen konnte, ohne sie ständig abkühlen zu müssen. So brauchte man nicht die preiswerteren zirkulierenden Hefen zu verwenden, sondern jede Brauerei konnte künftig ihre eigene Hefe heranzüchten, was die Verunreinigung verringern würde. Der zentrale theoretische Durchbruch war die Beobachtung, dass die Geschmacksveränderung des Biers nicht dadurch verursacht wurde, dass die Hefe selbst verdorben war, sondern durch die neben der Hefe wirksamen fremden Mikroben. Pasteur entwickelte gemeinsam mit Emile Duclaux Brauanlagen, bei denen das Bier so kurz wie nur möglich mit den Unreinheiten der Luft in Berührung kam.

Bierbrauen konnte jedoch kein völlig hermetischer chemischer Prozess sein, und man durfte auch nicht alles Leben abtöten. Diastase, ein wichtiges Enzym bei der Gärung, reagiert empfindlich auf Hitze. Es galt daher, die richtige Balance zwischen der Vernichtung von Mikroben und der Aufrechterhaltung des Gärungsprozesses zu finden. Pasteur kannte sich aufgrund seiner früheren Forschungen gut mit der Weinherstellung aus, doch diese Lehren ließen sich nicht eins zu eins auf das Bierbrauen übertragen. Die Säure und der höhere Alkoholgehalt machten den Wein deutlich haltbarer. Als Pasteur das Bierbrauen und die Wärmebehandlung in seinem Labor in den Griff bekommen hatte, wollte er seine Methoden in der Praxis testen. Nach Deutschland mochte er aus prinzipiellen Gründen nicht gehen, und die Brauerei Kühn in Chamalières war für seine Experimente zu klein. In Frankreich gab es nach dem Krieg ohnehin nicht genug Ressourcen für die Untersuchungen. Also reiste Pasteur nach England.

Die Brauerei Whitbread in London war eine der größten Britanniens. Sie beschäftigte zweihundertfünfzig Arbeitskräfte und produzierte eine halbe Million Hektoliter Bier pro Jahr. England war – und ist – das Reich der obergärigen Biere, sodass Pasteur sein Forschungsgebiet über die untergärigen Biere vom Lager-Typ hinaus erweitern konnte. Der Chemiker wurde in der Brauerei höflich empfangen, doch da er Franzose war, nahm man seine Sachkenntnis beim Bierbrauen anfangs nicht ganz ernst. Pasteur untersuchte die Porter-Stammhefe der Brauerei unter dem Mikroskop – eine in Großbritannien unbekannte Methode – und erklärte bald, sie lasse »viel zu wünschen übrig«. Ein engstirniger Braumeister hätte dem französischen Wissenschaftler daraufhin womöglich eine gute Heimreise gewünscht, doch bei Whitbread wollte man mehr über Pasteurs Auffassun-

gen hören. Endgültige Billigung fand Pasteurs Untersu-
chungsmethode, als sich einige Tage später erwies, dass
das mit der beanstandeten Hefepartie gebraute Porter auch geschmacklich mangelhaft war. Die Brauerei
schaffte unverzüglich das bestmögliche Mikroskop für
Pasteur an, und der Kampf gegen die Mikroben begann.

In der Brauerei Whitbread konnte Pasteur die verschiedenen Möglichkeiten der Wärmebehandlung erproben. Sein theoretisches Wissen und die praktischen
Kenntnisse der Brauer ergänzten sich. Pasteur stellte
fest, dass eine zu frühe Erhitzung dem Bier die Kohlen-
säure nahm. Durch Experimente erkannte er auch, dass
eine zu hohe Temperatur die Nachgärung in der Flasche verhinderte. Versuch und Irrtum führten zu der
Erkenntnis, dass eine Wärmebehandlung bei fünfzig
bis fünfundfünfzig Grad Celsius die der Haltbarkeit ab-
träglichen Mikroben vernichtet, ohne die Eigenart des
Biers zu zerstören.

Nach Paris zurückgekehrt, entwickelte Pasteur seine
Erhitzungsmethoden weiter, entdeckte aber nichts
mehr, was wesentlich über die Befunde aus den Londoner Monaten hinausging. Es gelang ihm zwar, sterilere
Biere zu entwickeln, doch dabei gingen Geruch und Geschmack verloren. Auch die Isolation einer völlig reinen
Hefepartie glückte ihm nicht. Pasteur bestellte Hefe aus
verschiedenen französischen und ausländischen Brauereien. Er fügte sie der Würze hinzu und ließ das Bier
zwei Wochen gären, bevor er es unter dem Mikroskop
analysierte. Es gab zwar Unterschiede im Reinheits-

grad, doch alle Hefepartien enthielten unerwünschte Mikroben.

1873 vertauschte Pasteur das Labor erneut mit einer echten Brauerei. Diesmal fand sich die Brauerei Tourtel in Tantonville in Nordostfrankreich zur Zusammenarbeit bereit. Pasteur verfeinerte die Details der Wärmebehandlung und entwickelte die mikroskopische Untersuchung weiter.

Sowohl die theoretische Seite des Bierbrauens als auch die praktischen Anwendungen präsentierte er dem breiten Publikum 1876 in seinem fast vierhundert Seiten umfassenden Buch *Études sur la bière* (Untersuchungen über das Bier), das rasch zur Bibel der Bierbrauer in ganz Europa wurde. Sowohl Pasteur als auch andere Wissenschaftler fanden auch außerhalb des Bierbrauens Anwendungsmöglichkeiten für die Forschungsergebnisse. Die Wärmebehandlung von Lebensmitteln, die nach ihrem Erfinder *Pasteurisierung* genannt wurde, erwies sich als brauchbares Verfahren zur Verbesserung der Haltbarkeit vor allem von Milcherzeugnissen. Viele Wissenschaftler entwickelten die Methode weiter.

Pasteur selbst erkannte, dass eine Art von Bakterien das Bier verdirbt, eine andere Entzündungen im menschlichen Gewebe verursacht. Beide konnten durch Erhitzen vernichtet werden. Die heute als selbstverständlich betrachtete Sterilisierung chirurgischer Elemente und Operationsdecken mit kochendem Wasser oder Wasserdampf wurde erst in den 1870er-Jahren eingeführt. Bereits ein Jahrzehnt später war Pasteurs Idee zur allgemeinen Praxis geworden. Aufgrund seiner Mikrobenforschungen entwickelte Pasteur später auch die ersten Impfstoffe gegen bakterielle Erkrankungen. Der Impfstoff gegen Milzbrand entstand 1881, der gegen Tollwut 1885.

Dank Pasteurs Erfindungen verbesserte sich die allgemeine Qualität der französischen Biere, aber das eigentliche Ziel, der Sieg über Deutschland, blieb ein Traum. Infolge des sterileren Gärungsprozesses und der Pasteurisierung konnten die Mikroben das Bier nicht mehr im selben Ausmaß verderben wie früher, doch die Technik führte nicht automatisch zu Spitzenprodukten. Neben der Wissenschaft brauchte man auch Magie. Pasteurs Kollege und Freund Pierre Auguste Bertin knurrte einmal, frustriert von Pasteurs endlosen Mikrobenvorlesungen: »Brau mir erst ein anständiges Bock, danach kannst du gelehrt darüber reden!«

Für die Lebensmittelindustrie und die Medizin war Pasteurs Bierforschung von unermesslichem Nutzen. In der Brauereibranche fand sich der größte Nutznießer letzten Endes nicht in Frankreich – und auch nicht in Deutschland, Louis Pasteur brauchte sich also nicht im Grabe herumzudrehen. Neben Whitbread war es die Brauerei Carlsberg in Kopenhagen, die Pasteurs Entdeckungen besonders vorurteilslos aufnahm. Jacob Christian Jacobsen und sein Sohn Carl Jacobsen hatten Pasteur bereits Anfang der 1870er-Jahre kennengelernt und in ihrer Brauerei ein Labor eingerichtet, das die Untersuchungsergebnisse des Franzosen nutzte. Die Straße, die durch das Brauereigelände führt, wurde in *Pasteurs vej* umbenannt, und an ihrem Rand wurde eine Statue des Franzosen aufgestellt. Angesichts dieser Ehrenbezeugung erscheint es nur gerecht, dass gerade das Labor von Carlsberg die Arbeit vollendete, die Pasteur nicht zum Abschluss gebracht hatte. 1883 gelang es dem Labormeister Emil Christian Hansen, mikrobenfreie Lagerbierhefe zu kultivieren.

Whitbread Best Bitter
Magor, Wales

Typ: Ale
Alkohol: 3,3 %
Die genauen Angaben zu Stammwürze,
Bittereinheit und Farbe sind Geschäfts-
geheimnisse der AB InBev.

Zur Zeit von Louis Pasteur hatte Whitbread bereits mehr
als hundert Jahre Erfahrung in der Bierherstellung. Das
folgende Jahrhundert brachte ein allmähliches Wachstum, das die Londoner Brauerei zu einem in ganz Großbritannien bekannten Bierhersteller machte. In den
1960er-Jahren kamen neue Winde auf. Durch Unter-
nehmenskäufe engagierte sich der Whitbread-Konzern
auch im Café-, Restaurant- und Hotelgeschäft. Die Tätigkeit in diesen Sektoren erwies sich als so einträglich,
dass Brauereien und Pubs nicht mehr gebraucht wurden. Die Brautätigkeit, die mehr als zweihundert Jahre
lang das Fundament des Unternehmens gewesen war,
wurde 2001 an die multinationale Interbrew verkauft,
die heute ein Teil des weltweit größten Brauereikonzerns Anheuser-Busch InBev ist.

Die Whitbread-Brauereien in London wurden geschlossen, doch die Bierproduktion wird in kleinerem

Umfang unter der Regie von AB InBev in der Brauerei Magor in Wales fortgesetzt. *Whitbread Best Bitter* entsteht in Fassgärung und ist nur vom Fass erhältlich. Das Bier hat eine kupferbraune Farbe. Der Geschmack ist malzig süß mit Brotaroma. Die gemäßigte Bitterkeit kommt erst im Abgang zum Vorschein.

Carl Jacobsen verwendete seine Gewinne aus der Brauerei Carlsberg unter anderem für den Kauf von römischen Statuen für seine Sammlung. Foto aus dem Jahr 1910.

XI
Die Bier-Medici von Kopenhagen

J. C. Jacobsen lag bewusstlos in seinem Zimmer im Hotel »Quirinale«. Der Brauereibesitzer hatte sich im Familienurlaub in Rom erkältet, die Krankheit hatte sich im Lauf einiger Wochen verschlimmert, und am 30. April 1887 hatten die Ärzte kaum noch Hoffnung auf die Genesung des fünfundsiebzigjährigen Millionärs. Als sein Sohn Carl und dessen Frau von ihrer Reise nach Griechenland zurückkamen, wachte der alte Mann auf und begann wirr zu reden. Dann bildete er plötzlich verständliche Sätze über die Besitzverhältnisse der Carlsberg-Stiftung, verlor aber bald darauf erneut das Bewusstsein. »Vater, freust du dich, mich zu sehen?«, fragte Carl, als J. C. nach einer Weile wieder zu Bewusstsein kam. »Wie kannst du so etwas fragen? Natürlich freue ich mich, dich zu sehen«, antwortete der Vater. Den Anwesenden zufolge waren dies seine letzten Worte.

Carls Zweifel war nicht unbegründet. Das Verhältnis zwischen Vater und Sohn war schwierig. Der Vater hatte seine 1847 gegründete Brauerei nach seinem damals fünfjährigen Sohn Carlsberg genannt. Der Schatten des Vaters schien Carl überall zu verfolgen, und Carl hatte hart gekämpft, um aus diesem Schatten herauszutreten. In seiner Jugend hatte er versucht, ein Mädchen zu heiraten, das sein Vater nicht akzeptierte. Vergeblich. Mit weniger als dreißig Jahren hatte er die Leitung des Anbaus der väterlichen Brauerei übernehmen dürfen, sich aber als zu sturer Untergebener erwiesen. Carl und J. C. wurden im Laufe der 1870er-Jahre zu Konkurrenten. Sie wetteiferten um die Produktionsmenge, um die Qualität des Biers – und schließlich sogar darum, wer der großzügigere und angesehenere Mäzen war. Es gab auch eine Zeit, fast sechs Jahre, in der Vater und Sohn kaum ein Wort miteinander wechselten.

J. C. hatte geplant, dass der 1871 fertiggestellte Erweiterungsteil der Carlsberg-Brauerei sich auf obergäriges Bier konzentrierte: auf Ale und Porter. Dem ehrgeizigen Carl schmeckte dieser Gedanke nicht. Er glaubte, den Trend der Zeit lesen zu können. Das schnelle Wirtschaftswachstum und die Urbanisierung Dänemarks ließen die Nachfrage nach Bier in den 1870er-Jahren hochschnellen, doch gefragt war nicht obergäriges Bier, sondern Lager, untergäriges Bier nach bayerischer Art, auf das die Brauerei des Vaters spezialisiert war. Carl wollte denselben Markt bedienen.

Der von ihm geleitete neue Teil erreichte in der Produktion schnell das Niveau des vom Vater beherrschten alten Betriebs. J. C. machte sich Sorgen. Seiner Meinung nach braute Carl auf Kosten der Qualität zu große Mengen. Unter dem Namen Carlsberg wurden dem Vater zufolge zwei völlig unterschiedliche Biere verkauft, von denen nur eines die Qualitätskriterien erfüllte.

J. C. betrachtete eine lange Kaltlagerung als unabding-
bar für die Qualität des Biers, während nach Carls Ansicht die Lagerzeit unbesorgt verkürzt werden konnte,
damit die räumliche Kapazität der Kaltlager die Produktion nicht bremste. Differenzen entstanden auch
darüber, ob Carlsberg-Bier in erster Linie in Fässern
(»wie bisher«, meinte J. C.) verkauft oder auch in Flaschen abgefüllt werden sollte (wofür Carl plädierte).

J. C. war ein Mann mit Grundsätzen. Jahrzehntelang
gab er einen Teil seines Vermögens für wohltätige Zwe-
cke und für Kunst aus. In der Politik war er als Unter-
stützer der nationalliberalen Partei bekannt. Was das
Bierbrauen betraf, hatte J. C. zwei Prinzipien: Der Her-
stellungsprozess musste sich auf wissenschaftliche Erkenntnisse stützen, und die Brauerei durfte nicht un-
kontrolliert wachsen. Sie musste eine Größenordnung
behalten, die es ihm ermöglichte, die gesamte Tätigkeit
persönlich zu überwachen. J. C. wollte, dass auch Carl
sich bei seiner eigenen Produktion an diese Prinzipien
hielt.

Die Produktionsmenge des Erweiterungsteils war
im Lauf der 1870er-Jahre auf dieselbe Höhe gestiegen
wie die der Hauptbrauerei. 1879 forderte J. C., Carl solle
erstens die Produktion auf vierzigtausend Fass pro Jahr
beschränken und zweitens bei der Vermarktung seines
Biers auf den Namen Carlsberg verzichten. Alternativ
könne Carl ihm den Erweiterungsteil abkaufen und separat weiterführen. Der geriet in Wut. Die beiden Teile
der Carlsberg-Brauerei konkurrierten nun ganz offen

miteinander, sowohl hinsichtlich der Produktionsmenge als auch preislich.

Obwohl eine Art Waffenstillstand zustande kam, indem man vereinbarte, dass Carl eine eigene Brauerei aufbauen und den Erweiterungsteil binnen zwei Jahren wieder der Kontrolle seines Vaters unterstellen würde, kam es immer wieder zu Konflikten. Carl wollte seine Brauerei Ny Carlsberg (Neu-Carlsberg) nennen, doch J. C. betrachtete den Namen Carlsberg als sein Eigentum. Schließlich entschied das zuständige Ministerium zu Carls Gunsten. Der Kampf nahm absurde Züge an. Der Weg, der die beiden Teile der Brauerei voneinander trennte, hieß Alliancevej, »Bündnisweg«, doch da das Bündnis Risse aufwies, wollte Carl ihn nach dem namhaften Chemiker in Pasteursvej umbenennen. Der Wissenschaftler Emil Christian Hansen, der in den Labors von Carlsberg arbeitete, schrieb in sein Tagebuch: »Diese beiden Irren stellen immer größere Straßenschilder auf, weil beide versuchen, den vom anderen bevorzugten Straßennamen zu verdecken.«

Zum endgültigen Bruch kam es 1882, als J. C. sein Vermögen testamentarisch der Carlsberg-Stiftung vermachte. Carl schickte zwei volle Pferdewagen zur Wohnung seines Vaters. Die Fracht bestand aus Geschenken, die er im Lauf der Jahre von seinem Vater erhalten hatte: Bücher, Möbel und Kunstwerke. Er wollte durch nichts »an den Mann, der seinen Sohn enterbt hat« erinnert werden. J. C. schrieb an einen Freund: »Ein dunkler Schatten hat sich über meinen Lebensabend gelegt.«

Vater und Sohn Jacobsen waren sich sehr ähnlich. Beide hatten den gleichen Ehrgeiz und Starrsinn. Carl neigte darüber hinaus zu Jähzorn, von dem sein Vater Zeitgenossen zufolge frei war. Im Geschäftsleben waren diese Eigenschaften bis zu einem gewissen Punkt nützlich. Die Jacobsens hatten jedoch auch eine andere Seite: das Interesse für soziale Fragen und für Kunst. Überraschenderweise scheint die Konkurrenz auf diesem Gebiet den Vater besonders verletzt zu haben.

Beide liebten Rom. 1862, als Carl zwanzig Jahre alt war, hatten sie fast zwei Monate dort verbracht und zahlreiche Museen, Sehenswürdigkeiten und private Kunstsammlungen besichtigt. Obwohl diese Reise bei Carl einen tiefen Eindruck hinterlassen hatte, richtete sich sein Ehrgeiz in den nächsten Jahren auf das Geschäftsleben. J. C. konnte seinen öffentlichen Ruhm als Kunstfreund exklusiv genießen. Neben seinem Engagement in der Wohltätigkeit förderte er die Stadtverschönerung, erwarb Werke dänischer und ausländischer Künstler für seine Sammlungen und übernahm einen großen Teil der Kosten für den Wiederaufbau des Renaissanceschlosses Frederiksborg mit der Krönungskapelle der dänischen Könige, das 1859 bei einem Brand zerstört worden war.

Als Carl 1879 die Albertina-Stiftung gründete, die Skulpturen für öffentliche Parkanlagen finanzierte, empfand J. C. dies als Verletzung seines Reviers. Und – so widersprüchlich es klingt – obwohl der Vater nicht wollte, dass sein Sohn es ihm als Kunstmäzen gleichtat, war er erst recht beleidigt, als Carl bei der Anschaffung von Kunstwerken andere Bahnen einschlug als er selbst. Carl bevorzugte zeitgenössische französische Bildhauer, die J. C. nicht im Geringsten schätzte.

In der Zeit des familiären Grabenkrieges in den 1880er-Jahren leitete der Vater die alte Brauerei Carlsberg, Carl die 1882 eröffnete Firma Ny Carlsberg. Anders als der besonnene Vater machte sich Carl keine Gedanken über die Finanzen des Unternehmens, wenn sich eine Gelegenheit bot, Kunstwerke anzuschaffen. Sein besonderes Interesse galt der Bildhauerei, die seiner Ansicht nach die verschiedenen Nuancen des menschlichen Wesens am besten widerspiegelte. Die Sammlung wuchs ausgesprochen planlos um dänische und ausländische Skulpturen, sowohl aus der Antike als auch aus dem 19. Jahrhundert. Das 1882 errichtete erste Ausstellungsgebäude wurde bald zu klein, ebenso der 1885 entstandene Anbau. Gleichzeitig verlor die Brauerei Ny Carlsberg Marktanteile. Der Vater schüttelte den Kopf über die Manie seines Sohnes, der seiner Ansicht nach Geld verplemperte.

Im Herbst 1886 söhnten sich die Jacobsens endlich aus. (Die Brauereien Carlsberg und Ny Carlsberg wurden allerdings erst zwanzig Jahre später, 1906, endgültig vereint.) Wie um die Versöhnung zu besiegeln, beschlossen Vater und Sohn, im darauffolgenden Frühjahr mit ihren Familien nach Rom zu reisen. Carl wollte bei der Gelegenheit in Italien und Griechenland Kunstwerke anschaffen, während J. C. beabsichtigte, in aller

Ruhe durch die Galerien und Gärten der Ewigen Stadt zu flanieren. Doch es kam anders. Im römischen Frühlingsregen zog J.C. sich eine Erkältung zu, mit tödlichen Folgen.

Trotz der konfliktreichen Jahre trauerte Carl aufrichtig um seinen Vater. Dessen Schatten schien jedoch weiterhin über ihm zu liegen – er machte sich nur auf andere Weise bemerkbar als zuvor. Während Carl bisher als Sammler von Skulpturen ausgesprochen vielseitig gewesen war, richtete sich sein Interesse ab 1887 fast ausschließlich auf Werke der Antike – dieselbe Epoche, die auch sein verstorbener Vater geschätzt hatte.

Einige Wochen nach dem Tod seines Vaters lernte Carl Jacobsen den deutschen Archäologen Wolfgang Helbig kennen, der für das kommende Vierteljahrhundert sein Einkäufer wurde. Als Helbig fragte, an welcher Kunst Jacobsen interessiert sei, nannte dieser als Vorbild die Glyptothek in München, die König Ludwig I. gegründet hatte: »Eine so schöne, vielseitige und lehrreiche Skulpturensammlung wie nur möglich. Und da es in Kopenhagen noch fast gar nichts gibt, können wir anfangen, wo wir wollen.« Helbig verstand und ging an die Arbeit. Schon im Herbst des folgenden Jahres traf eine Sammlung mit Büsten von achtzehn römischen Kaisern in Kopenhagen ein. Ihr folgte immer mehr: griechische Torsos, etruskische Sarkophage und weitere römische Porträtbüsten. Im Lauf der Jahre schaffte Helbig für Carl Jacobsen 955 antike Objekte an.

Gegen Ende des Jahrhunderts wurde die Ny Carlsberg Glyptotek eröffnet. Damit stieg Kopenhagen zur Kunststadt auf. Carl Jacobsen wurde als »neuer Maecenas« bezeichnet, ein Hinweis auf den antiken römischen Kunstfreund, dessen Name in dem Begriff *Mäzen* fortlebt. Angesichts des umfangreichen karitativen und kulturellen Engagements von Vater und Sohn wäre der Vergleich mit der Familie Medici, die im 15. Jahrhundert Florenz zur Hauptstadt der Kunst machte, vielleicht treffender. Die Rauheit und Heftigkeit der Medicis scheint auch für J. C. und Carl Jacobsen charakteristisch gewesen zu sein.

Carlsberg
Kopenhagen, Dänemark

Typ: Lager
Alkohol: 4,5 %
Stammwürze: 10,1 op
Bittereinheit: 19 EBU
Farbe: 7,5 EBC

J. C. Jacobsens Vater Chresten besaß eine kleine Brauerei, das Bierbrauen lag also in der Familie. Als J. C. auf seinen Reisen 1845 und 1846 in Bayern Lagerbiere kennenlernte, wollte er versuchen, sie auch in Dänemark herzustellen. Die erste Partie war vielversprechend, doch die Räumlichkeiten der alten Brauerei waren zu klein für die erforderliche Kaltlagerung. Dies veranlasste J. C., 1847 eine neue Brauerei, Carlsberg, zu gründen.

1883 gelang es dem Labormeister Emil Christian Hansen, die bei der Herstellung von Lagerbier verwendete Hefe zu isolieren. Die Standardisierung der Hefe (*Saccharomyces carlsbergensis*) verhinderte unerwünschte Einwirkungen fremder Hefearten auf den Brauprozess und verbreitete sich rasch in der ganzen Welt. Carlsberg war damals in Dänemark bereits marktführend und entwickelte sich im Lauf des 20. Jahrhunderts zu einem der größten Brauereikonzerne der Welt. Heute ist der Konzern in rund hundertfünfzig Ländern tätig.

Das nach der Brauerei benannte *Carlsberg* ist ein goldgelbes, leichtes und stark gehopftes Lager. Sein Geschmack ist neutral, zart malzig mit Nuancen von Gras und Hopfen. Für die Herstellung wird die vom Konzern entwickelte Gerstensorte Null-Lox verwendet, die den Geschmack und den Schaum dauerhafter macht und die Haltbarkeit des Biers verbessert.

Da Fridtjof Nansens Schiff Fram nicht wie erwartet mit dem Eis, in dem es eingeschlossen war, zum Nordpol trieb, versuchte Nansen gemeinsam mit Hjalmar Johansen, den Nordpol auf Skiern zu erreichen.

XII
Eisgekühlt im Nordpolarmeer

Axel Heiberg (1848–1932) war ein vielseitiger norwegischer Geschäftsmann, Politiker und Diplomat. Als Vertreter Norwegens in fernen Ländern, unter anderem als Konsul in China, hatte er gründliche Kenntnisse über große Teile der Erde erworben.

Nachdem er sich nach langen Auslandsaufenthalten in den Vereinigten Staaten und in China wieder in Norwegen niedergelassen hatte, finanzierte er 1877 das Projekt der Brüder Amund und Ellef Ringnes, eine Brauerei zu gründen. Die Brauerei *Ringnes* erwies sich als profitabel. Heiberg steckte die Brüder Ringnes mit seiner Begeisterung für Geografie an. Die Brauerei finanzierte von den 1890er-Jahren an großzügig die Forschungsreisen norwegischer Wissenschaftler auf den arktischen Meeren. Als Dank und Anerkennung für die Unterstützung erfolgreicher Expeditionen wurden die Namen dieser drei Männer auf den Weltkarten verewigt.

Fridtjof Nansen (1861–1930) übte sich als Junge im Skilaufen und Skispringen und war ein Meister im Schlittschuhlauf. 1881 nahm er an der Königlichen Frederiks-Universität in Oslo das Studium der Zoologie auf und verbrachte den Sommer des folgenden Jahres mit

Feldforschung auf einem Robbenfangschiff zwischen Spitzbergen und Grönland. Neben seiner Forschungstätigkeit hatte er dort Gelegenheit, die Ortsbestimmung auf See zu üben und sich zu einem geschickten Jäger arktischer Wildtiere zu entwickeln – beides war ihm auf seinen späteren Forschungsreisen außerordentlich nützlich. Nansen setzte sein Studium fort und verfasste eine Dissertation über Struktur, Entstehung und Entwicklung des Zentralnervensystems von Robben und niederen Meerestieren. Als Naturmensch wollte er jedoch nicht im Forscherstübchen hocken bleiben. Er sehnte sich nach weiten Schneeflächen und legte 1888 mit seinen Freunden auf Skiern eine Strecke von knapp fünfhundert Kilometern durch das südliche Grönland zurück, durch ein noch unerforschtes Gebiet.

Die erfolgreiche Tour steigerte Nansens Interesse an arktischen Forschungsreisen. Als Ziel wählte er nun den Nordpol. Die Polargebiete waren damals kaum erforscht. Hinter Spitzbergen hatte man 1873 eine Inselgruppe entdeckt, die den Namen Franz-Josef-Land erhielt, doch die weiter nördlich gelegenen Gebiete waren unbekannt. Man wusste nicht einmal, ob es am Nordpol eine Landmasse gab oder nur das Eismeer.

Im nördlichsten Atlantik stieß man auf viele Eisberge, so viele, dass ihr Eis nicht ausschließlich aus vor Ort gefrorenem Meerwasser und Schnee entstanden sein konnte. Die große Eismenge war nur dadurch zu erklären, dass ein Eisfeld aus dem Polargebiet langsam vom Nordpol zum Atlantik glitt und schließlich in Eisschollen und Eisberge zerfiel. Im Eis wurden gelegentlich auch Holzstücke oder Erde gefunden. Nansen kam zu dem Schluss, dass diese Substanzen aus Nordsibirien stammen mussten. Dafür sprach auch die Tatsache, dass Trümmer von dem amerikanischen Forschungssegelschiff *Jeannette*, das 1881 bei den Neusibirischen Inseln Schiffbruch erlitten hatte, zwei Jahre später bei den Inuït in Nordgrönland entdeckt worden waren. So gelangte Nansen zu drei Hypothesen. Erstens: Das Nordpolarmeer hatte eine Strömung, die im Lauf von etwa zwei Jahren ein Eisfeld aus der Ostsibirischen See in das Gebiet zwischen Spitzbergen und Grönland trug. Zweitens: Diese Strömung wurde durch keine nennenswerte Landmasse aufgehalten. Und drittens: Wenn man ein eigens für diesen Zweck entworfenes und gebautes, stabiles Schiff in der Ostsibirischen See im Polareis festfrieren ließe, würde es höchstwahrscheinlich quer über das Polargebiet zur Westseite Spitzbergens treiben, wo das Eisfeld schmilzen und zu Eisbergen im Atlantik zerbrechen würde, sodass das Schiff wieder frei war und nach Hause segeln konnte.

Auf einem Schiff im Polareis zu überwintern war nichts Neues. Viele waghalsige Wal- und Robbenfänger und Entdeckungsreisende hatten es zwangsläufig erproben müssen. Einige hatten es nicht überlebt, andere hatten es geschafft, zurückzukehren. Die größten Risiken beim Überwintern waren das Zerbrechen des Schiffes unter dem Druck des Eises und der Mangel an vielseitiger, gesunder Ernährung.

Napoleon hatte gesagt, zur Kriegsführung benötige man vor allem drei Dinge: erstens Geld, zweitens Geld und drittens Geld. In dieser Hinsicht unterschied sich die Eroberung des Nordpols nicht von einem Feldzug. Die Norwegische Akademie der Wissenschaften finanzierte einen ansehnlichen Teil des Projekts, und da die Kartierung der unerforschten Teile der Welt damals geradezu als nationale Tugend galt, erbrachte eine öffentliche Spendensammlung eine hübsche Summe. Vieles musste jedoch von privaten Mäzenen – heute würde man von Sponsoren sprechen – finanziert werden. Der wichtigste private Förderer von Nansens Vorhaben war die Brauerei Ringnes.

Ein geeignetes Schiff war nicht vorhanden, daher erhielt die Werft von Colin Archer in Larvik den Auftrag, das Schiff nach Nansens Instruktionen zu entwerfen und zu bauen. Als Material für den Rumpf war Holz die erste Wahl: Eine Stahlkonstruktion von ausreichender Festigkeit wäre beim damaligen Stand der Technik viel zu schwer geworden. Zudem musste man eventuelle Schäden auch auf See mit einfachen Zimmermannskenntnissen und dem entsprechenden Werkzeug reparieren können. Bei der Form des Schiffes brauchte man keine Rücksicht auf Schnittigkeit und hohe Geschwindigkeit zu nehmen; es sollte vor allem stabil und tragfähig sein. Der unter Wasser liegende Teil musste so flach und abgerundet sein, dass der Druck des Eises das Schiff nicht zerquetschte, sondern auf die Eisfläche hob.

Die *Fram*, zu deutsch »Vorwärts«, wurde am 26. Oktober 1892 vom Stapel gelassen. Sie war neununddreißig Meter lang, elf Meter breit und hatte eine Verdrängung von achthundert Tonnen. Das Schiff war ein Dreimastschoner und verfügte über eine Dampfmaschine mit zweihundertzwanzig PS, die ihm eine Geschwindigkeit von gut sechs Knoten gab. Da man im unbekannten Polarmeer auch mit seichten Stellen rechnen musste, betrug der Tiefgang des Schiffes auch bei voller Fracht weniger als fünf Meter. Die dicht nebeneinander platzierten Schiffsrippen aus Eichenholz waren außen und innen mit starken Planken belegt, und an der dem Eis ausgesetzten Wassergrenze befand sich ganz außen eine zwei Zoll dicke Schicht aus Grünherzholz, einem besonders harten und widerstandsfähigen Tropenholz. Außerdem war der gesamte unter Wasser befindliche Teil mit gut über das Eis gleitenden Kupferplatten bedeckt, die zugleich vor Schiffsbohrwürmern und anderen schädlichen Organismen schützten. Mit diesem Schiff konnte sich Nansen unbesorgt dem Polareis anvertrauen, um zum Nordpol zu gelangen.

Kapitän der *Fram* und Nansens Stellvertreter als Leiter der Expedition war Otto Sverdrup, der bereits an Nansens Skitour durch Grönland teilgenommen hatte. Die gesamte Expedition bestand aus dreizehn Männern, allesamt alte Hasen, die über Erfahrung mit Schnee, Frost und bis auf wenige auch mit der arktischen Seefahrt verfügten. Das Schiff wurde für die härtesten Bedingungen ausgerüstet. Leuchtöl und Steinkohle wurden in solchen Mengen gebunkert, dass sie den voraussichtlichen Bedarf weit überstiegen. Die Forschungsinstrumente entsprachen dem neuesten Stand der Technik, und Material für Reparaturen war so reichlich vorhanden, dass die Mannschaft das Schiff notfalls am Ufer einer einsamen Insel ganz neu hätte bauen können.

Ein Kapitel für sich waren die Lebensmittelvorräte. Nansen glaubte fest an Pemmikan, eine nach dem Vorbild der Indianer hergestellte Mischung aus fettlos geklopftem, gedörrtem und gehacktem Fleisch und durch Kochen entwässertem Rindertalg. In trockenem Zustand hielt sich diese Mischung aus Dörrfleisch und Fett jahrelang, und sie hatte einen hohen Nährwert. Im Frachtraum befanden sich ferner Fleischkonserven, Fisch, getrocknetes Gemüse, vielerlei Suppen, Kekse, Zwieback, Knäckebrot, Brühwürfel, Eipulver, Marmelade, Milchkonzentrat, Zucker, Schokolade, Tee, Kaffee, Kakao und so weiter. Alles war vorhanden, und zwar reichlich. Nansen hatte die Dauer der Expedition auf mindestens drei Jahre geschätzt und zur Sicherheit noch einen reichlichen Zeitpuffer hinzugerechnet.

Trinkwasser wurde nur in bescheidener Menge geladen. Es war schwer und nahm Platz in Anspruch, und Nansen wusste aus Erfahrung, dass man auf dem Polarmeer Trinkwasser gewinnen konnte, sowohl Regenwasser als auch durch Schmelzen von Eis und Schnee. Stärkere Getränke waren noch spärlicher vertreten. Nansen war beileibe kein Abstinenzler, er wusste gutes Bier zu schätzen. In den Extremverhältnissen der Arktis hielt er jedoch alle alkoholischen Getränke, auch Bier, für schädlich. In größeren Mengen genossen, schufen sie ein trügerisches Gefühl von Wärme und Sicherheit. Auch in kleinen Portionen verlangsamten sie die Reaktionsgeschwindigkeit. Bei der Reise auf einem »lebenden« Gletscher lag womöglich nur ein Wimpernschlag zwischen Leben und Tod.

Der Spiritus, der zur gemeinsamen Ausrüstung gehörte, war für die Konservierung der Proben und als Brennstoff für den Kocher vorgesehen. Einige Expeditionsteilnehmer hatten ein oder zwei Flaschen trinkbare Destillate in ihrem privaten Gepäck. Freilich lud die *Fram*, zu Ehren ihres Mäzens und für Weihnachtsfeiern und andere Feste, einige Fässer des von der Brauerei Ringnes eigens für die Polarexpedition hergestellten Starkbiers, das auch Frost aushielt.

Die *Fram* stach in Christiania, dem heutigen Oslo, an Mittsommer 1893 in See, verließ im Juli die norwegischen Hoheitsgewässer und nahm Kurs nach Osten, nach Nowaja Zemlja und den Küsten Nordsibiriens. Als sie sich der nördlichsten Spitze Sibiriens, dem Kap Tscheljuskin, näherte, entdeckte die Expedition bisher unbekanntes Land, das zu Ehren des Geldgebers den Namen Axel-Heiberg-Inseln erhielt (auf russischen Karten später Geiberg-Inseln). Die Reise ging weiter; bei Herbstanbruch begann das Meer zuzufrieren, und Ende September war die *Fram* westlich der Neusibirischen Inseln von Eis umgeben. Anfang Oktober war das Schiff bereits festgefroren und wurde in den Überwinterungszustand gebracht. Die langsame Treibfahrt nach Norden begann völlig erwartungsgemäß.

Die Tage im Eis kamen und gingen. Die Menschen auf dem Schiff verfolgten den Verlauf der Treibfahrt, indem sie täglich eine Ortsbestimmung vornahmen und Beobachtungen über das Wetter, das Eis und das Meer machten. In den Regalen des Labors mehrten sich die Gläser mit in Spiritus konservierten Präparaten. Jagdausflüge in die Umgebung bereicherten den Speiseplan um Fisch und Robbenbraten, der Nansen zufolge sehr gut schmeckte, wenn man sich erst einmal an den intensiven Trangeschmack gewöhnt hatte. Die Männer erlegten auch einige Eisbären, deren Fleisch gebraten und verspeist wurde. Die Weihnachtsmahlzeit krönten die letzten Gläser Ringnes-Bier. Die Jahreszahl änderte sich, das Programm nicht. Monate später, Ende 1894, wurde deutlich, dass die *Fram* mit dem Eis nicht so weit nach Norden treiben würde wie erwartet, sondern in ein bis eineinhalb Jahren westlich von Spitzbergen vom Eis freikommen würde, ohne den Nordpol erreicht zu haben. Nansen, der darauf geachtet hatte, fit zu bleiben, dachte immer intensiver über andere Möglichkeiten nach, als Erster den Nordpol zu erreichen. Wenn nicht mit dem Schiff, dann eben auf Skiern und mit einem Hundegespann. Es waren ja nur achthundert Kilometer. Auf dem Rückweg wäre es natürlich unmöglich, die *Fram* wiederzufinden. Dagegen könnte man durchaus Spitzbergen oder Franz-Josef-Land erreichen, bevor das Meer im nächsten Sommer wieder eisfrei war, und insgesamt würde die Strecke nicht viel länger als tausendfünfhundert Kilometer sein.

Ende Februar 1895 zeigte sich nach der Polarnacht die Sonne wieder. Die *Fram* befand sich auf dem 84. Breitengrad und schien nicht mehr weiter nach Norden zu treiben. Nansen gab Sverdrup die Vollmacht, während seiner Abwesenheit als Expeditionsleiter zu fungieren, und machte sich auf den Weg zum Nordpol. Als Gefährten hatte er Hjalmar Johansen gewählt, einen meisterhaften Skiläufer und geschickten Jäger, der zudem bei der Weltmeisterschaft in Paris 1889 Sieger im Turnen geworden war. An Ausrüstung und Proviant hatten sie exakt geplante und abgewogene 714,47 Kilogramm in drei Schlitten bei sich, die von achtundzwanzig Hunden gezogen wurden; auf dem Schiff blieben nur zwei Schlittenhunde zurück. Für den Fall, dass offenes Wasser zu überqueren war, wurden zwei Kajaks mitgenommen. Am meisten wog der Proviant der Männer. Hundefutter wurde nur in geringen Mengen eingeladen: Nansen hatte sich ausgerechnet, dass man nach und nach die schwächsten Hunde schlachten und ihr Fleisch an die verbleibenden verfüttern konnte.

Schon am ersten Tag wurde klar, dass man nicht so schnell vorwärtskommen würde, wie man aufgrund der Probefahrten in der Nähe des Schiffs berechnet hatte. Die Eisfelder auf dem Polarmeer sind nicht eben, sondern bestehen aus Haufen und Hügeln von zersplittertem und zusammengeschobenem Eis, zwischen denen sich Gruben und sogar im tiefsten Winter offene Spalten und Teiche auftun. Nach einem Monat war der erste Hund so erschöpft, dass er nicht mehr als Zugtier taugte und geschlachtet werden musste. Nansen vermerkte in seinem Tagebuch: »Das war die unangenehmste Pflicht auf der ganzen Fahrt.« Auch die Hunde scheuten anfangs vor dem Fleisch ihres Artgenossen zurück, doch der Hunger lehrte sie bald, es zu fressen.

Eines Tages vergaßen die Männer ihre Uhren aufzuziehen. Johansens Uhr blieb stehen; Nansens Uhr ging zwar noch, zeigte offenbar aber auch nicht mehr die richtige Zeit an. Das war ein schwerer Rückschlag. Bei der Ortsbestimmung ermittelt man den Längengrad, indem man den örtlichen Mittag im Verhältnis zu Greenwich oder zu einem anderen bekannten Meridian beobachtet. Im Polargebiet, wo die Längengrade nahe beieinanderliegen, ist noch größere Genauigkeit erforderlich als in tieferen Breiten. Die Männer zogen sofort ihre Uhren auf, versuchten so gut wie möglich, die richtige Zeit einzustellen, und hofften das Beste. Später zeigte sich, dass ihre Ortsbestimmungen einen Fehler von fast sechs Längengraden aufwiesen.

Nach mehreren Wochen wurde klar, dass Nansen und Johansen den Nordpol nicht erreichen konnten. Am 8. April kehrten sie um. Der nördlichste Punkt, den sie erreicht hatten, lag bei 86° 10' nördlicher Breite und circa 95° östlicher Länge. Von dort machten sie sich auf den Weg nach Franz-Josef-Land, das ihrer Schätzung nach gut vierhundert Kilometer entfernt lag. Tatsächlich betrug die Entfernung fast siebenhundert Kilometer.

Der Rückweg wurde zu einem von Hoffnung und Verzweiflung geprägten Überlebenskampf. Immer mehr Hunde mussten getötet und an die anderen verfüttert werden, und für die Männer und die verbleibenden Hunde wurde es immer beschwerlicher, die Ausrüstung zu ziehen. Im Mai wurde einer der drei Schlitten zurückgelassen. Für die zusammengeschmolzenen Vorräte reichten zwei, die von den restlichen zehn Hunden gezogen wurden. Ein Hund nach dem anderen endete als Futter. Die letzten noch verbleibenden Tiere waren so hungrig, dass man ihren getöteten Artgenossen nicht einmal das Fell abzuziehen brauchte: Sie fraßen den mit der Axt zerlegten Kadaver mit Haut und Haaren. Nansen und Johansen brieten sich aus dem Blut eines Hundes Blutpfannkuchen und stellten fest, dass sie gar nicht so schlecht schmeckten.

Im Juni waren die Packeisaufhäufungen eher Eisschollen, auf denen bereits die Brandung des fernen offenen Meeres zu ahnen war. Die Vorräte neigten sich dem Ende zu. Ein Teil des Pemmikans war nass geworden und verdorben. Nansen und Johansen flickten ihre Kajaks, die auf den Schlitten beschädigt worden waren, und bereiteten sich darauf vor, bald in See zu stechen. Am 22. Juni schossen sie eine Robbe, sodass die Nahrungssorgen fürs Erste vorüber waren. Am nächsten Tag erlegten sie noch eine weitere Robbe, und Nansen wird in seinem Tagebuch geradezu poetisch: »Robbenfleisch schmeckt gut. Das Fett ist sowohl roh als auch gebraten vorzüglich. Gestern aßen wir Suppe mit rohem Fett.

Zum Mittagessen briet ich Fleischscheiben, die selbst im ›Grand Hotel‹ nicht besser hätten sein können, freilich wäre ein ordentlicher Krug Bier eine willkommene Begleitung gewesen.« Anschließend kehrt Nansen zu seinem lakonischen Gelehrtenstil zurück und berichtet, wie Johansen und er drei Eisbären erlegten, die der Geruch des Bratfetts ins Lager gelockt hatte.

Am dritten August wollten die Männer wieder eine Eisspalte überqueren. Die gesamte Ausrüstung war in den Kajaks verstaut und festgebunden. Da hörte Nansen hinter sich Geräusche und die Stimme Johansens, der um eine Waffe bat. Als Nansen sich umdrehte, sah er, dass ein Eisbär, der hinter dem Eis gelauert hatte, sich auf Johansen stürzen und ihn in den Kopf beißen wollte. Johansen sprach mit ruhiger Stimme: »Schießen Sie schnell, sonst ist es zu spät.« Kein Revolverheld des Wilden Westens hätte es an Schnelligkeit mit Nansen aufnehmen können, der die Bockbüchse aus seinem Kajak nahm und den Bären aus zwei Metern Entfernung mit einer Ladung Schrot erschoss. Die Gentlemen des 19. Jahrhunderts hielten auch in brenzligen Situationen an der Etikette fest. Erst beim nächsten Weihnachtsfest meinten Fridtjof und Hjalmar, sich nun gut genug zu kennen, um zum Du überzugehen.

Vier Tage später lag das offene Meer vor ihnen. Die Männer töteten ihre letzten Hunde, luden alles in ihre Kajaks, was nur hineinpasste, und fuhren los. Sie nahmen an, dass sie sich im Nordteil von Franz-Josef-Land befanden, doch bald stellte sich heraus, dass das Land zu ihrer linken Seite, östlich von ihnen, keiner bisher bekannten Beschreibung entsprach. Vor der schroffen Felswand strömte die Tide nach Westen. Nansen und Johansen fuhren dennoch zuversichtlich weiter, in der Hoffnung, die südlichen Teile von Franz-Josef-Land zu erreichen, wo sie möglicherweise auf andere Forschungsreisende stoßen würden und mit ihnen in die Zivilisation zurückkehren konnten.

Bald brach der Herbst an. Schon Ende August wurden die Nächte kälter, und an den Ufern begann sich neues Eis zu bilden. Nansen und Johansen stellten fest, dass es sinnlos war, die Fahrt fortzusetzen. Sie gingen daran, ein Winterlager zu bauen und Vorräte anzulegen. Die letzten eisfreien Tage nutzten sie für die Walrossjagd. Im Herbst ist das Walross fett und geht auch als Kadaver nicht unter. Ein einzelner Mann ist durchaus imstande, ein erlegtes Walross mit seinem Kajak ans Ufer zu ziehen. Die Beute mit ihrem Gewicht von einer Tonne an Land zu holen, ist freilich etwas anderes. Also enthäuteten die Männer ihre Beute im Uferwasser und zerstückelten sie, trugen das Fleisch auf eine Walrosshaut, die sie neben ihrer Hütte ausgebreitet hatten, und deckten es mit einer zweiten Haut zu. Das Meerwasser hatte das Fleisch bratfertig gesalzen, und für die Haltbarkeit sorgte der große Gefrierschrank der Natur. Natürlich musste man sich zwischendurch in der Hütte aufwärmen. Brennspiritus und Petroleum waren längst ausgegangen, doch Walrossfett gab es genug. Für Licht und Wärme in der Hütte sorgte eine behelfsmäßige

Kerze mit einer Verbandsrolle als Docht, der zwischen den Fettbrocken auf einem Blechteller brannte.

Den Winter 1895/96 verbrachten die Männer hauptsächlich unter ihren Bärenfellen liegend. In der Hütte war es so warm wie in einem modernen Kühlschrank. Nansen zufolge sah es dort oft sehr hübsch aus, wenn die vereisten Wände im flackernden Licht der Fettlampe schimmerten. Draußen herrschten vierzig Grad Frost, und der Wind wehte vom Polarmeer. Die fettgetränkten Kleider klebten auf der Haut und scheuerten in den Beugen. Sie boten zudem kaum Schutz vor der Kälte, was den Wunsch, sich draußen zu bewegen, weiter schmälerte. Im Februar vermerkte Nansen in seinem Tagebuch: »Es ist seltsam, den ganzen Winter in einer unterirdischen Hütte zu liegen und ohne jede Beschäftigung zu sein.« Er schrieb auch, »unser Leben ist nicht besonders angenehm«, fügte aber hinzu, weder er selbst noch Johansen habe jemals die Hoffnung verloren. Am meisten vermisse er – in dieser Reihenfolge – Bücher, saubere Kleidung und anständiges Essen; zu einem Bier hätte er sicher auch nicht Nein gesagt.

Im Mai 1896 ging die Fahrt weiter. Nansen und Johansen folgten der unbekannten Küste, mal im Kajak paddelnd, mal an Land, wobei sie ihre Ausrüstung auf den Schlitten über den tauenden Schnee zogen. Auf dem Meer knallte das schmelzende Eis wie ferne Schüsse. Im Juni war anstelle des Krachens Hundegebell zu hören. Nansen schnallte sich die Skier an, folgte dem Geräusch und wäre beinahe mit dem britischen

Forschungsreisenden Frederick George Jackson kolli-
diert, der mit seiner Expedition den Winter auf der zu
Franz-Josef-Land gehörenden Insel Northbrooke verbracht hatte. Bald hatte man auch Johansen herbeige-
holt, und ihre nächste Mahlzeit nahmen die Norweger
in Jacksons Forschungsstation Kap Flora ein, wo ihnen
Nansen zufolge in einem richtigen Blockhaus aller moderne Komfort zur Verfügung stand. Anfang August
traf Jacksons Versorgungsschiff ein, das Nansen und Johansen nach Norwegen brachte. Fünf Tage nach ihnen
kehrte auch die *Fram* zurück, die – genau wie Nansen
berechnet hatte – nach dreijähriger Treibfahrt westlich
von Spitzbergen vom Eis freigegeben worden war.

Später wurde Fridtjof Nansen Professor für Zoologie
und Ozeanografie an der Universität Oslo. Er war 1906
bis 1908 als norwegischer Botschafter in London und in
den 1920er-Jahren als Hochkommissar für Flüchtlings-
fragen beim Völkerbund tätig, wo er den nach ihm benannten Nansen-Pass für staatenlose Flüchtlinge entwickelte. 1922 erhielt er den Friedensnobelpreis.

Die *Fram* setzte unter Otto Sverdrup als Kapitän ihre
Fahrten in den Polarmeeren fort. In den Jahren 1901/02
erforschte Sverdrup die arktischen Inselgruppen Kana-
das. Westlich der Ellesmere-Insel kartierte er eine heute
als Sverdrup-Inseln bekannte Inselgruppe, die bis 1930
zu Norwegen gehörte. Neben dem Entdeckungsreisen-
den wurden auch die Bierbrauer, die seine Expedition
unterstützt hatten, mit ihren Namen auf den Atlanten
verewigt. Die größte der Sverdrup-Inseln, zugleich üb-

rigens die größte unbewohnte Insel der Welt (43 178 km²), erhielt den Namen Axel-Heiberg-Insel. Südwestlich von ihr liegen die Ellef-Ringnes-Insel (11 295 km²) und die Amund-Ringnes-Insel (5255 km²).

In den Jahren 1910 bis 1912 fuhr die *Fram* als Hilfsschiff für Roald Amundsen in die Antarktis; sie war das erste Schiff, das die Erforschung beider Polarzonen der Erde unterstützte. Auch Amundsen ehrte den Sponsor des Schiffes, indem er einem Talgletscher in der Antarktis den Namen Axel-Heiberg-Gletscher gab. Heute befindet sich die *Fram* als Museumsschiff in Oslo.

Ringnes Imperial Polaris
Oslo, Norwegen

Typ: Bock
Alkohol: 10,0 %
Stammwürze: 22 op
Bittereinheit: 46 EBU
Farbe: 56 EBC

Die Unterstützung der norwegischen Entdeckungsrei-
senden verschaffte der Brauerei Ringnes viel positive
Aufmerksamkeit. Im Grunde ging es jedoch nicht um
Publicity; vielmehr interessierten Axel Heiberg und die
Brüder Ringnes sich wirklich für die geografische For-
schung. Auch das Doppelbock-Bier Bokøl, das für Nansens Fahrten gebraut wurde, war Teil der Zusammenarbeit. Das starke Bier bewahrte seinen Geschmack
während der langen Seereise und vertrug auch die Kälte
besser als leichtere Getränke.

Die Brauerei blieb bis 1978 im Besitz der Familie
Ringnes und gehört seit 2004 zum Carlsberg-Konzern.
Zur Erinnerung an die gut ein Jahrhundert zurücklie-
gende Polarfahrt stellte Ringnes 2012 als Sonderpro-
duktion vom Bokøl inspirierten Doppelbock her. Das
Bier, das in Zusammenarbeit mit Garrett Oliver, dem
namhaften Biermeister der Brooklyn Brewery, gebraut

wurde, erhielt den Namen *Imperial Polaris*. Weitere Sonderpartien wurden auch in den Jahren 2013 (*Superior Polaris*) und 2014 produziert. *Ringnes Imperial Polaris* ist ein dunkelbrauner Doppelbock mit den Geruchsnoten Honig, Toffee und Zitrus. Toffee und leichte Hopfung dominieren den Geschmack und kommen zur Geltung, wenn das Bier mit der Idealtemperatur von 10 bis 12 Grad serviert wird.

'The Light of Peace in the trenches on Christmas Eve: A German soldier opens the spontaneous truce
by approaching the British lines with a small Christmas tree.' (original caption)

Zu Weihnachten 1914 vereinbarten britische und deutsche Soldaten vielerorts
eine Feuerpause und gemeinsame Weihnachtsfeiern. Titelbild einer Zeitung
vom Januar 1915.

XIII
Nicht schießen! Wir bringen Bier

Im Dezember 1914, rund fünf Monate nach dem Beginn des Ersten Weltkriegs, zeigte sich inmitten des Irrsinns der Schlachten ein Schimmer von Menschlichkeit. An vielen Stellen der Westfront legten die Soldaten über Weihnachten die Waffen nieder. Die Brüderschaft zwischen den Völkern wurde dabei auch durch Aktivitäten gefördert, die junge Männer verbinden, wie Fußball und Biertrinken.

Zu Beginn des Krieges bestand die Strategie Deutschlands an der Westfront darin, die französischen Verteidigungsstellungen zu umgehen und über belgisches Territorium anzugreifen. In den ersten Wochen schien dieses Vorgehen erfolgreich zu sein. Doch im Herbst 1914 verlangsamte sich der Vormarsch und kam im Oktober praktisch zum Stillstand. Damit begann ein langer Stellungskrieg, in dem keine Seite in den folgenden Jahren bedeutende Fortschritte machte.

Die Dauer des Krieges schien alle zu überraschen, von den obersten Heeresleitungen der beteiligten Länder bis hin zu den einfachen Soldaten. Die Propaganda hatte beide Seiten von einem schnellen Sieg überzeugt, doch die harte Wirklichkeit machte sich bemerkbar, als der Herbstregen die Schützengräben peitschte, die die Ebene Flanderns durchzogen. Man steckte tief im Schlamm. Papst Benedikt XV. hatte im Herbst mehrmals zum Frieden aufgerufen. Am 7. Dezember äußerte er die Hoffnung, dass »die Waffen wenigstens in jener Nacht schweigen, in der die Engel singen«. In London, Berlin und Paris ließ man sich davon nicht beeindrucken.

Die Männer in den Schützengräben waren jedoch weniger verbissen. Es ist nicht genau bekannt, in welchem Umfang im Voraus über die Waffenruhe verhandelt wurde. Die Archivquellen deuten darauf hin, dass die Kriegsführung auf beiden Seiten der Front nicht ahnte, was geschehen würde. Man kennt nur vereinzelte Warnungen, in denen den Soldaten untersagt wurde, irgendeine Massenbewegung zu planen, die zu einer Störung oder Unterbrechung der Kriegshandlungen führte. Auch aus den Briefen, die die Soldaten nach Hause schickten, geht nicht hervor, dass allgemein über eine Feuerpause gesprochen worden wäre. Der Appell des Papstes hatte weite Verbreitung gefunden und war möglicherweise auch einigen Soldaten zu Ohren gekommen. Es ist jedoch schwierig einzuschätzen, welchen Einfluss er hatte. Die Mehrheit derjenigen, die sich an der Waffenruhe zu Weihnachten 1914 beteiligten, waren jedenfalls Protestanten. Die katholischen Einheiten aus Frankreich zum Beispiel befolgten die Aufforderung ihrer höchsten religiösen Autorität nicht.

Die ersten Hinweise auf Weihnachtsstimmung waren am Tag vor Heiligabend zu hören. In den nördlichen Teilen der Westfront, im Grenzgebiet zwischen Belgien und Frankreich, erschallten in vielen Schützengräben Weihnachtslieder. Die Deutschen antworteten auf den Chor der Engländer und umgekehrt. Es wurde weitergesungen, und man bereitete sich auf das Weihnachtsfest vor, indem man die Gräben mit Kerzen und Bäumen schmückte – Tannen wuchsen in Flandern allerdings kaum.

An vielen Frontabschnitten waren schon tagsüber nur noch gelegentlich Schüsse gefallen. An Heiligabend kam es zu den ersten Friedensbemühungen. Soldaten, die die Sprache des Feindes beherrschten, riefen ihren Vorschlag über das Niemandsland. Wenn es keinen Sprachkundigen gab, signalisierte man nach traditionellem Brauch mit weißen Fahnen Friedensbereitschaft. Die ersten Mutigen kletterten aus den Gräben und fanden auf der anderen Seite der Front Nachahmer. An den meisten Frontabschnitten begannen die Friedensbemühungen jedoch erst am ersten Weihnachtstag.

Es gibt unterschiedliche Einschätzungen darüber, wie weit sich die Feuerpause verbreitete. Aufgrund der erhaltenen Quellen hat es den Anschein, dass etwa hunderttausend Soldaten über Weihnachten die Waffen niederlegten. Da an der Westfront über eine Million Männer kämpften, schloss sich nur ein verschwindend geringer Teil der Waffenruhe an. Feuerpausen gab es vor allem am nördlichsten Teil der Front, im belgischen und französischen Flandern. Die Soldaten der Entente, die

die Waffen niederlegten, stammten von den britischen Inseln. Bei den deutschen Truppen kamen die meisten aus Sachsen, daneben aus Bayern und Westfalen.

In Frelinghien westlich von Lille standen sich das 2. Königliche Füsilierregiment von Wales und das 134. Infanterieregiment aus Sachsen gegenüber. Der britische Hauptmann C. I. (Clifton Inglis) Stockwell erinnert sich an die Ereignisse des Weihnachtstages:

»In der Nacht hatte starker Frost geherrscht. Der Boden war weiß bereift und der Nebel dicht. Wir hatten an unserem Laufgraben ein großes Plakat aufgestellt, auf dem ›Frohe Weihnachten‹ stand, und es zu den Sachsen auf der Gegenseite hingedreht. Sie hatten uns über die Linien hinweg etwas zugerufen. Gegen ein Uhr mittags verzog sich der Nebel, und sie konnten das Schild endlich sehen. Die Sachsen riefen: »Nicht schießen! Wir bringen euch ein wenig Bier, wenn ihr raufkommt.« Da zeigten sich einige unserer Männer und schwenkten die Arme. Die Sachsen kletterten über den Wall und rollten ein Bierfass zu uns herüber. Dann kamen sie scharenweise zum Vorschein, unbewaffnet, und unsere Männer zeigten sich natürlich auch. Obwohl man uns gewarnt hatte, die Deutschen würden sich auf uns stürzen, sprangen zwei unserer Männer aus dem Schützengraben und gingen los, um das Fass in Empfang zu nehmen.«

Die Deutschen hatten noch ein zweites Fass Bier. Die Fässer wurden im Niemandsland aufgestellt, und Soldaten aus beiden Lagern schickten sich an, sich davon etwas zu genehmigen. Stockwell begriff, dass er als Bataillonskommandeur eingreifen musste. So rief er mit seinen spärlichen Deutschkenntnissen den Befehlshaber der Sachsen, Hauptmann Maximilian Freiherr von Sinner, herbei. Die beiden Offiziere einigten sich auf einen bis Mitternacht befristeten Waffenstillstand. Die Mannschaften feierten bereits. Als Weihnachtsgeschenke gab es neben dem Bier Tabak und Lebensmittel. Der deutsche Offizier bot Stockwell kein Fassbier an, denn er hielt sich an die hierarchische Ordnung im Deutschen Heer: Offiziere mussten separat bewirtet werden. In Stockwells Erinnerungen heißt es weiter:

»Der Hauptmann rief nach seinem Burschen, und bald sprang ein deutscher Soldat mit Gläsern und zwei Bierflaschen aus dem Laufgraben. Wir tranken uns feierlich zu, indem wir die Gläser hoben und uns gegenseitig Gesundheit wünschten. Die Soldaten beider Seiten brachten ihre Zustimmung zum Ausdruck. Dann verabschiedeten wir uns formgerecht und kehrten in unsere Stellungen zurück.«

Vielleicht ging es bei der höflichen Geste des Hauptmanns Freiherr von Sinner auch um den Versuch, die Ehre zu wahren. Frank Richards, der bei den walisischen Truppen diente, erinnerte sich an die Qualität des Weihnachtsbieres. »Die beiden Fässer wurden geleert, obwohl das französische Bier verfault schmeckte.« Wahrscheinlich stammten die Fässer aus der Brauerei Frelinghien, die sich in der Nähe der Front auf der Seite der Deutschen befand. Zur Verteidigung des französischen Biers muss gesagt werden, dass die Fäulnis wohl nicht zum Eigengeschmack gehörte. Wenn es sich um obergäriges Bier handelte, das für den sofortigen Konsum vorgesehen war, die Fässer aber mehrere Monate lang in den feuchten Schützengräben gestanden hatten, war es kein Wunder, dass der Inhalt verdarb.

In der Brauerei Frelinghien wurde nicht mehr lange Bier gebraut. Das Geschützfeuer der Engländer zerstörte das Gebäude Anfang 1915.

Bei dem Flaschenbier, das Freiherr von Sinner anbot, handelte es sich möglicherweise um Importware aus der Heimat. Zwar genoss der Transport von Flaschenbier nicht die höchste Priorität hinter der Front, doch aus den Versorgungsarchiven geht hervor, dass den Offizieren das Privileg gewährt wurde, gelegentlich die Früchte deutscher Brauereikunst zu genießen. Als Gegengeschenk für das Bier überreichte Stockwell seinem Kollegen eine traditionelle englische Weihnachtsspeise: Plumpudding.

Die Schilderungen der weiteren Ereignisse am Nachmittag des 25.12. in Frelinghien sind teilweise widersprüchlich – was eher an der Unzuverlässigkeit des Gedächtnisses liegen dürfte als an den erwähnten Bierfässern. Im Niemandsland wurde ein Fußballspiel ausgetragen. Auch wenn einige Briten sich erinnern, untereinander gespielt zu haben, handelte es sich höchstwahrscheinlich um ein inoffizielles Länderspiel Wales – Deutschland. In einigen Quellen wird auch das Ergebnis erwähnt: Die Deutschen gewannen 3:2.

Der heutige Fußballplatz von Frelinghien wurde im südwestlichen Teil des Dorfes an der Rue d'Armentières angelegt, an derselben Stelle, wo vermutlich das Spiel an Weihnachten 1914 stattgefunden hatte. Der Fußball vereinte auch die Soldaten anderer Regimenter über die Front hinweg. Man weiß, dass in Flandern am ersten Weihnachtstag mehrere Freundschaftsspiele zwischen Deutschen und Briten ausgetragen wurden. Zeitgenössischen Schilderungen zufolge scheint das Angebot an Getränken bei den anderen Spielen anspruchsloser gewesen zu sein als in Frelinghien.

Nachdem die Bierfässer geleert waren, kehrten Sachsen und Waliser in Frelinghien in ihre Schützengräben zurück. Man hatte letzten Endes vereinbart, den Waffenstillstand bis zum nächsten Morgen zu verlängern. Als die Briten am Morgen des zweiten Weihnachtstages ihr Schild mit dem Weihnachtsgruß entfernten, hob sich aus den Laufgräben der Deutschen bald darauf ein Laken mit der Aufschrift: »Danke!«

Aus den Briefen, die die Soldaten nach Hause schickten, geht hervor, dass der Weihnachtsfriede für die meisten ein bedeutsames Erlebnis war, das Licht in den düsteren Kriegsalltag brachte. Auch an der Heimatfront wurde die Nachricht von der kurzen Unterbrechung der Kämpfe überwiegend positiv aufgenommen. Die britischen Zeitungen, bis hin zu dem in Millionenauflage verbreiteten *Daily Mirror*, brachten auf der ersten Seite Fotos von brüderlich miteinander posierenden britischen und deutschen Truppen. Die Bilder waren weit entfernt von der traditionellen, den Gegner diffamierenden Kriegspropaganda.

Der Kriegsführung schmeckte der eigenmächtige Waffenstillstand der Soldaten nicht. Der britische General Horace Smith-Dorrien schrieb am zweiten Weihnachtstag 1914 in sein Tagebuch: »Dies veranschaulicht deutlich den apathischen Zustand, in den wir gesunken sind, und zeigt zudem, dass alle Anordnungen, die ich gegeben hatte, fruchtlos waren. Ich hatte den eindeutigen Befehl gegeben, dass der Umgang mit feindlichen Truppen unter keinen Umständen akzeptabel ist.« Smith-Dorrien war nicht der einzige General, der disziplinarische Maßnahmen gegen diejenigen forderte, die ihre Waffen niedergelegt hatten. Vor das Kriegsgericht kamen die Vorfälle freilich nicht – so viel Weihnachtsstimmung brachte die oberste Kriegsführung auf beiden Seiten der Front immerhin auf.

Auch unter den einfachen Soldaten gab es einige, die sich nicht über den Weihnachtsfrieden freuten. Im 16. bayerischen Reserveinfanterieregiment, das nicht an der Feuerpause teilnahm, beschwerte sich der Soldat Adolf Hitler aufgebracht bei seinen Waffenbrüdern: »Habt ihr überhaupt kein deutsches Ehrgefühl mehr in euch?«

Die Feuerpause an Weihnachten 1914 blieb ein Einzelfall im Ersten Weltkrieg. Im folgenden Jahr sorgten die Armeeführungen mit vorsorglichen Warnungen dafür, dass sich die Episode nicht wiederholte. Die lange Dauer des Krieges sowie die brutalen Kämpfe und Gasangriffe hatten zudem zur Folge, dass sich die Einstellung der Mannschaften auf beiden Seiten verhärtete. An die Stelle der Brüderlichkeit trat Hass, und auf die Gesundheit des Feindes wurde nicht mehr angestoßen.

Grain d'Orge Cuvée 1898
Lille, Frankreich

Typ: Ale
Alkohol: 8,5 %
Die genauen Angaben zu Stammwürze,
Farbe und Bittereinheit sind Betriebs-
geheimnisse der Brauerei Grain d'Orge.

Im November 2008, als sich das Ende des Ersten Weltkriegs zum 90. Mal jährte, trafen sich Delegationen aus
Sachsen und Wales in Frelinghien, um des Weihnachts-
friedens von 1914 zu gedenken. Sie enthüllten ein Denkmal, und auch Fußball stand auf dem Programm. Wieder gewannen die Sachsen das Freundschaftsspiel,
diesmal 2:1. Nach dem Spiel brachten die Sieger, die
Tradition ehrend, ein Fass Bier auf das Feld. Es enthielt
Radeberger Pilsner, das sie aus ihrer Heimat mitge-
bracht hatten.

Am Weihnachtstag 1914 war statt Pilsner allerdings
Bier aus der Region getrunken worden. Höchstwahrscheinlich handelte es sich um Ale der Brauerei Frelinghien. Die Provinz Flandern, sowohl auf der französischen wie auf der belgischen Seite der Grenze, ist eine
bekannte Bierregion.

Die Brauerei Grain d'Orge (ursprünglich Brasserie

Vandamme) befindet sich in Ronchin, einem Stadtteil von Lille, etwa zwanzig Kilometer von Frelinghien entfernt. Sie ist auch international bekannt durch ihr Belzebuth, ein Starkbier mit einem Alkoholgehalt von dreizehn Prozent. Eine ältere, schon zur Zeit des Ersten Weltkriegs in der Region bekannte Biertradition repräsentiert *Grain d'Orge Cuvée 1898*. Es handelt sich um ein bernsteinfarbenes, bei kühler Lagerung gereiftes Landbier (*bière de garde*) mit süß-fruchtigem Geschmack und leichter Hopfung.

Anführer der Nazipartei beim Umtrunk in den 1920er-Jahren. Hitler hat seiner Gewohnheit getreu eine Flasche Mineralwasser vor sich stehen.

XIV
Der Bierkelleragitator

Als Adolf Hitler aus dem Ersten Weltkrieg zurückkehrte, war er ein arbeitsloser und unbeschäftigter Dreißigjähriger, der keine nennenswerte Ausbildung und keine berufliche Qualifikation besaß. Im Krieg hatte er sich als Melder an vorderster Front hervorgetan und war zum Gefreiten befördert worden. Im August 1918 war Hitler mit dem Eisernen Kreuz I. Klasse ausgezeichnet worden, das einfachen Soldaten selten verliehen wurde, und im Oktober desselben Jahres hatte er sich bei der letzten großen Schlacht in Ypern eine schwere Gasvergiftung zugezogen, die seine Sehfähigkeit bleibend schädigte und seiner Stimme das später berühmt gewordene, unverwechselbare Timbre verlieh.

Die Nachkriegszeit in Deutschland war unruhig. Hitler, der aus dem Lazarett zurückgekehrt war und sich in München beim Stab seines Regiments gemeldet hatte, wurde nicht aus dem Dienst entlassen, sondern erhielt von einer Untersuchungskommission, die das Regiment eingesetzt hatte, den Auftrag, Informationen über den soeben niedergeschlagenen Versuch einzuholen, in München eine Räterepublik zu errichten. Bald darauf wurde er als Aufklärungsoffizier dem Stab des örtlichen Wehrkreises zugewiesen, wo er unter anderem die Aufgabe hatte, Personen zu beobachten, die pazifistische, sozialistische und ähnliche Ideen verbreiteten. Es liegt auf der Hand, dass diese Aufgabe mit der geheimdienstlichen Tätigkeit in Verbindung stand, die die Reichswehr, die Armee der Weimarer Republik, im Namen der inneren Ordnung und Sicherheit ausübte. Hitler hatte bereits beschlossen, Politiker zu werden, und ihm eröffnete sich eine ausgezeichnete Gelegenheit, die unterschiedlichsten Grüppchen und Verschwörer kennenzulernen.

Im September 1919 erhielt Hitler von der politischen Abteilung des Stabs den Auftrag, sich ein Bild über eine kleine Gruppierung zu verschaffen, die sich Deutsche Arbeiterpartei nannte. Eines Abends begab er sich in das »Sterneckerbräu«, wo sich rund fünfundzwanzig Anhänger der Partei versammelt hatten. Wie Hitler in seinem Buch *Mein Kampf* selbst berichtet, war er von dem, was er sah und hörte, nicht sonderlich beeindruckt. Er stufte die »Partei« als eine Schar harmloser Dummköpfe ein und wollte das Lokal gerade verlassen, als ein Redner für ein unabhängiges Bayern plädierte. Da sprang Hitler auf und setzte sich in heftigen Worten für ein großes und vereintes, ungeteiltes Deutschland ein, mit der Folge, dass der Vorredner – Hitlers Worten zufolge – wie ein begossener Pudel abzog und die anderen über ihre Bierkrüge hinweg den unbekannten Redner verblüfft ansahen. Als Hitler nach seiner Rede das Lokal verließ, lief ihm der Parteigründer Anton Drexler nach und reichte ihm ein Büchlein, in dem das Programm und die Ziele der Partei vorgestellt wurden. Am Tag darauf erhielt Hitler eine Postkarte von Drexler mit der Mitteilung, er sei in die Partei aufgenommen worden.

Hitlers erste Reaktion war Verärgerung. Er wollte in keine Partei eintreten, schon gar nicht in eine Partei harmloser Dummköpfe, sondern eine eigene gründen. Dennoch wies er die Mitgliedschaft nicht sofort zurück, sondern ging einige Tage später zu einer Sitzung des Parteivorstandes im Wirtshaus »Altes Rosenbad«. Die vier anwesenden Vorstandsmitglieder hießen ihn herzlich willkommen. Anschließend wurden Briefe von Anhängern verlesen und es wurde festgestellt, dass sich in der Kasse sieben Mark und fünfzig Pfennig befanden, worauf dem Kassenwart Entlastung erteilt wurde. »Fürchterlich, fürchterlich! Das war ja eine Vereinsmeierei allerärgster Art und Weise. In diesen Klub also sollte ich eintreten?«, schrieb Hitler später über diese Episode.

Schon einige Tage später gehörte Adolf Hitler als siebtes Mitglied dem Vorstand der Deutschen Arbeiterpartei an, war jedoch nicht, wie er in *Mein Kampf* behauptete, das siebte Parteimitglied. In Wahrheit lag die Mitgliederzahl der Partei, über die sich die Quellen allerdings sehr widersprüchlich äußern, irgendwo zwischen zwanzig und vierzig.

Die Bierhalle ist eine echt deutsche und speziell bayerische Tradition, deren Wurzeln in jene ferne Vergangenheit zurückreichen, über die Tacitus berichtete, die Germanen hätten gern Bier getrunken, wenn sie sich mit großen und wichtigen Angelegenheiten befassten. Als Versammlungslokale waren sie beliebt, nicht zuletzt, weil man keine Saalmiete zu zahlen brauchte, sofern man genug Bier bestellte. Damit wiederum hatte man in Deutschland in der Regel keine Schwierigkeiten. Für öffentliche Debatten waren die Bierhallen bestens geeignet. Kleinere Zirkel konnten sich in Neben- und Hinterstuben versammeln, und nicht wenige Vereine hatten ihr Büro im Nebenraum ihrer Stammkneipe. Wer auf eine größere Öffentlichkeit Wert legte, dem stand der Saal zur Verfügung, der häufig neben einer Bühne für Blaskapellen oder andere Orchester auch ein Rednerpult aufwies. In der Atmosphäre dieser Bierhallen kann ein gewandter Redner Wunder vollbringen.

Obwohl Hitler, der im Wien der Vorkriegszeit die Kaffeehaustradition und ihre Gesprächskultur kennengelernt hatte, sich dem Vernehmen nach an den lärmenden Betrieb in den deutschen Bierkellern erst gewöhnen musste und sie bisweilen als geradezu vulgär betrachtete, war er in den Bierhallen Münchens bald wie zu Hause und vermarktete dort seine Ideen.

Nun stieg die Mitgliederzahl der Partei von unter vierzig im Herbst 1919 auf über hundert im Januar 1920, und legte rasant zu, als Hitler Anfang 1920 dazustieß. Um seiner Botschaft mehr Gehör und Echo zu verschaffen, berief er im Februar 1920 – ungeachtet dessen, dass die Hälfte des Parteivorstandes ihn recht unverblümt für verrückt erklärte und sich von dem Vorhaben lossagte – eine Versammlung im berühmten »Hofbräuhaus« in München ein, in dem fast zweitausend Menschen Platz fanden. Nach Berichten von Zeitzeugen herrschte eine ausgelassene Stimmung. Als Hitler mit seiner Rede begann, ging ein beträchtlicher Teil seiner Worte in den Zurufen seiner Anhänger und seiner Gegner unter, die Kellner eilten mit immer neuen Bierkrügen herbei, Stühle zersplitterten, und es kam immer wieder zu Schlägereien im Saal. Hitler selbst schrieb später in *Mein Kampf*: »Als sich nach fast vier Stunden der Raum zu leeren begann, ... da wusste ich, dass nun die Grundsätze einer Bewegung in das deutsche Volk hinauswanderten, die nicht mehr zum Vergessen zu bringen waren.«

Hitler machte fleißig die Runde durch die Bierhallen. Bereits dreieinhalb Jahre später hatten die nicht mehr zum Vergessen zu bringenden Ideen eine solche Wirkung entfacht, dass die Nationalsozialisten und ihre Sympathisanten im Herbst 1923 Tausende zählten. Hitler war im Sommer 1921 Alleinherrscher über die NSDAP geworden; schon vorher war das Parteibüro aus dem engen Hinterzimmer des »Sterneckerbräu« in die größeren Räume der »Bierstube Cornelius« umgezogen.

Die Weimarer Republik hatte sich als schwach erwiesen und krachte in den Fugen. In verschiedenen Teilen Deutschlands agierten Freikorps, Privatarmeen, die von rechtsgesinnten Finanzkreisen und der Reichswehr in stillem Einverständnis ausgerüstet wurden. Sowohl die rechten als auch die linken Parteien hatten ihre eigenen Trupps für Gewalttaten und Straßenschlachten; die Sturmabteilung der Nationalsozialisten, die SA, hob sich nur durch ihre hervorragende Bewaffnung und ihre militärische Disziplin von ihnen ab. In den Provinzen und Ländern kam es zu Putsch- und Revolutionsversuchen. Die Regierung in Berlin bat die Armee und die Freikorps um Unterstützung. In Teilen des Reiches wurde der Ausnahmezustand ausgerufen.

An der Spitze Bayerns stand ein Triumvirat, dem Ministerpräsident Gustav Ritter von Kahr, General Otto von Lossow, der Kommandeur der in Bayern stationierten Reichswehrdivision, und Oberst Hans Ritter von Seißer, der Chef des Landespolizeiamtes, angehörten. Als die Berliner Regierung im Herbst 1923 im Interesse der öffentlichen Ordnung und Sicherheit die Zeitung der Nationalsozialisten, den *Völkischen Beobachter*, verbot und einige Freikorps-Offiziere verhaften ließ, erklärte die Regierung von Bayern, sie werde diese und andere Anordnungen aus Berlin nicht befolgen. Die Spannung in München stieg. Als Verfechter der großdeutschen Idee fürchtete Hitler nun weniger die Anordnungen der Berliner Zentralregierung als die Möglichkeit, dass die Regierung Kahr Bayern für unabhängig erklären und die Monarchie der Wittelsbacher wieder einführen würde. Daher meinte er, die Zeit für große und bedeutsame Taten sei gekommen.

In vielen Münchner Bierhallen wurden eifrig Krüge gestemmt. Der altbabylonische König Hammurabi dürfte dereinst triftige Gründe gehabt haben, als er strenge Strafen über Kneipenwirte verhängte, die Verschwörern erlaubten, sich unter ihrem Dach zu versammeln.

Die bayerische Regierung kündigte an, Kahr werde aufgrund der zugespitzten politischen Lage am 8. November in der größten Bierhalle Münchens, dem »Bürgerbräukeller«, eine Rede halten, und auch Lossow und Seißer würden anwesend sein. Die Bierhalle war 1885 gegründet worden, und seit der Fusion des »Bürgerlichen Brauhauses« mit der Brauerei Löwenbräu im Jahr 1920 wurden dort Biere der Löwenmarke ausgeschenkt. Zu Beginn der 1920er-Jahre war der Bürgerbräukeller auch einer der zentralen Treffpunkte der nationalsozialistischen Partei. Dass einer der Haupteigentümer des Löwenbräu, Joseph Schülein, Jude war, scheint die Nationalsozialisten damals nicht weiter gestört zu haben.

Bei Anbruch der Dunkelheit am Donnerstagabend, dem 8. November, strömten die Menschen auf der Rosenheimer Straße im Münchner Stadtteil Haidhausen zum Bürgerbräukeller. In den Nebenstraßen war eine etwas andere Bewegung zu sehen. Als Kahr kurz nach 20.00 Uhr seine Rede begann, waren die fast dreitausend Plätze im Saal gefüllt. Draußen bildeten bewaffnete SA-Männer einen Blockadering um das Lokal. Um 20.45 Uhr, als Kahr etwa eine halbe Stunde gesprochen hatte, wurden die Türen zum Saal aufgestoßen. Adolf Hitler, im zu großen dunklen Anzug mit schiefer Krawatte, marschierte herein, sprang auf einen Tisch, schoss mit der Pistole an die Decke und forderte Ruhe. Die SA-Männer, die ihm gefolgt waren, zielten mit ihren Gewehren auf das Publikum und schoben ein schweres Maschinengewehr in den Saal. Der verblüffte Kahr unterbrach seine Rede. In der plötzlichen Stille sprang Hitler vom Tisch, lief zum Rednerpodest, stieß Kahr beiseite und schrie, die nationale Revolution sei ausgebrochen und niemand dürfe den Saal verlassen. Dann verkündete er, die bayerische Regierung sei abgesetzt, eine provisorische Reichsregierung werde gebildet, Polizei und Armee unterstützten die Revolution.

Als Nächstes trat eine lebende Legende ein: General Erich von Ludendorff, während des Weltkriegs Erster Generalquartiermeister des Heeres und damit zweitwichtigster General neben Hindenburg. Er erschien in der ganzen Uniformpracht eines deutschen Generals, mit blank gewienerten Stiefeln und Pickelhaube. Ludendorff, der den Nationalsozialisten damals ausgesprochen wohlwollend gegenüberstand, war achtundfünfzig Jahre alt und litt an Gehirnverkalkung; ihm war vermutlich nicht ganz klar, zu welcher Art von Veranstaltung Hitler ihn eingeladen hatte. Das Publikum begrüßte den berühmten Kriegshelden mit lautem Jubel.

Hitler bat unter Hinweis auf das Maschinengewehr um Ruhe im Saal und zog sich zu Verhandlungen mit Kahr, Lossow und Seißer in ein Nebenzimmer zurück. Hermann Göring, der nun das Rednerpodest bestieg, beschwichtigte das Publikum. Man habe die freundlichsten Absichten, und es bestehe kein Grund zur Sorge. »Sie haben ja Ihr Bier!«, fügte er hinzu. Eine Blaskapelle spielte muntere Melodien, und die Kellner brachten Bierkrüge.

Im Nebenzimmer forderte Hitler die Männer des

bayerischen Führungstriumvirats auf, sich der Revolution anzuschließen und in der neuen Reichsregierung die Ämter zu übernehmen, die er ihnen zuweisen würde. Kahr, Lossow und Seißer, die allesamt dem Adel angehörten, sahen Hitler an, wie nur ein adliger deutscher Offizier einen ehemaligen Gefreiten ansehen kann, und stellten klar, dass sie zu keinerlei Zusammenarbeit mit ihm bereit waren. Selbst die Pistole, die Hitler schwenkte, steigerte ihre Kooperationsbereitschaft nicht. Im Hinblick auf die Revolution war dies ein bedauerlicher Rückschlag, doch davon ließ sich Hitler nicht beirren. Er kehrte in den Saal zurück und verkündete, er habe soeben eine neue Regierung gebildet, deren Oberhaupt er selbst sein werde. Ludendorff solle Chef der Streitkräfte werden. Wenn Bayern von der republikanischen Fäulnis befreit sei, folge der Marsch auf Berlin, um dieses Rattennest zu säubern und zur Hauptstadt des neuen Reiches zu machen. Der Jubel des Publikums ließ die Wände wackeln.

Hitler ging erneut in das Nebenzimmer, um mit Kahr, Lossow und Seißer zu sprechen. Diese hatten gehört, was im Saal geschah, und waren nun bereit, vor das Publikum zu treten und zu erklären, dass sie Hitlers Plänen zustimmten. Im Saal herrschte eine ausgelassene Stimmung. Bierkrüge flogen durch die Luft, die Blaskapelle spielte einen Triumphmarsch, und die Eifrigsten tanzten auf den Tischen. Nur Ludendorff wirkte verärgert, als er hörte, dass nicht er, sondern Hitler der Diktator des neuen Deutschlands sein sollte.

In der Stadt hatten die SA-Männer einige Schlüssel-stellungen erobert. Inmitten des Revolutionsjubels traf im »Bürgerbräukeller« die Nachricht ein, es sei zu Gefechten mit Einheiten der regulären Armee gekommen. Hitler befahl Ludendorff, das bayerische Triumvirat zu bewachen, und brach auf, um die Lage in Augenschein zu nehmen.

Als Hitler in den »Bürgerbräukeller« zurückkehrte, war die Stimmung gesunken, und das Publikum begann den Saal zu verlassen. Kahr, Lossow und Seißer waren einfach ihrer Wege gegangen, ohne dass jemand einen nennenswerten Versuch unternommen hätte, sie aufzuhalten. Noch in derselben Nacht gaben sie bekannt, die Versprechen, die sie angeblich gemacht hätten, seien mit vorgehaltener Waffe erzwungen worden und daher ungültig. Die Revolution, die so prachtvoll begonnen hatte, fiel in sich zusammen.

Am folgenden Vormittag, dem 9. November, marschierten die Nazis in einem etwa dreitausend Mann starken Demonstrationszug mit wehenden Hakenkreuzfahnen vom »Bürgerbräukeller« in das Zentrum von München, an der Spitze Hitler und seine engsten Parteigenossen, dahinter ein Trupp bewaffnete SA-Männer. An der Ludwigsbrücke überwanden sie eine Polizeisperre mit Wortgewalt und dank des Ansehens von Ludendorff, der sie begleitete, doch auf dem Odeonsplatz im Stadtzentrum trafen sie auf eine Kette von Polizisten mit Gewehren. Es ist nicht bekannt, wer den ersten Schuss abgab. Alle Quellen berichten, dass ein Pistolenschuss zu hören war, dem von allen Seiten Gewehrsalven folgten, mit dem Resultat, dass drei Polizisten und sechzehn Nazis tot auf der Straße lagen. Als die Schüsse dröhnten, warf Hitler sich so vehement zu Boden, dass er sich die Schulter ausrenkte. Einen originellen Anblick bot Ludendorff, der beim Beginn des Schusswechsels sich nicht wie die anderen hinlegte, sondern ordenklirrend weitermarschierte, durch die Polizeikette hindurch, bis er schließlich angehalten und höflich abgeführt wurde.

Im Prozess, der auf die Ereignisse folgte, wurde Hitler wegen Landesverrats zu fünf Jahren Haft verurteilt, von denen er allerdings nur rund acht Monate absaß.

Über Hitlers Biergeschmack und seine sonstigen Vorlieben ist erstaunlich wenig bekannt. Ernst Hanfstaengl, sein Freund aus Münchner Jahren, berichtete, Hitler habe dann und wann ein Glas dunkles Bier getrunken. Beim Landesverratsprozess 1924 behauptete Hitler jedoch, Abstinenzler zu sein und nur einen Schluck Wasser oder Bier zu trinken, um seine trockene Kehle zu befeuchten.

Gesundheitslehren aller Art genossen in Deutschland seit jeher hohes Ansehen, und die Propaganda der Nazis stellte Hitler von Anfang an als Freund von gesunder vegetarischer Ernährung und von Mineralwasser dar. Das Bild von Hitler als Antialkoholiker, das der für die Propaganda verantwortliche Joseph Goebbels schuf, entsprach nicht der Wahrheit. Die im ländlichen Bayern gelegene Brauerei Holzkirchner Oberbräu lieferte dem

Führer monatlich eine eigens gebraute Partie Spezialbier, dunkles Lager mit einem Alkoholgehalt von unter
zwei Prozent. Der britische Geheimdienst war darüber
informiert und plante 1944 im Rahmen der Operation
Foxley sogar, eine Bierlieferung zu vergiften, um Hitler
zu töten.

Löwenbräu Original
München, Deutschland

Typ: Lager
Alkohol: 5,2 %
Stammwürze: 11,7 op
Bittereinheit: 20 EBU
Farbe: 6,9 EBC

Der »Bürgerbräukeller« war in den 1930er-Jahren und während des Zweiten Weltkriegs eine Weihestätte der Nationalsozialisten, die dort am Jahrestag des Putschversuchs große Gedenkfeierlichkeiten veranstalteten. Am 8. November 1939 wurde er bei einem Bombenattentat auf Hitler beschädigt. Hitler hatte bei der Feier eine erheblich kürzere Rede gehalten als erwartet und war bereits gegangen, als die Bombe detonierte, nur zwei Meter von der Stelle entfernt, wo er eine halbe Stunde zuvor gesprochen hatte.

1945 schlossen die Amerikaner den »Bürgerbräukeller« zunächst und nutzten ihn dann bis 1957 als Kantine für ihre in München stationierten Truppen. 1958 wurde er unter dem Emblem von Löwenbräu wieder eröffnet, konnte aber nicht mehr an seine frühere Beliebtheit anknüpfen. Die Ausschanktätigkeit endete in den 1970er-Jahren, und 1979 wurde das Gebäude abgerissen. An seinem früheren Standort, zwischen dem Hotel Hilton und dem Kulturzentrum Gasteig, befindet sich heute eine Gedenktafel für Georg Elser, der die Bombe gelegt hatte.

Das meistverkaufte Bier der Brauerei Löwenbräu ist die Marke *Löwenbrau Original*, eine Sorte, die auch im Bürgerbräukeller serviert wurde. Es ist ein nach dem alten bayerischen Reinheitsgebot gebrautes helles Lager. Der Geschmack des vollmundigen Bieres ist würzig, leicht malzig und hopfig.

*Der deutsche Außenminister Gustav Stresemann (links) bei einer Verhand-
lungspause in Locarno 1925 mit seinen Kollegen Austen Chamberlain
(Mitte, Großbritannien) und Aristide Briand (rechts, Frankreich).*

XV
Außenpolitik nach den Lehren des Bierhandels

Gustav Stresemann war der wichtigste Leiter der neuen Außenpolitik Deutschlands nach der Niederlage im Ersten Weltkrieg. In den stürmischen Jahren der Weimarer Republik musste Außenminister Stresemann sowohl in der Innen- wie in der Außenpolitik einen Balanceakt vollführen. Doch er erledigte seine Aufgabe geschickt und erfolgreich. Er lenkte Deutschland mit fester Hand, so wie er als junger Mann Biertabletts getragen hatte. Das Land kippte nicht um, und in den Beziehungen zu den Nachbarländern schwappte nichts über. Stresemann hatte sich auch theoretische Kenntnisse über den Lauf der Welt angeeignet, indem er zum Doktor der Nationalökonomie promovierte. Das Thema seiner Dissertation war der Bierhandel in Berlin. Doch nach Stresemanns frühem Tod (1929) ruinierte der im vorigen Kapitel vorgestellte und dem Bier weniger leidenschaftlich verbundene österreichische Gefreite innerhalb weniger Jahre die anerkannte und respektierte Stellung, die Stresemann Deutschland verschafft hatte.

Gustav Stresemann wurde 1878 als Kind einer Familie der unteren Mittelschicht in Berlin geboren. Sein Vater war Großhändler, er kaufte bei den Brauereien Weizenbier – *Berliner Weiße* – im Fass, füllte es in Flaschen ab und verkaufte es an den Einzelhandel. Im Haus der Stresemanns in der Köpenicker Straße im Stadtteil Luisenstadt befand sich auch ein von der Familie betriebenes Lokal, in dem dieses Bier und kleine Gerichte angeboten wurden. Zwei kleine Hinterzimmer wurden an Übernachtungsgäste vermietet. Gustav war das jüngste von sieben Kindern. Sobald sein Kopf über den Tresen reichte, erledigte er kleine Aufgaben im Lokal. Doch das intelligente Nesthäkchen der Familie interessierte sich besonders für die ökonomischen Aspekte des Bierhandels. Schon bei der Einschulung wusste Gustav, wie hoch der Literpreis für Weizenbier im Fass war, wie viel man für eine Flasche verlangen konnte und welche Kosten für die Arbeitskräfte einzukalkulieren waren, die das Bier abfüllten und auslieferten.

Gegen Ende des 19. Jahrhunderts schaffte eine Berliner Brauerei nach der anderen eigene Abfüllanlagen an, was die Konkurrenz auf dem Flaschenbiermarkt verschärfte. Die Stresemanns hatten ihr Auskommen, doch die Zukunft stimmte Gustav nachdenklich. Die Weiterführung des Familienunternehmens schien keine aussichtsreiche Perspektive zu bieten. Im Abiturjahr spielte er lange mit dem Gedanken, Literaturwissenschaft und Geschichte zu studieren, entschied sich dann jedoch für ein Fach, das ihm ein gesichertes Einkommen versprach: Wirtschaftswissenschaften. Stresemann immatrikulierte sich 1897 an der Friedrich-Wilhelms-Universität in Berlin (heute: Humboldt-Universität), zog aber im folgenden Jahr nach Leipzig, um Nationalökonomie zu studieren. Sein Interesse für die finanziellen Aspekte der Bierproduktion war nicht erloschen. In Leipzig begann er, für seine Doktorarbeit den Flaschenbierhandel in Berlin zu untersuchen, mit dem er in seiner Jugend persönliche Erfahrungen gesammelt hatte.

In seiner Dissertation *Die Entwicklung des Berliner Flaschenbiergeschäfts* bot Stresemann einen Überblick über die Geschichte des Bierhandels und analysierte die Marktlage in Berlin um die Wende vom 19. zum 20. Jahrhundert. Natürlich galt seine persönliche Sympathie der traditionellen Arbeitsteilung, bei der die Brauereien das Bier herstellten, während die Großhändler für den Vertrieb an Lokale und für die Abfüllung in Flaschen und die Belieferung des Einzelhandels zuständig waren. In seiner Untersuchung lehnte er die Erweiterung des Tätigkeitsbereichs der Brauereien auf die Flaschenabfüllung jedoch nicht ab, obwohl sie viele Kleinunternehmer von der Art seines Vaters arbeitslos machte. Wirtschaftliche Effektivität war Stresemann zufolge eine der Voraussetzungen für Erfolg auf dem Markt. Man durfte auch nicht vergessen, dass die Brauereien und die Abfüller keine Feinde, sondern Verbündete waren. Wenn die Geschäftstätigkeit der Brauerei nicht profitabel war, konnten auch die mit ihr zusammenarbeitenden Großhändler nicht unbesorgt in die Zukunft blicken.

Den Kleinunternehmern empfahl Stresemann Spezialisierung und Zusammenarbeit. Es sei sinnlos, im Alleinbetrieb Transport, Abfüllung, Vertrieb und Aus-

211

schank kleiner Biermengen mit derselben Effektivität durchführen zu wollen wie die großen Brauereien. Stattdessen könne sich ein Unternehmer in Zusammenarbeit mit der Brauerei um den Transport der Bierfässer kümmern. Ein zweiter könne die Abfüllung spezieller Partien übernehmen, für die die Brauerei aus dem einen oder anderen Grund keine Kapazität hatte. Ein dritter könne sich um die Lieferung der Bierkisten an die Einzelhändler kümmern und ein vierter sich ganz auf den Betrieb einer Bierstube konzentrieren. Auch könnten die Wiederverkäufer ihre Position absichern, indem sie gemeinsam eine eigene Brauerei gründeten.

Der Feind des traditionellen Berliner Stereotyps, des gemütlich seine Pfeife rauchenden Weizenbiertrinkers, war Stresemann zufolge keineswegs die Berliner Bierindustrie, die ihre Tätigkeit modernisierte. Die größte Gefahr sowohl für die Wahlfreiheit der Biertrinker als auch für die Zukunft der Geschäftstreibenden stelle vielmehr die Verbreitung der bayerischen Lagerbiere dar. Die Herstellung der Berliner Weiße nahm Zeit in Anspruch, und die Produktionsmenge konnte nicht auf das Niveau der untergärigen Biere vom Lagertyp gesteigert werden. Stresemann zog den Schluss, dass die Berliner Brauereien und Bierhändler neue Formen der Zusammenarbeit suchen und ihre Tätigkeit effektivieren sollten, statt an ihren traditionellen Rollen festzuhalten. So könne verhindert werden, dass die Lagerbiere den Berliner Biermarkt eroberten, wie es zum Beispiel in München geschehen war.

Stresemann erhielt ein gutes Prädikat für seine Dissertation. Zwar wurde angemerkt, seine Untersuchung sei ein wenig zu umfangreich, doch seine Beherrschung des Stoffs wurde ausdrücklich gelobt. Auch seine theoretische Auffassung von der Bedeutung der Wirtschaft als lenkender Kraft in der Geschichte fand Anerkennung. Die Professoren, die die Dissertation beurteilten, konnten nicht ahnen, dass die Erkenntnisse, die Stresemann aus dem Bierhandel gewonnen hatte, ein Vierteljahrhundert später die Außenpolitik Deutschlands lenken würden.

Nach der Promotion machte Stresemann in Industrieorganisationen Karriere. Er blieb dabei im Bereich der Lebensmittelproduktion, denn nach der Erforschung des Bierhandels übernahm er Führungsaufgaben im Verband deutscher Schokoladenfabrikanten. Später wurde er Geschäftsführer des Verbands Sächsischer Industrieller. Neben dieser Tätigkeit stieg er Schritt für Schritt in der Politik auf. Als Deutschland nach dem Ersten Weltkrieg 1918 zur Republik wurde, zählte Stresemann zu den Gründern der liberalen Deutschen Volkspartei, deren erster Vorsitzender er wurde. Die Partei war erfolgreich. Stresemann wurde 1923 zum Reichskanzler gewählt und war in den Jahren 1923–29, bis zu seinem Tod, Außenminister seines Landes.

Seine Außenpolitik gründete Stresemann auf die gleichen Prinzipien, die auch beim Servieren von Bierkrügen in der Kneipe an der Köpenicker Straße oder der Analyse des Berliner Bierhandels wesentlich waren:

Es ging immer um das Gleichgewicht. Eine einseitige Diktatpolitik, die auf realer oder angedrohter Gewaltanwendung beruhte, war in der Nachkriegswelt nach Stresemanns Überzeugung im zwischenstaatlichen Umgang nicht mehr funktionsfähig. Die dauerhaftere Lösung bestand darin, eine Zusammenarbeit der Nationalstaaten zu entwickeln, bei der jedes Land die Rolle finden konnte, die seinen eigenen Interessen entsprach. So wie der Berliner Biermarkt sowohl Großbrauereien, die mit dem großen Umfang ihrer Produktion Profit erwirtschafteten, als auch spezialisierten kleinen Akteuren Raum bot, konnten in dem von Stresemann skizzierten neuen Europa die regionalen Großmächte und die kleineren Staaten ihren eigenen Platz und ihre Erfolgsstrategie finden.

Ein Kapitel für sich war die Frage, wie man ein solches grenzüberschreitendes Denken den Wählern im eigenen Land schmackhaft machen konnte. Als Stresemann 1923 als Reichskanzler die Regierung übernahm, war der Staatshaushalt marode, und die Hyperinflation hatte das Geld praktisch wertlos gemacht. Frankreich und Belgien hatten soeben das Ruhrgebiet besetzt, und in verschiedenen Teilen des Reiches kam es zu Aufständen. Im Oktober 1923 erklärte das Rheinland seine Unabhängigkeit, im November unternahmen die Nationalsozialisten in Bayern einen Putschversuch. Vor diesem Hintergrund war es nicht leicht, für deutsch-französische Brüderschaft oder wirtschaftliche Zusammenarbeit in Europa zu sprechen. Und Stresemann versuchte es gar nicht erst. Er wusste, dass die Außenpolitik im Inland durch Reden, im Ausland aber durch Taten wahrgenommen wurde. Der Versuch, beides zu vereinen, wäre vergeblich gewesen. Stresemann sprach von der Aufwertung der Stellung Deutschlands, verschwieg den Wählern aber, dass diese Aufwertung durch Demut und Versöhnung zu erreichen war.

Bevor er sich auf die Außenpolitik konzentrierte, stabilisierte Stresemann die Wirtschaft Deutschlands und dämpfte die innenpolitische Unruhe. In seiner Amtszeit als Kanzler stoppte er die Inflationsspirale, indem er eine neue Währung einführte, die Rentenmark, die einer Milliarde der alten Mark entsprach. Stresemann verstand, dass eine Währung nur dann geschätzt wird, wenn ihr Nennwert eine reale Entsprechung hat. Auch ein Kneipenwirt muss sich überlegen, wem er Kredit gewährt. Ein Industrieboss kann sein Bier anschreiben lassen, ein Handlanger von der Straße nicht. Die Reichsbank hatte nach dem verlorenen Weltkrieg keine Goldreserven, doch die Rentenmark wurde an den von der Bank mit Hypotheken belegten Grund- und Industriebesitz gebunden, was ihren Wert stabilisierte.

Als Außenminister bemühte sich Stresemann, Deutschland eine Stellung zu verschaffen, die derjenigen der Siegermächte des Ersten Weltkriegs gleichwertig war. Er erkannte, dass der Weg zum Vertrauen zwischen den Völkern durch persönliches Vertrauen gebahnt wurde. Aus den Erfahrungen unzähliger Abende in der Kneipe wusste er, was wirkte. Staatsbesuche beschränkten sich bei ihm nicht auf das Protokoll und formale Besprechungen. Stresemann verbrachte den Abend gern mit seinen Gästen, bei persönlichen Gesprächen und Nationalgetränken. Dies sprach vor allem den französischen Premierminister Aristide Briand an. In Frankreich galt Deutschland noch in den 1920er-Jahren als Erzfeind, doch Stresemann und Briand konnten die Franzosen gemeinsam davon überzeugen, dass es längerfristig für niemanden von Vorteil war, Deutschland zu demütigen. Der von Stresemann eingefädelte Vertrag von Locarno bestätigte 1925 die Westgrenze Deutschlands, und im folgenden Jahr durfte das Land dem Völkerbund beitreten. Die Helden der Entspannungspolitik, Stresemann und Briand, wurden 1926 mit dem Friedensnobelpreis ausgezeichnet.

Stresemann trat »nicht aus Liebe zu Europa, sondern aus Liebe zu Deutschland« für die Zusammenarbeit der Staaten Europas ein, wie ein Pionier der europäischen Zusammenarbeit, Richard Coudenhove-Kalergi, anmerkte. Stresemann vertrat die weittragende Auffassung, dass die zwischenstaatliche Zusammenarbeit allen zugutekomme. Die gegenseitige wirtschaftliche Abhängigkeit der Nachbarn erschien ihm auch als Schlüssel zur Verhinderung von Kriegen. Es brauchte ein weiteres Vierteljahrhundert und einen zweiten Weltkrieg, bevor die Staaten Europas unterschrieben, was Stresemann in den 1920er-Jahren gesagt hatte: »Sie sehen heute Frankreich, den größten Eisenerzbesitzer und gleichzeitig ein Land mit unzureichenden Kohlenlagern. Sie sehen in Polen reichen Kohlenbesitz und eine völlig unentwickelte Industrie. (...) Die Tendenz der Wirtschaft drängt zum Zusammenschluss.« Die Europäische Gemeinschaft für Kohle und Stahl leitete 1951 die friedliche wirtschaftliche Zusammenarbeit in Europa ein, die später durch die EWG und die Europäische Union vertieft wurde. Als die EU 2012 den Friedensnobelpreis erhielt, wurde in den Reden zwar an den Neubeginn der deutsch-französischen Beziehungen um die Wende von den 1940er- zu den 1950er-Jahren erinnert, doch nur wenige schienen zu wissen, dass es bereits in den 1920er-Jahren ähnliche Visionen von Freundschaft, Zusammenarbeit und gegenseitiger Hilfeleistung gegeben hatte.

Stresemann, der seit 1927 an starken Herzbeschwerden gelitten hatte, starb im Oktober 1929 an einem Herzinfarkt. Er wurde auf dem Luisenstädtischen Friedhof in Berlin-Kreuzberg bestattet. Die Deutsche Volkspartei hatte sich stark in ihrem Vorsitzenden personifiziert und verlor nach seinem Tod einen großen Teil ihrer Anhänger. Die extremen Parteien erlebten einen Aufschwung, und schon 1932 wurde die von Hitler geführte Nationalsozialistische deutsche Arbeiterpartei zur größten Partei. Die Zeit der Entspannung und des Ausgleichs war vorbei.

Berliner Kindl Weisse
Berlin, Deutschland

Typ: Weizenbier
Alkohol: 3,0 %
Stammwürze: 7,5 op
Bittereinheit: 4 EBU
Farbe: 4–7 EBC

Napoleons französische Truppen lernten vor ihrem Aufbruch nach Russland 1809 in Berlin ein Weizenbier kennen, das sie als »Champagner des Nordens« beschrieben. Die Tradition, die das *Berliner Kindl Weisse* vertritt, könnte als historisches Relikt bezeichnet werden. Man weiß, dass ein entsprechendes säuerliches Weizenbier mit geringem Alkoholgehalt im 17. und 18. Jahrhundert in verschiedenen Teilen Norddeutschlands hergestellt wurde, doch spätestens, als die Lagerbiere die Welt eroberten, stellte eine Brauerei nach der anderen die Produktion ein – außer in Berlin. In den goldenen Zeiten des Biers im 19. Jahrhundert stellten Hunderte von Berliner Brauereien *Weisse* her. Im folgenden Jahrhundert ging die Beliebtheit des Getränks zurück, doch im 21. Jahrhundert ist das Interesse an dem traditionellen lokalen Bier wieder erwacht. Heute ist *Berliner Weisse* eine geschützte Marke. *Berliner Kindl Weisse* der Brauerei Kindl-Schultheiss ist die einzige im großen Maßstab produzierte Sorte, aber Weisse wird auch von zahlreichen kleinen Brauereien hergestellt.

Die Farbe des ungefilterten *Berliner Kindl Weisse* variiert je nach Partie zwischen hellgelb und goldgelb. Im Geruch dominieren Säure, Weizen und Zitrone. Der Geschmack enthält Zitrus- und Apfelaromen. Man kann das Bier pur trinken oder den sauren Geschmack nach traditioneller Art mit Himbeer- oder Waldmeistersirup mildern, der das Getränk rot oder grün färbt.

Zwei Teilnehmer der Tour de France löschen in den 1920er-Jahren auf den Stufen einer Dorfwirtschaft ihren Durst mit Bier.

XVI
Tour de Bière

»Es ist besser, wenn junge Männer Sport treiben und saufen, statt nur zu saufen«, argumentierte der finnische Sportpropagandist Tahko Pihkala Anfang des 20. Jahrhunderts. Seine Worte waren nicht weit hergeholt: Sportler haben seit jeher gern getrunken. Zwar wurden die Turn- und Sportvereine in Finnland Anfang des 20. Jahrhunderts für die Ziele der Abstinenzlerbewegung eingespannt, doch der Sport hat eine längere gemeinsame Geschichte mit dem Alkohol als mit der Abstinenz. Selbst der berühmteste Wettkampf des Radrennsports, die Tour de France, hat eine ausgesprochen feuchte Vergangenheit. Mindestens ein Etappensieg in der Geschichte der Tour geht eindeutig auf das Konto des Biers.

Die Wurzeln der modernen Sportbewegung liegen im England des 19. Jahrhunderts, wo die Körperertüchtigung sowohl der Aristokraten als auch der wachsenden Arbeiterklasse sich allmählich zu geregeltem Sport entwickelten. In keiner der beiden Gesellschaftsklassen mühte man sich mit trockener Kehle ab. Zwar tranken die Gentlemen bei ihren Cricketspielen vornehmlich Tee, doch zum Nachspiel gehörten meist härtere Getränke. Üblich war es auch, den Verlauf einer Golfrunde am »neunzehnten Loch« zu rekapitulieren, indem man ein Gläschen oder auch zwei leerte. Die Mannschaftssportarten wiederum, die das einfache Volk bevorzugte, hatten ihre Vorbilder in den Wettkämpfen der Bauernmärkte, bei denen Bier, Gin und Branntwein dazu beitrugen, Karnevalsstimmung zu schaffen. Man sollte auch nicht vergessen, dass Bier traditionell als zentraler Bestandteil der Ernährung körperlich arbeitender Menschen galt. Die Kraft, die das *Porter* den Lastenträgern im Londoner Hafen gab, war zweifellos auch für Sportler erstrebenswert.

Der Sportschriftsteller John Badcock, dessen wahre Identität unbekannt ist, riet den Athleten 1828: »Das beste Getränk für einen Sportler ist starkes Ale. Die Getränke sollten immer kalt genossen werden. Das beste Bier ist zu Hause gebrautes, altes, aber nicht in Flaschen abgefülltes. Eine geringe Menge Rotwein wiederum eignet sich für diejenigen, die sich aus Malzgetränken nichts machen, es sollte aber niemals mehr als ein halbes Pint (2,8 dl) nach dem Mittagessen sein. Die Biermenge sollte drei Pint (1,7 l) pro Tag nicht überschreiten und sollte beim Frühstück und beim Mittagessen genossen werden, nicht beim Abendessen. Reines Wasser darf man nie trinken, und Spirituosen sind absolut verboten, es sei denn, man verdünnt sie.«

Man kann sagen, dass Badcock seiner Zeit voraus war. Destillierter Alkohol war noch im 19. Jahrhundert ein weitverbreitetes Sportgetränk. Man glaubte, er steigere die allgemeine Leistungsfähigkeit und sei vor allem als kurzfristiges Aufputschmittel nützlich. Diese Praxis wurde erst in der zweiten Hälfte des 19. Jahrhunderts in größerem Umfang kritisiert. Selbst dann versuchten nur die radikalsten Antialkoholiker, die Sportler zu völliger Enthaltsamkeit zu bewegen. Die gemäßigteren Kritiker rieten, den Schnaps stehen zu lassen und sich während der Leistungsphase an Bier zu halten. Die Mehrheit dagegen hatte gegen ein Schnäpschen nichts einzuwenden. Die Langstreckenläufer bevorzugten Kognak, während die Radfahrer sich mit Rum und Sekt stärkten. Als Margaret Gast im Jahre 1900 den Weltrekord für Frauen über vier lange Distanzen – von fünfhundert bis zweitausendfünfhundert Meilen (4184 km) brach, wobei sie die letztgenannte Strecke in 296 Stunden, das heißt in knapp dreizehn Tagen radelte, trank sie unterwegs kleine Mengen Bier und Brandy.

Eines der bekanntesten Beispiele für den Einsatz oder Missbrauch von Alkohol als Aufputschmittel für Ausdauersportler stammt vom Marathonlauf bei der Olympiade von St. Louis 1904. Der Sieger Thomas Hicks hatte während des Laufs Zeichen von Ermüdung gezeigt, weshalb seine Betreuer ihm in Brandy gemischtes Strychnin verabreicht hatten. Da der erste Drink nicht die gewünschte Wirkung hatte, mischten sie ihm einen zweiten Cocktail. Hicks wurde wieder frischer und hielt bis zur Ziellinie durch. Sobald er sie überschritten hatte, wurde er jedoch ohnmächtig. Bleibende Schäden trug Hicks nicht davon, doch die Ärzte meinten, eine dritte

Dosis hätte ihn das Leben gekostet. Strychnin wurde – nebenbei bemerkt – später hauptsächlich als Rattengift verwendet.

In den ersten Jahrzehnten des 20. Jahrhunderts ging der Konsum hochprozentiger Getränke im Radsport merklich zurück. Hinter diesem Wandel standen allerdings nicht nur gesundheitliche oder sportliche Gründe. Man lernte vielmehr, gegen Erschöpfung und zur Betäubung des Schmerzempfindens andere Stoffe zu verwenden, etwa Kokain und Heroin.

Bier wiederum wurde bei Etappenrennen allgemein getrunken. Die erste Tour de France wurde 1903 ausgetragen. Von Anfang an gab es an den Strecken Versorgungspunkte, wo die Teilnehmer zu essen und zu trinken bekamen. Die Entfernungen waren jedoch groß, und wenn die Trinkflasche leer war, wurde ein Fahrer unter Umständen auch zwischen den Versorgungspunkten vom Durst überrascht. Da die Regeln verboten, Mitstreitern zu helfen, konnte man andere Fahrer nicht um Trinkbares bitten. Um den Durst zu löschen, gab es drei Möglichkeiten: Man konnte Getränke von den Zuschauern annehmen, aus Springbrunnen an der Straße trinken oder in einem Lokal am Straßenrand Rast machen. Alle drei wurden allgemein genutzt. Mitunter, wenn der ganze Pulk beisammen war, vereinbarten die Fahrer sogar eine gemeinsame Trinkpause. Und selbst wenn es keine solche Vereinbarung gab, führte ein Halt von einigen Minuten für ein Glas Bier in einer Dorfkneipe selten zu einer wesentlichen Veränderung der Gesamtsituation. In den Jahren 1905 bis 1912 wurde bei der Tour de France um die Platzierung gekämpft, nicht um die Gesamtzeit. Auch die Wiedereinführung des Zeitnehmens steigerte die Eile nicht unmittelbar. Bei der Tour 1914 zum Beispiel betrug der Abstand zwischen dem Sieger und dem Fahrer, der als Zehnter ins Ziel kam, fast acht Stunden.

Die Fahrer der neunundzwanzigsten Tour de France erwachten am Mittwoch, dem 24. Juli 1935, bei wolkenlosem Himmel. In Südwestfrankreich stand die Luft, und die Temperatur stieg schon in den Vormittagsstunden weit über dreißig Grad. Drückende Hitze begleitete die Fahrer auf der siebzehnten Etappe, 224 Kilometer auf ebener Strecke von Pau nach Bordeaux. Die Hauptgruppe fuhr schweigend in einem langgezogenen Band nach Nordwesten, in ruhigem Tempo. Niemand schien es für nötig zu halten, die Geschwindigkeit zu steigern oder sich von den übrigen Wettkämpfern abzusetzen. Hinter den Fahrern lagen zwei kräftezehrende Etappen in den Pyrenäen. Da zudem an den letzten Tagen der Tour noch dreimal persönliches Zeitfahren anstand, wollte man sich auf den Landstraßen Aquitaniens nicht unnötig verausgaben. Alles deutete darauf hin, dass ein langer, ereignisarmer Tag im Sattel bevorstand – einer der Tage, von denen der Nachwelt nichts zu berichten ist.

Plötzlich munterte ein unerwarteter Anblick den Pulk auf. Am Straßenrand winkte eine Gruppe von Zuschauern die Fahrer heran. Vor ihnen standen lange Tische mit gut gekühlten Bierflaschen.

Die physiologischen Untersuchungen über die Auswirkung kleiner Alkoholmengen auf die Leistungsfähigkeit sind teilweise widersprüchlich. Virgile Lecoultre und Yves Schutz stellten 2009 in ihrer Untersuchung fest, Alkohol verringere vorübergehend die Kraftproduktion aktiver Radsportler und damit ihre Gesamtleistungsfähigkeit. In einigen früheren Untersuchungen konnte die leistungsschwächende Wirkung des Alkohols nicht eindeutig nachgewiesen werden. Die Untersuchungsergebnisse stimmen allerdings darin überein, dass bei geringen Alkoholmengen auch die eventuelle Beeinträchtigung der Muskelkraft gering ist. Die nachträgliche Wirkung des Alkohols auf psychomotorische Fähigkeiten wie Reaktionsgeschwindigkeit, Gleichgewicht und Koordination von Hand und Auge wiederum ist unbestritten. Wissenschaftliche Erkenntnisse über eine aufputschende Wirkung von Alkohol oder über einen eventuellen Placebo-Effekt liegen nicht vor.

Wenn man bei der Einschätzung der Wirkung neben dem reinen Äthanol auch die anderen Inhaltsstoffe einbezieht, kann man sogar feststellen, dass Bier die Leistung von Ausdauersportlern positiv beeinflusst. Bier besteht zu mehr als neunzig Prozent aus Wasser, und so fungiert es, wenn andere Alternativen fehlen, als Sportgetränk, mit dem der Fahrer seinem Organismus Flüssigkeits-, Energie- und Mineralstoffreserven zuführen kann.

Im Hinblick auf die Tour de France war einer der unbestreitbaren Vorteile von Bier gegenüber Wasser, dass die Würze während des Brauens gekocht wird. Vor allem dann, wenn ein Fahrer Getränke von Zuschauern annahm, war Bier weniger riskant als Wasser, dessen Herkunft und Sauberkeit unbekannt waren. Wenn der Radsportler nur geringe Mengen trank, war Bier eine zweckmäßige Erfrischung ohne unerwünschte Nebenwirkungen.

Bei der erwähnten siebzehnten Etappe im Jahr 1935 hatte das Bier allerdings eine bedauerliche Nebenwirkung: ein vorübergehendes Nachlassen der Aufmerksamkeit. Während die anderen Fahrer die Bier-Oase anstarrten wie eine Fata Morgana, gelang es dem Franzosen Julien Moineau, unbemerkt aus dem Hauptfeld auszuscheren und davonzupreschen. Nach der Trinkpause verlor der Pulk weitere Zeit durch die Konfusion, die entstand, als einige Fahrer sich Reserveflaschen in die Hemdtaschen stopften. Räder kippten um, und die Lenker verkeilten sich mit den Rahmen. Als seine Konkurrenten endlich wieder im Sattel saßen, war Moineau bereits weit voran und fuhr wie besessen weiter. Er erhielt von seinen Anhängern Getränke, vergrößerte seinen Vorsprung mit jedem Kilometer und erreichte Bordeaux schließlich in der Zeit von 7:34:30. Das Hauptfeld kam fünfzehneinhalb Minuten später ins Ziel. Es war seit 1929 der größte Zeitabstand bei einer Einzeletappe der Tour de France.

Obwohl Julien Moineau selbst es nie ausdrücklich zugegeben hat, ist die Wahrscheinlichkeit groß, dass er von der Bierverlockung am Straßenrand zumindest wusste. Möglicherweise hatte er – wie viele Radsport-historiker annehmen – die Bewirtung sogar selbst an-geregt. Jedenfalls hatte er sich für den Rest der Strecke Getränkenachschub gesichert. Ferner war er mit unge-wöhnlich schwerer Übersetzung zu der Etappe aufge-brochen, er verwendete ein Kettenblatt mit zweiund-fünfzig Zähnen anstelle der üblichen vierundvierzig oder fünfzig. Bei Gruppenfahrt und geringer Geschwin-digkeit (die aufgrund der Wettervorhersage zu erwar-ten war) verbrauchte diese Übersetzung unnötiger-weise Kraft, doch beim Absetzen von den Konkurrenten war sie zweifellos von Vorteil.

Ob Moineau die Bierintrige geplant hatte oder nicht, er genoss seinen dritten Etappensieg bei einer Tour de France von ganzem Herzen. Nach mehr als zweihundert Kilometern feierte er seinen Sieg, indem er sich noch im Zielbereich ein Glas Bier gönnte. Verdientermaßen, könnte man sagen. Schließlich hatte er einige Stunden zuvor ein Bier verschmäht – im Gegensatz zu den ande-ren Fahrern.

Kronenbourg 1664
Obernai, Frankreich

Typ: Lager
Alkohol: 4,5 %
Stammwürze: 10,4 op
Bittereinheit: 22 EBU
Farbe: 9 EBC

Aquitanien, der südwestlichste Teil Frankreichs, in dem Julien Moineau seinen Etappensieg errang, ist ein weißer Fleck auf der Bierkarte. Ein beträchtlicher Teil der französischen Bierindustrie ist im Elsass und im flandrisch beeinflussten Norden angesiedelt. Radfahren und Bier sind vor allem im Straßenbild von Straßburg an der französisch-deutschen Grenze zu sehen.

Das Elsass ist eine beliebte Region für Radwanderungen. Auch die Tour de France führt regelmäßig durch Straßburg, die Hauptstadt der Provinz. Während der Zeit von Moineaus Profilaufbahn war sie in den Jahren 1927–30 und 1932 Etappenstadt. 2006 fanden in der Stadt und ihrer näheren Umgebung sowohl das einleitende Zeitfahren (der Prolog) als auch die erste Etappe statt. Startpunkt der zweiten Etappe war die Brauereistadt Obernai dreißig Kilometer südwestlich von Straßburg.

Die 1664 gegründete Brauerei Kronenbourg, die größte Frankreichs, hat ihre Hauptgeschäftsstelle in Straßburg, doch die Produktion ist in Obernai konzentriert. *Kronenbourg 1664* ist ein frisches, malziges und fruchtiges Lager. Neben Malzgerste werden bei der Herstellung Weizen und Glukosesirup verwendet. Die starke Hopfung wird mit der hochgeschätzten elsässischen Hopfenart Strisselspalt erzielt. In Frankreich ist dieses Bier mit einem Verkaufsanteil von fast vierzig Prozent unbestrittener Marktführer.

Mitglieder der Gruppe The Inklings am Ufer der Themse: James Dundas-Grant, Colin Hardie, Robert Havard und C. S. Lewis (von links). Die fünfte Person ist unbekannt.

XVII
Die fantastischste Pub-Clique von Oxford

Herrenklubs sind ein traditionelles Element der britischen Kultur. Männer aus der Oberschicht versammeln sich in Klubräumen, zu denen Außenstehende keinen Zutritt haben, und verbringen ihre Zeit so, wie es der Würde eines freien Mannes geziemt: Sie führen ruhige Unterhaltungen, lesen Zeitung, genießen edle Getränke und spielen eventuell irgendein Spiel, das eher geistige als körperliche Anstrengungen erfordert. Die Mitgliedschaft ist streng begrenzt, und in den meisten Klubs sind nicht einmal Gäste der Mitglieder willkommen.

Als Gegenpol zu den für Privatgebrauch reservierten Räumlichkeiten gibt es auf den britischen Inseln auch eine jahrhundertealte Tradition öffentlicher Versammlungsstätten, das *public house* oder umgangssprachlich *pub*. Das Pub durfte jedermann besuchen. Die Benimm- und Kleiderregeln waren weniger formal als in den privaten Klubs.

In der Klassengesellschaft, die Großbritannien noch in der Zwischenkriegszeit war, zählten Adlige, Geschäftsleute, Offiziere oder Wissenschaftler nicht zu den täglichen Gästen der Pubs. Freilich gab es auch Ausnahmen. Das Pub »The Eagle and Child« am Rand des Universitätsviertels von Oxford war seit dem 17. Jahrhundert ein Ort, an dem neben den Studenten auch die Professoren Leib und Seele erquicken konnten. Knapp zwanzig Jahre lang zählte zu den Stammgästen dieses Pubs eine literarische Diskussionsrunde, die jeden Dienstagvormittag in einem Hinterzimmer über Literatur und andere Themen sprach. Zu dieser Gruppe, die sich The Inklings nannte, gehörten unter anderem J. R. R. Tolkien, der Autor des Romans *Der Herr der Ringe*, und C. S. Lewis, der Vater der Serie *Die Chroniken von Narnia*.

Bei der ersten Begegnung von Tolkien und Lewis im Mai 1926 war der vierunddreißigjährige Tolkien Professor für Altenglisch und der siebenundzwanzig Jahre alte Lewis Universitätslektor für englische Sprache und Literatur. Die förmliche Bekanntschaft entwickelte sich im Lauf der Jahre zu einer engen Freundschaft, da sich herausstellte, dass beide sich für alte Sagen interessierten. Sie kommentierten gegenseitig ihre Untersuchungen und literarischen Texte, doch den eigentlichen Anstoß zu einer engeren Zusammenarbeit gab C. S. Lewis' Bruder Warren, der 1932 nach Oxford zog. Der unkomplizierte Gesellschaftsmensch kam zufällig an einem Montagmorgen am Arbeitszimmer seines jüngeren Bruders vorbei und schloss sich dem literarischen Gespräch von C. S. Lewis und Tolkien an. Warren brachte ganz neue Aspekte in die Diskussion, und da sich der Meinungsaustausch in die Länge zog, schlug er vor, zu Lunch und Bier in das benachbarte Pub »Eastgate« zu gehen.

Der Gesprächskreis erweiterte sich rasch um einige

neue Mitglieder aus der literarischen Szene Oxfords und begann feste Formen anzunehmen. Donnerstagsabends versammelten sich die Mitglieder der Gruppe in den Räumen von C. S. Lewis im Magdalen College, um »Bier zu trinken, zu plaudern und – in besseren Zeiten – zu Abend zu essen«, wie Lewis schrieb. Die Dienstagvormittage, die sich oft bis weit über Mittag ausdehnten, waren den Zusammenkünften im Pub »The Eagle and Child« vorbehalten. Das auch unter dem Spitznamen »The Bird and Baby« bekannte Pub bestand nach traditionellem englischen Brauch aus vielen kleinen Räumen, und in der Inneneinrichtung dominierte dunkles Holz. Wenn dieses Stammlokal aus irgendeinem Grund einmal nicht zur Verfügung stand, fand die Dienstagssitzung in den Pubs »King's Arms« oder »The Lamb and Flag« statt.

Es handelte sich um informelle Treffen, deren Teilnehmer und Gesprächsthemen nicht protokolliert wurden. Die Tagebücher und Briefe der Teilnehmer vermitteln jedoch einen Eindruck von den jeweils aktuellen Themen. Manchmal schien es das Wichtigste zu sein, einfach nur Freunde zu treffen. Tolkien schilderte im Oktober 1944 seine Ankunft im Pub: »Zu meiner Überraschung traf ich Jack [C. S. Lewis] und Warnie [dessen Bruder Warren] an, die es sich bereits gemütlich gemacht hatten. Der Biermangel ist für diesmal vorbei, und in den Pubs wird es wieder erträglich. Unsere Unterhaltung verlief ausgesprochen lebhaft.«

Im Kreis der Professoren lebte der Geist der Herrenklubs fort. Obwohl The Inklings sich an einem öffentlichen Ort versammelten, bildeten sie eine geschlossene Gruppe. Der Marineoffizier James Dundas-Grant erinnert sich: »Wir saßen in einem kleinen Hinterzimmer, in dem im Winter ein gemütliches Kaminfeuer brannte. Lateinische Redewendungen flogen hin und her, und Homer wurde im Original zitiert.« Auf die Kommentare anderer Pubbesucher legte man keinen Wert, und Zufallsgäste, die sich in den Raum verirrten, wurden höflich hinauskomplimentiert. Wenn sich jemand ausdrücklich der Schriftstellergruppe anschließen wollte, wurde er natürlich nicht davongejagt, doch Zaungäste wurden ausgesprochen kühl empfangen. Es war auch nicht gern gesehen, dass Mitglieder der Gruppe Gäste mitbrachten. Vor allem J. R. R. Tolkien wurde einige Male zurechtgewiesen, weil er gegen die Prinzipien der Inklings verstieß. Willkommen waren nur Besuche, die im Voraus mit den anderen abgesprochen wurden.

Von 1933 bis Ende der 1940er-Jahre kamen die Inklings wöchentlich zusammen. Die Brüder Lewis, Tolkien und der Arzt Robert Havard bildeten den Kern der Gruppe, der fast immer anwesend war, während die sonstige Zusammensetzung variierte. Im Lauf der Jahre zählte die Gruppe fast zwanzig Mitglieder, doch zu den einzelnen Treffen erschienen meist weniger als zehn. Frauen waren nicht darunter.

Bei den Treffen lasen die Gruppenmitglieder Texte vor, an denen sie gerade arbeiteten, und kommentierten sie gegenseitig. Man unterhielt sich aber auch über allgemeine literarische Themen. Häufig scheint es bei den Erörterungen auch um das Verhältnis zwischen wissenschaftlichem Schreiben und Belletristik gegangen zu sein, was sich aus der engen Verbindung der Gruppe zur Universität Oxford erklärt. Keineswegs alle Mitglieder waren selbst Schriftsteller, auch wenn das Interesse für Literatur und Mythologie der verbindende Faktor war. Viele waren Literatur- oder Sprachwissenschaftler, aber auch Historiker, ein Offizier und ein Arzt waren mit von der Partie. Die Treffen in Lewis' Arbeitszimmer verliefen sachlicher, während bei den dienstäglichen Pub-Sitzungen freier fabuliert wurde. Der amerikanische Schriftsteller Nathan C. Starr erinnerte sich an seinen Besuch in Oxford: »Ich ging in das Pub, und nachdem ich an der Theke ein Bier bestellt hatte, wurde ich in den Raum geführt, den der Besitzer für das Treffen von Lewis und seinen Freunden reserviert hatte. – Die Unterhaltung im Pub war ausgesprochen konventionell; ich erinnere mich nicht, dass es eine ernstere Debatte gegeben hätte. Es war ein völlig formloses, freundliches Gespräch unter Männern mit der gleichen Berufung und den gleichen Interessen.«

Das literarische Interesse der Inklings-Gruppe galt vor allem Sagen und Legenden sowie der mythologisch-epischen Literatur. Lewis und Tolkien, die führenden Gestalten, trugen sich in den 1930er-Jahren beide mit einer Geschichte, die in einer Fantasiewelt spielen sollte. Tolkiens Debütroman *Der Hobbit* erschien 1937. Der erste Teil der im Weltall spielenden Ransom-Trilogie, *Jenseits des schweigenden Sterns*, von Lewis kam ein Jahr später heraus. Die Manuskriptversionen beider Werke waren am Ecktisch im »The Eagle and Child« häufig vorgelesen worden, wie auch die Entwürfe zu den späteren Werken der Autoren.

Ihr erstes Publikum fanden im Pub Tolkiens Trilogie *Der Herr der Ringe* (geschrieben 1937–49, veröffentlicht 1954–55), das Werk *Dämonen im Angriff* (1942), das Lewis den Durchbruch brachte, und der Fantasy-Klassiker *All Hallow's Eve* (1945) von Charles Williams. Lewis gibt in seinen Memoiren unumwunden zu, dass die Gespräche und die Kritik in der Inklings-Gruppe entscheidende Bedeutung für seine schriftstellerische Entwicklung hatten. In jenen Jahren arbeitete er auch die Ideen von einer Fantasiewelt aus, die er bereits in seiner Jugend entwickelt hatte und aus denen die in den Jahren 1950 bis 1956 erschienene *Narnia*-Serie hervorging. Lewis schreibt, Tolkien sei gegenüber Kritik immun gewesen, erwähnt allerdings auch, sein Kollege, der für sein beherrschtes Benehmen und seine Zurückhaltung bekannt war, habe vor Aufregung bisweilen »mit lauter Stimme auf Altenglisch geredet«.

Doch das Feedback der Gruppe beeinflusste auch Tolkien. Er strich nach langem Überlegen den Epilog zu *Herr der Ringe*, von dem er zwei Versionen verfasst hatte, die den Inklings nicht gefallen hatten. Später bereute Tolkien seine Entscheidung; eine Version des Epilogs erschien in dem von seinem Sohn Christopher herausgegebenen Sammelband *The History of Middle-earth*.

Die regelmäßigen Treffen der Inklings-Gruppe wurden gegen Ende der 1940er-Jahre seltener und endeten in der bisherigen Form im Oktober 1949. Der literarische Kreis saß auch danach gelegentlich in wechselnder Zusammensetzung im Pub »The Eagle and Child«. 1962, als das Hinterzimmer »rabbit room«, in dem sie sich versammelt hatten, bei einer Renovierung mit dem Hauptraum des Pubs verbunden wurde, suchten sich die Inklings ein neues Stammlokal. Sie brauchten nicht weit von ihren gewohnten Pfaden abzuweichen. Ihr neuer Treffpunkt wurde das Pub »The Lamb and Flag« auf der anderen Seite der St. Giles' Street.

Nicht nur wurden Struktur und Inhalt der Bücher von Lewis und Tolkien im Lauf der Jahre in Pubs bearbeitet, sondern auch in den Büchern selbst spielt Bier eine Rolle. Beispielsweise dürfte das Gasthaus »Zum tänzelnden Pony« in dem Dorf Bree, das in *Der Herr der Ringe* beschrieben wird, von seiner Einrichtung her den Oxforder Pubs gleichen: »In der großen Schankstube des Gasthauses war eine zahlreiche und bunt gemischte Gesellschaft versammelt, wie Frodo erkannte, sobald seine Augen sich an das Licht gewöhnt hatten. Es kam hauptsächlich von dem lodernden Kaminfeuer, denn die drei Lampen, die an den Deckenbalken hingen, waren trüb und rauchumwölkt.«

In dem von Tolkien geschilderten Mittelerde finden sich Biertrinker unter den Menschen ebenso wie unter Hobbits und Zwergen. Tolkien selbst bevorzugte Ale, doch den Hobbits mundete neben Ale auch Porter oder

Met. Auch in Bilbo Beutlins altem Trinklied wird an die Vortrefflichkeit des Bieres erinnert – die Beschreibung könnte auf Ale passen:

> *Ein alter Krug, ein fröhlicher Krug*
> *steht grau am grauen Hang.*
> *Da brauen sie ein Bier so braun,*
> *dass selbst der Mann im Mond kam schau'n*
> *und lag im Rausche lang.*

Gravitas
Brill, England

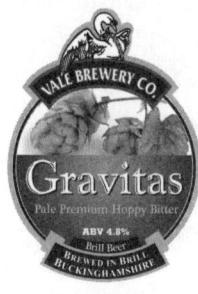

Typ: Ale
Alkohol: 4,8 %
Stammwürze: 12 op
Die genauen Werte für Bittereinheit und
Farbe wurden nicht festgelegt.

In Oxford selbst gibt es derzeit keine kommerziellen Brauereien, doch in dem etwa zwanzig Kilometer östlich gelegenen Dorf Brill ist die Vale Brewery angesiedelt, eine der meistgerühmten Ale-Brauereien Englands. Sie produziert neben knapp zehn Standard-Ales ein monatlich wechselndes Spezialbier, das sich dem Kult um die Hobbits zu nutze macht. Die CAMRA (*Campaign for Real Ale*), die für eine lebendige Ale-Kultur eintritt, verlieh der Brauerei 2009 eine Auszeichnung.

Das Dorf Brill spielte im Leben von J. R. R. Tolkien eine besondere Rolle. Er unternahm häufig Wanderungen in Brill und Umgebung, einer idyllischen Gegend mit zahlreichen Windmühlen. Brill diente auch als Vorbild für das Dorf *Bree*, das in *Der Herr der Ringe* geschildert wird. Die Vale Brewery hat Tolkiens Verbindung zu Brill bei vielen Monatsbieren berücksichtigt, die nach Ereignissen aus *Hobbit* und *Herr der Ringe* benannt wurden. Ein Monatsbier wurde auch der Schriftstellergruppe Inklings gewidmet.

Das berühmteste Bier der Brauerei ist das bittere *Pale Ale Gravitas*. Im Geschmack des goldgelben Biers finden sich Nuancen von Zitrone, Harz und Hopfen. Der Abgang ist trocken und hopfenbitter. *Gravitas* wurde 2008–2010 bei nationalen und regionalen Bierwettbewerben ausgezeichnet und wird auch exportiert.

Eine Spitfire Mk XXX mit Bierfässern unter den Flügeln über dem Acker-land von Sussex im Sommer 1944.

XVIII
Die Bierschlacht um England

Zweifellos kann auch das Steuern einer modernen, möglicherweise auf der anderen Seite des Erdballs operierenden Kampfdrohne als Arbeit gelten. Auch der Operator in der Kontrollstation muss Eigeninitiative entwickeln, zügig handeln und gegebenenfalls auch von vorgegebenen Handlungsmustern abweichen. Andererseits braucht er Leben und Gesundheit nicht in gleicher Weise aufs Spiel zu setzen wie die Kampfflieger früherer Zeiten, und sein Arbeitsplatz, seine Unterkunft und seine Freizeitmöglichkeiten sind weitaus angenehmer. Sein Feierabendbier am Ende der Schicht dürfte dem Drohnenlenker ebenfalls nicht ganz dasselbe bedeuten wie einem Kampfpiloten früherer Zeiten, der vom Einsatz zurückkehrte, ein Glas Bier aus der Heimat.

Zur Zeit der Kolbenmotoren und des Propellerantriebs war der Einsatzradius der Jagdflugzeuge überschaubar, doch konnten die Maschinen auf provisorischen Flugplätzen in der Nähe der feindlichen Linien starten. Zur Wartung mussten die Flugzeuge regelmäßig in die gut ausgestatteten Werkstätten der weiter von der Front entfernten Stützpunkte gebracht werden. In beiden Weltkriegen wurden die Kampfflieger für den

Erfindungsreichtum bekannt, den sie an den Tag legten, um mit diesen Wartungsflügen allerlei Erledigungen zu verbinden, die ihnen selbst und ihren Mitmenschen Freude bereiteten.

Manfred von Richthofen, das Flieger-As des Ersten Weltkriegs, machte auf seinen Wartungs-, Reparatur- und Transportflügen häufig Abstecher nach Hause. Seine Maschinen *Albatros* und *Fokker* stellten keine allzu großen Ansprüche an Lande- und Startbahnen. Im Januar 1918 warf Richthofen sogar eine Tüte Bonbons für seinen vierzehn Jahre alten Bruder ab, der eine preußische Kadettenanstalt besuchte.

Von der Ostfront im Zweiten Weltkrieg berichtet Helmut Lipfert – 203 Luftsiege und Ritterkreuz des Eisernen Kreuzes mit Eichenlaub –, dass die Piloten des Jagdgeschwaders 52 ihre Wartungs- und Testflüge sorgfältig nutzten. Im Sommer 1943 war Lipferts Geschwader auf dem Flugplatz Anapa am Kuban-Brückenkopf östlich der Krim stationiert. Die Umgebung an der Küste des Schwarzen Meeres war bezaubernd. In den Obstplantagen reiften Kirschen, Aprikosen und Pfirsiche. Die Piloten aus Anapa waren willkommene Gäste auf den Flugplätzen in kargeren Gegenden, und die dort stationierten befreundeten Kameraden halfen ihnen gern, akzeptable Gründe für Wartungs-, Orientierungs- und Kontrollflüge zu finden. Einer dieser Flüge wäre jedoch beinahe schlecht ausgegangen. Lipfert musste eine Bruchlandung mit einem Kampfflugzeug hinlegen, in dessen Frachtraum sich eine Patronenkiste mit frisch gepflückten Kirschen als Mitbringsel für seine Freunde befand. Glücklicherweise entdeckte kein unerbittlicher Vorgesetzter die Fracht. Nach dem deutschen Kriegsrecht hätte die Verwendung von Maschinen des Reiches für private Transporte schnell eine harte Strafe zur Folge gehabt.

Im Spätsommer 1943 schien der Rückzug aus Kuban immer wahrscheinlicher, und die Stimmung sank. Da die *Messerschmitt Bf 109* nachts nicht einsatzfähig war, saßen die Piloten an den dunklen Abenden untätig herum, was sie umso mehr frustrierte, da sie nichts hatten, um sich die Kehle anzufeuchten. Schließlich gelang es einem der Piloten, für sich und sein Kampfflugzeug einen Flug zu einem großen Nachschubzentrum hinter den Linien zu organisieren. Als er sich bei der Rückkehr dem Flugplatz näherte, war unter der Maschine eine große, seltsam geformte Bombe zu sehen. Die Maschine landete äußerst vorsichtig mit langsamem Sinkflug, und der Pilot ließ sie ausrollen, ohne übermäßig zu bremsen, wobei er sorgfältig darauf achtete, dass das Landegestell nicht durch eine Unebenheit oder unvorsichtiges Bremsen ins Federn gebracht wurde und die Ladung den Boden berührte. Unter der Messerschmitt, an den Befestigungen des Reservetanks, hing ein volles Bierfass – ein traditionelles deutsches Fass enthält hundertsechzig Liter –, unter dem nur einige Zentimeter Bodenfreiheit blieben. Zwar kam der Pilot, Oberfeldwebel Heinz Sachsenberg, nicht vor das Kriegsgericht, doch wurde die Aktion, soweit bekannt, nicht wieder-

247

holt. Auf der deutschen Seite der Front war diese Art von eigenmächtiger Nachschubbeschaffung generell verboten und beschränkte sich im Wesentlichen auf geringfügige Schmuggeleien.

Bei den Briten war die Einstellung der Vorgesetzten zu der Eigeninitiative der Piloten weniger restriktiv. Als der Kampf um England Ende 1940 unverkennbar zum Abwehrsieg der Briten wurde, sagte Winston Churchill in seiner bekannten Rede über die Kampffliegergeschwader: »Nie zuvor in der Geschichte menschlicher Konflikte hatten so viele so wenigen so viel zu verdanken.« Mit typisch britischem Humor machten sich die Engländer über diese Aussage lustig, indem sie auf die Schulden anspielten, die die Piloten in den Bars rund um ihren Stützpunkt gemacht hatten. Jeder kannte die harte Wirklichkeit, die hinter solchen Witzen stand. Tatsächlich hinterließ so mancher abgeschossene Pilot unbezahlte Rechnungen, doch einige Hundert Kampfpiloten hatten in monatelangen, pausenlosen Kämpfen den deutschen Luftangriffen die Spitze abgebrochen und den Gegner gezwungen, seine Invasionspläne auf eine unbestimmte Zukunft zu verschieben. Die Nation erwies ihre Dankbarkeit auf vielfältige Art. Viele patriotisch gestimmte Brauereien lieferten Bier zu einem symbolischen Preis an die Messen der Luftstreitkräfte, insbesondere an die der Jagdgeschwader.

Eine der Grundvoraussetzungen für die erfolgreiche Landung in der Normandie im Juni 1944 war die absolute Lufthoheit der Westalliierten über der Landungszone.

Obwohl die deutsche Luftwaffe bereits geschwächt war, durften die Briten sie auch im Endstadium des Krieges nicht unterschätzen. Trotz der Verluste an der Ostfront und der Bombenangriffe auf ihr Land hatten die Deutschen noch genügend Flugzeuge. In den Geheimdienstberichten hieß es, sie experimentierten mit neuartigen, phänomenal schnellen Düsenflugzeugen. Viele deutsche Piloten waren geschickte und kampferprobte alte Hasen, die ohne Zaudern jede Gelegenheit nutzten, um zuzuschlagen. Man durfte nicht riskieren, dass die Deutschen die Luftabwehr der Westalliierten durchbrachen und die Landungsflotte oder die Nachschubtransporte bombardierten. Über und vor der vordersten Linie schufen schnelle Bomber und Schlachtflugzeuge freie Bahn für die Landstreitkräfte, und die Abfangjäger hatten die Aufgabe, ihnen die Arbeit zu erleichtern, indem sie den Luftraum von deutschen Maschinen freihielten.

Nachdem die Landung gelungen war, begannen die Alliierten, weiter in das Landesinnere Frankreichs vorzustoßen. Um die Flugzeit der Kampfflieger nicht für den Hin- und Rückweg zur Front zu verschwenden, hatte die Führung der Royal Air Force bereits bei der Planung der Operation beschlossen, möglichst bald einige Geschwader auf der französischen Seite des Ärmelkanals zu stationieren. In der Praxis gelang dies recht mühelos, denn es gab genügend geeignete Flugplätze. Als die Deutschen einige Jahre zuvor die Invasion Englands planten, hatten sie die Flugplätze in Nordfrankreich in Schuss gebracht und auch neue errichtet, und beim Rückzug blieb ihnen keine Zeit, alle gründlich zu zerstören.

Das gängige Kampfflugzeug der Briten, die *Spitfire*, hatte einen Aktionsradius von rund siebenhundertfünfzig Kilometern. Von den Stützpunkten in Südengland aus wäre davon bereits im Juli 1944 die Hälfte des Treibstoffs für den Flug an die Front in Frankreich und zurück verbraucht worden. Ohne vorgeschobene Stützpunkte in der Normandie wären die Reichweite und somit die Einsatzfähigkeit für Luftkämpfe, die viel Brennstoff und damit Flugzeit kosteten, ausgesprochen gering gewesen.

Für die Piloten war die ständige Alarm- und Einsatzbereitschaft unter den unzulänglichen Verhältnissen der Frontstützpunkte und in provisorischen Quartieren natürlich äußerst belastend. Zwischen den Flügen wünschten sie sich schon bald Bier als Ergänzung zu dem Tee und dem amerikanischen Instantkaffee, die es im Essenszelt gab.

Im Sommer 1944 strömten unermessliche Mengen an Nachschub über den Kanal. Da der gesamte Bedarf der Landungsarmee bis hin zum Toilettenpapier zum Brückenkopf gebracht werden musste, kamen täglich Tonnagen zusammen, die später in Friedenszeiten selten übertroffen wurden. Die Decks der Transportschiffe waren auf dem Hin- und Rückweg dicht gefüllt mit Männern, die in den Kampf gebracht oder von dort zurückgeholt wurden. In der Anfangsphase wurde das Gedränge dadurch verschlimmert, dass es in der Landungszone keinen einzigen ordentlichen Hafen gab. Eine gewisse Abhilfe schufen die künstlichen Mulberry-Häfen, deren aus Betonpontons und Stahlbrücken bestehenden Elemente in aller Stille in abgelegenen Stützpunkten an der Küste Großbritanniens gebaut worden waren. Nun wurden sie von Schleppern über den Kanal gezogen und an der sandigen Küste der Normandie versenkt und befestigt. Längere Zeit wurde die Fracht jedoch von den Bugrampen der Landungsschiffe unmittelbar am Ufer entladen. Auch der Luftraum über der Normandie war überfüllt. Dringend benötigte Fracht wurde den an Land gegangenen Truppen zunächst per Fallschirm geliefert, später dann als Eilfracht auf die ersten eroberten Flugplätze. Trotz ausgeklügelter Zeitpläne und genau geregelter Routen herrschte ein solches Gedränge, dass die Alliierten zur See und in der Luft wesentlich mehr Transportmittel durch Kollisionen und andere Unfälle verloren als durch den Waffeneinsatz der Deutschen.

Unter diesen Umständen war Bier für die Kampfpiloten nicht die vorrangige und eiligste Fracht. Da die Verkehrswege in die Normandie überlastet waren, hielten auch die Nachschuboffiziere der Land-, See- und Luftstreitkräfte in unbestechlicher Strenge an den Vorschriften fest. Das Notwendige zuerst! Doch da Mild, Bitter und Pale Ale den Piloten in der Normandie ebenso gut – vielleicht sogar noch besser – gemundet hätten wie auf den inländischen Stützpunkten, suchte man intensiv nach weiteren Transportmöglichkeiten.

Bei den Maschinen der in die Normandie entsandten Geschwader handelte es sich hauptsächlich um *Spitfire Mk IX*. Sie konnten auf rund sechshundert Meter langen Rasenflächen starten. Die Bewaffnung der *Spitfire Mk IX* bestand aus Maschinenkanonen und Maschinengewehren. Und nicht zuletzt waren an den Tragflächen der Mk IX Halterungen für leichte Bomben, Raketen und Reservetanks angebracht.

Von den spärlich ausgerüsteten Flugplätzen in der Normandie wurden die Kampfflugzeuge regelmäßig zur Wartung auf die Stützpunkte in England gebracht. In der Grafschaft Kent südlich von London befand sich Biggin Hill, ein bereits 1917 eröffneter wichtiger Stützpunkt der RAF. Hier standen technische Fertigkeiten und vielseitiges Know-how für die Wartung von Flugzeugen sowie für Entwurf, Konstruktion und Einbau von zusätzlicher Ausstattung zur Verfügung. Und nur einige Meilen entfernt gab es die Brauerei Westerham.

Edward »Ted« Turner wurde vor allem durch die von ihm entwickelten Ariel- und Triumph-Motorräder bekannt, doch während des Krieges stellte er in seiner Werkstatt in Peckham, im südlichen London, Reservetanks für die Maschinen der Luftstreitkräfte her. Im Sommer 1944, bald nach der Landung in der Normandie, erhielt er von der RAF und der Brauerei Westerham einen eher ungewöhnlichen Auftrag. Es ging darum, die Reservetanks einiger *Spitfire Mk IX* für den Transport von Bier umzurüsten.

Bei der Umarbeitung der Tanks mussten Druckfestigkeit und Druckausgleich berücksichtigt werden. Da die langsameren Transportflugzeuge auf dem Weg in die Normandie die niedrigeren Luftschichten füllten, flogen die Kampfflugzeuge hoch über ihnen, oft in einer Höhe von mehr als fünftausend Metern. Mit zunehmender Flughöhe sank der Luftdruck, und wenn der Außendruck sich verringerte, dehnte sich das Kohlendioxid im Bier aus, sodass das Bier entweder aus dem Tank schäumte oder der Druck im Tank stieg. Dieses Problem löste Turners Werkstatt, indem sie für die Tanks dickere Aluminiumplatten verwendete und die Konstruktion durch das Einfügen von Zwischenwänden versteifte. Zweitens mussten die Tanks leicht geleert werden können. Dafür genügte es, den Stöpsel am Boden durch einen passenden Hahn zu ersetzen. Bereits im Juli 1944 wurde auf dem Stützpunkt Biggin Hill Bier in diese Tanks gefüllt, die unter den Tragflächen der von der Wartung zurückkehrenden Maschinen auf die Flugplätze der Normandie gelangten. Da die Kampf- und Aufklärungsgeschwader über eine große Zahl unterschiedlicher Modelle und Varianten der Spitfire verfügten, erhielten die mit den neuartigen Tanks versehenen Maschinen den Namen Mk XXX.

Eine zweite Entwicklungslinie der Mk XXX wurde auf dem Stützpunkt Ford oder Yapton in West-Sussex eingeschlagen. Im Sommer 1944 wurden dort unter anderem Reparaturen und Testflüge durchgeführt. Auch hier war es kein Problem, Bier auf den Flugplatz zu bekommen. Im patriotischen Geist der großen Operation in der Normandie, als nach den schweren Kriegsjahren der Vormarsch der Alliierten endlich abzusehen war, waren viele Brauereien bereit, den Piloten sogar kostenlos Gerstensaft zu liefern. Unter den kleinen Brauereien der näheren Umgebung tat sich vor allem Henty & Constable in Littlehampton als Bierlieferant hervor.

Unter Leitung des Testfliegers Jeffrey Quill, der die verschiedenen Typen und Abwandlungen genauestens kannte, ging man auf dem Flugplatz Ford daran zu erproben, ob sich Bierfässer direkt an den Halterungen der Tragflächen der Spitfire befestigen ließen. Es zeigte sich, dass man an den Verschlüssen der Halterungen mühelos zwei Metallreifen anbringen konnte, die das Standardfass der englischen Brauereien, ein *Keg* mit achtzehn Gallonen oder zweiundachtzig Litern, hervorragend hielten. Die Berechnungen ergaben und die Probeflüge bestätigten, dass weder Gewicht und Luftwiderstand der Fässer noch die Druckveränderung in den aus dickem Holz gefertigten Fässern Probleme verursachten. Ein weiterer Vorteil war, dass das Bier nicht umgefüllt zu werden brauchte. Es nahm auch keinen Metallgeschmack an, wie ihn manche Feinschmecker an dem Bier aus den Tanks des Peckhamer Modells bemäkelten. So wurde es bald üblich, Fässer unter den Tragflächen zu befestigen, statt Biertanks zu verwenden.

Eine praktische Schwierigkeit brachten die unter den Tragflächen befestigten Fässer allerdings doch. Ihr Abstand vom Boden war geringer als die Elastizitätsgrenze des Landegestells der Spitfire. Beim Start auf den glatten und harten Rollbahnen der englischen Flugplätze stellte dies keine große Beeinträchtigung dar, doch bei der Landung auf den Behelfsflugplätzen in der Normandie herrschten andere Verhältnisse.

Das Dasein der britischen Piloten am Brückenkopf in der Normandie beschränkte sich keineswegs auf die Beschaffung von Bier. Die Aufrechterhaltung der Lufthoheit erforderte unablässige Flugtätigkeit, damit jede deutsche Maschine, die sich heranwagte, sofort auf eine vielfache Übermacht traf. Und wenn die deutsche Luftwaffe sich nicht blicken ließ, waren die Kampfflieger vollauf damit beschäftigt, ihren eigenen Bodenstreitkräften Feuerschutz zu geben. Durch feindlichen Beschuss wurden Maschinen beschädigt, und der intensive Einsatz hatte zur Folge, dass auch die unbeschädigten Flugzeuge in kurzen Abständen gewartet werden mussten.

Durchschnittlich einmal pro Woche entfiel auf das Geschwader an der vordersten Front eine »Fasstour«, wobei auf demselben Flug auch die Kurierpost des Geschwaders und sonstige eilige Lieferungen, die in den wenig geräumigen Kampfflugzeugen Platz fanden, befördert wurden. Mit trockenem und bierernstem britischen Humor wurde die Fasstour als festlicher Höhepunkt der Woche zelebriert. Die leeren Fässer wurden unter den Flügeln der Spitfire befestigt, der für den Einsatz ausgewählte Pilot wurde auf seine ernste und verantwortungsvolle Aufgabe hingewiesen und mit guten Ratschlägen versehen. Bei der Rückkehr wurde er von der gesamten arbeitsfreien Mannschaft empfangen. Tony Jonsson – übrigens der einzige isländische Kampfpilot der RAF und später Pilot des zweiten UN-Generalsekretärs Dag Hammarskjöld – berichtete, wohl nie und nirgendwo sei die Landung eines Kampfflugzeugs so genau beobachtet und beurteilt worden wie 1944 in der Normandie, wenn eine Spitfire mit zwei vollen Bierfässern unter den Tragflächen aus England zurückkehrte. Eine holprige Landung, ein Schlagloch oder unvorsichtiges Bremsen konnte das Landegestell so stark federn lassen, dass ein Fass – oder im schlimmsten Fall beide – den Boden berührte. Da ein Fass achtzehn Gallonen enthielt und eine Gallone acht Pints entsprach, liefen aus einem zerbrochenen Fass 144 Pints auf die Rollbahn. Ein Pilot, dem ein solches Missgeschick passierte, wurde für den Rest der Woche immer wieder daran erinnert – bis der nächste Wartungsflug anstand und man erneut mit Spannung darauf wartete, ob die Landung gelang.

Offenbar glückten die meisten Landungen. Zumindest ist den Quellen nicht zu entnehmen, dass die Kampfflugzeuge im Sommer 1944 durch Bodenberührung der außen befestigten Fracht, sei es beim Start oder bei der Landung, mehr Schäden an den Tragflächen davongetragen hätten als unter normalen Bedingungen.

Als der Sommer in den Herbst überging und man statt von einem Brückenkopf in der Normandie bereits von einer Westfront sprechen konnte, begann der Nachschub der Alliierten so gut zu funktionieren, dass die Biertransporte unter den Tragflächen der *Spitfire* obsolet wurden. Auch wenn sie keinen großen Einfluss auf den Verlauf der Kriegshandlungen und die Geschichte des Zweiten Weltkriegs hatten, verbesserten sie doch zweifellos die Stimmung der Piloten Ende Juni und im Juli, als am Brückenkopf in der Normandie im Geist der Worte Lord Nelsons gekämpft wurde: »England erwartet, dass jeder Mann seine Pflicht erfüllt.«

Genau genommen entsprachen die Biertransporte nicht dem Gesetz. Der britische Zoll versuchte, die Führung der Royal Air Force darauf aufmerksam zu machen, dass bei diesem Vorgehen alkoholische Getränke ohne Vorlage der entsprechenden Zollerklärung exportiert wurden. Der Stab der Luftstreitkräfte konnte die Forderungen des Zolls jedoch auf dem Verhandlungsweg abwehren.

Spitfire Premium Kentish Ale
Faversham, England

Typ: Ale
Alkohol: 4,2 %
Stammwürze: 9,5 op
Bittereinheit: 36 EBU
Der genaue Farbwert ist Geschäftsgeheimnis der
Brauerei Shepherd Neame.

Während des Zweiten Weltkriegs erquickten sich die britischen Piloten mit den Produkten zahlreicher südostenglischer Brauereien. Von den im vorangehenden Kapitel erwähnten Brauereien stellte Henty & Constable 1955 die Tätigkeit ein, während Westerham weiterhin aktiv ist. Unter den Erzeugnissen von Westerham dürfte *British Bulldog* den Bieren der 1930er-Jahre und der Kriegszeit am nächsten kommen.

Shepherd Neame in Kent, gegründet 1698, ist die älteste bis heute tätige Brauerei Großbritanniens. Ihr Fundament bilden die traditionellen Ale-Biere, die auch während der beiden Weltkriege gebraut wurden. In Notzeiten wurde das Bier aus den jeweils verfügbaren Rohstoffen hergestellt und unter dem Namen der Brauerei, ohne genauer definierten Markennamen, verkauft. Im Rahmen der Gedenkfeiern zu dem fünfzig Jahre zurückliegenden Luftkrieg über Großbritannien brachte

Shepherd Neame das *Spitfire Premium Kentish* Ale auf den Markt. Mit diesem Bier wollte die Brauerei die Piloten ehren, die die Bedrohung durch das nationalsozialistische Deutschland von Großbritannien abwehrten.

Spitfire ist ein für Südostengland typisches Bitter Ale. Seine Farbe ist kastanienbraun, der Geruch enthält Nuancen von Toffee und Hopfen. Im Geschmack dominiert die starke Hopfung, für die drei regionale Hopfenarten verwendet werden: Target, First Gold und East Kent Goldings.

Bier wurde in Italien nach dem Zweiten Weltkrieg zum Symbol einer neuen urbanen Lebensweise. Eine Bar mit Reklame für Peroni-Bier in dem Kurort Montecatini Terme 1956. Foto: Archivio Storico e Museo Birra Peroni, Rom, Italien.

XIX
Der amerikanische Traum in Italien

Chiamami Peroni, sarò la tua birra! »Nenn mich Peroni, ich werde dein Bier sein«, flüstert eine bildschöne Blondine in einer Fernsehreklame aus den 1960er-Jahren. Die Luigis, Giuseppes und Antonios konnten der Versuchung nicht widerstehen. Sie zogen vom Land in die Stadt, wurden wohlhabend und modern. Sie dürsteten nach dem Kuss der blonden Peroni.

Innerhalb von fünfundzwanzig Jahren, zwischen 1948 und 1973, stieg die Bierproduktion des Unternehmens Peroni auf mehr als das Zehnfache, von 235 000 auf über 2,5 Millionen Hektoliter pro Jahr. Auch im Bierkonsum des ganzen Landes vollzog sich eine entsprechende Veränderung. In den Jahren 1955 bis 1973 stieg der Absatz von dreieinhalb auf über sechzehn Liter pro Person und Jahr. Der Anstieg des Bierverbrauchs spiegelt den gesellschaftlichen Wandel Italiens in den Nachkriegsjahrzehnten wider, ist zum Teil aber auch einem erfolgreichen Marketing zu verdanken. Die Peroni-Blondine war nur ein Beispiel für zahlreiche Werbekampagnen, die Bier mit Vorstellungen von einem modernen und erfolgreichen Lebensstil vermarkteten.

Wenn man in Rom gedrehte Filmklassiker aus den 1940er- bis 1960er-Jahren betrachtet, lässt das im Hintergrund sichtbare Stadtbild den Wandel Italiens deutlich erkennen – obwohl die Filme verschiedene Teile Roms und unterschiedliche Gesellschaftsschichten zeigen. Vittorio de Sicas *Fahrraddiebe* (1948) zeichnet ein Bild der Knappheit und Armut in der Zeit des Wiederaufbaus. William Wylers Film *Ein Herz und eine Krone* (1953) macht den Optimismus der Zeit des Aufschwungs in den 1950er-Jahren sichtbar. Federico Fellinis Stadtbild wiederum pulsiert im Takt der Moderne mit unzähligen kleinen Fiats und greller Leuchtreklame in dem Episodenfilm *Boccaccio '70* (Episode »Die Versuchung«, 1962).

Italien lag nach dem Zweiten Weltkrieg am Boden. Es hatte alle seine Kolonien verloren, und der Wiederaufbau musste bei null anfangen. Die vielseitige Landwirtschaft bot die Grundlage für das Überleben und für einen neuen Aufschwung, konnte auf längere Sicht den Lebensunterhalt der wachsenden Bevölkerung jedoch nicht garantieren. Die Landflucht beschleunigte sich und lieferte der sich erholenden Industrie billige Arbeitskräfte. Das Wirtschaftswachstum Italiens seit dem Ende der 1940er-Jahre zählte zu den schnellsten im Europa der Nachkriegszeit.

Mit Amerika verbanden die meisten Italiener traditionell positive Vorstellungen. In den Jahren 1900 bis 1914 wanderten rund drei Millionen Italiener in die USA aus. Auch wenn das Leben in der neuen Heimat bei mangelnder Sprachkenntnis und Berufsausbildung häufig nicht so leicht war, wie man es sich ausgemalt hatte, klagte man in den Briefen nach Hause nicht. Man war schließlich dabei, den amerikanischen Traum zu verwirklichen, und dies gelang vielen Italoamerikanern auch – auf die eine oder andere Weise. Der Mafioso Al Capone und der Tenor Enrico Caruso wurden international berühmt. Die Ära der Faschisten und die Tatsache, dass man im Zweiten Weltkrieg feindlichen Lagern angehörte, kühlten die Amerikabegeisterung der Italiener vorübergehend ab, doch das Fundament für eine erneute Freundschaft nach dem Krieg war vorhanden.

Mussolinis Ruhm verblasste im Lauf des Krieges, und 1943/44 wurden die amerikanischen Soldaten als Befreier empfangen. Natürlich gab es auch Andersdenkende, doch sie waren so klug zu schweigen. Wie auch in anderen Ländern Europas verteilten die Soldaten Kaugummi, Schokolade und andere Waren, die in dem unter der Kriegswirtschaft leidenden Land einen unbegreiflichen Luxus darstellten. Amerika musste reich sein! Noch konkreter wurde der transatlantische Reichtum durch die Hilfe nach dem Marshallplan, die die USA den Ländern Europas 1948 bis 1951 gewährte. Italien erhielt über eine Milliarde Dollar für den Aufbau, nur Großbritannien und Frankreich bekamen mehr.

Natürlich wollten nicht alle nach Amerika auswandern. Auch in Italien gab es nach dem Krieg Arbeitsplätze. In den norditalienischen Städten kam die Industrie wieder in Gang. Zwar war die Auswanderungsrate weiterhin hoch, und als neues Ziel kam Südamerika hinzu, doch die Vorstellungen begannen sich zu wandeln. Man brauchte den Traum nicht jenseits des Atlantiks zu suchen – man konnte ihn auch in Italien verwirklichen. Die Urbanisierung veränderte die Lebensweise, was der italienischen Bierindustrie Gelegenheit bot, einen größeren Anteil am Getränkemarkt zu erobern.

Noch Ende der 1940er-Jahre war der Bierverbrauch in Italien niedrig. In den südlichen und mittleren Teilen des Landes wurde Bier allenfalls im Sommer als Durstlöscher getrunken. Zum Essen gab es Wasser oder Wein. Wenn ein Arbeitsuchender aus einem Dorf im Süden in eine der Industriestädte im Norden kam, erwartete ihn eine andere Speisenkultur. Statt Pasta bevorzugte man Reis und aus Maismehl zubereitete Polenta. Zum Braten verwendete man kein Olivenöl, sondern Butter. Wein war auch im Norden beliebt, doch in den Gebieten, die im 19. Jahrhundert zu Österreich gehört hatten, pflegte man auch Bier zu trinken.

Die in den norditalienischen Zuwanderungsgebieten tätigen Brauereien, beispielsweise *Moretti*, erzielten von Jahr zu Jahr neue Verkaufsrekorde. Dieser Herausforderung musste die römische Brauerei Peroni begegnen. Sie erwarb Kleinbrauereien im Norden, doch entscheidend war die Erkenntnis, dass der Markt die besten Aussichten gerade da bot, wo traditionell kein Bier getrunken wurde. Wachstumsmöglichkeiten boten sich in Süd- und Mittelitalien. Doch um sie zu nutzen, war eine Veränderung der Lebensgewohnheiten notwendig.

Italien erlebte in den 1950er-Jahren ein Wirtschafts-wunder, *miracolo economico*. Die private Nachfrage stieg erheblich. Der neue Italiener wollte ein modernes, ur-banes Leben führen, und dazu gehörte Konsum. Peroni hatte seine Brauereitechnik Anfang der 1950er-Jahre mit amerikanischen Anlagen erneuert. Gleichzeitig lernte die Unternehmensführung amerikanische Mar-ketingstrategien kennen und erkannte die Bedeutung eines starken Markennamens in der sich wandelnden Gesellschaft. Die Konsumenten wollten wählen, sie wollten ihre Freiheit zum Ausdruck bringen, indem sie ein Fahrrad, Zigaretten oder ein Bier der Marke kauften, die ihnen zusagte.

Peroni machte sich bekannt. Das Unternehmen wollte eine loyale Kundschaft, die nicht irgendein *birra* bestellte, sondern ausdrücklich *Peroni*. Der Marken-name wurde aufgebaut, indem man Bars und Cafés Werbemittel zur Verfügung stellte: Aschenbecher, Ti-sche, Stühle und Markisen. Besonders beliebt wurde ein riesiges Kronkorkendekor, auf dem *Birra Peroni* stand. Der Kronkorken – ebenfalls amerikanischen Ur-sprungs – war im Italien der 1950er-Jahre eine Neuheit, die Peroni zum Symbol für die hohe Qualität seines Bie-res machte.

Der Bierdurst der Italiener wurde in den 1950er-Jah-ren mit Werbekampagnen geweckt. Die ersten gaben sich ausgesprochen belehrend. Sie machten darauf auf-merksam, dass Bier »auch für alte Menschen, Frauen und Jugendliche hervorragend geeignet« sei und rieten, es »zu allen Jahreszeiten, nicht nur in den warmen Sommermonaten« zu genießen. Die Werbung erinnerte auch daran, dass »Bier auf die tägliche Einkaufsliste« gehöre. Als Galionsfiguren wählte man die größten Stars der Zeit, bis hin zu Anita Ekberg, die durch den Film *La Dolce Vita* (1960) zur Ikone geworden war. Mit Bier wurden Modernität, Urbanität und sogar Fortschritt assoziiert.

Die Reklame zeigte Wirkung. In den Jahren 1958 bis 1963 verdoppelten sich die Verkaufszahlen von Peroni. Auch die Erzeugnisse anderer Brauereien fanden Absatz – so sehr, dass die Produktion zeitweise nicht mit der Nachfrage Schritt hielt. Gleichzeitig verringerte sich der Weinkonsum. Als einer der Gründe kann der Übergang zum Bier gelten, doch auch der wachsende Wohlstand und die allgemeine Verstädterung trugen zu dieser Entwicklung bei. Hatte ein Fabrikarbeiter früher den Wein getrunken, der in seinem Heimatdorf angebaut wurde, so konnte er es sich nun leisten, in einer Bar einen Aperitif zu bestellen und eine Weile fernzusehen. Oder zu einem kleinen Imbiss ein Bier zu trinken. Regelmäßige Fernsehsendungen wurden in Italien seit 1954 ausgestrahlt, was sich unmittelbar auf die Beliebtheit der Bars auswirkte. Zum Fernsehen ging man in die Kneipe. Erst im folgenden Jahrzehnt hielten die Geräte auch in Privathaushalten Einzug.

Peroni hatte auf dem nationalen Biermarkt bereits zu Beginn der 1960er-Jahre eine stabile Marktposition erreicht. Mit einem Anteil von etwa einem Drittel des

Gesamtumsatzes war das Unternehmen Marktführer. Das nächste Kapitel dieser Erfolgsgeschichte wurde 1964 geschrieben, als die Firma das Premiumlager *Nastro Azzurro* auf den Markt brachte. Der Name dieses Bieres (dt. »Blaues Band«) traf den Nerv der 1960er. Er war gleichzeitig nostalgisch und dynamisch, auf Neues ausgerichtet. Das Blaue Band war zu Beginn des 20. Jahrhunderts eine inoffizielle Auszeichnung, die Passagierschiffen für die höchste Durchschnittsgeschwindigkeit bei der Überquerung des Atlantiks verliehen wurde. Allgemeine Bekanntheit hatte das Symbol 1910 erlangt, als die *RMS Mauretania* die Rekordzeit von gut sechsundzwanzig Knoten (fast fünfzig Stundenkilometer) erreichte.

Die Biermarke ließ die Verbraucher an Amerika und Modernität denken. Der Name war ein direkter Hinweis auf die Auswanderung zu Beginn des Jahrhunderts, während das weißgrundige, schlichte Etikett modern wirkte und sich von den anderen italienischen Marken abhob. Neu war auch, dass Nastro Azzurro in Dosen verkauft wurde, die bis dahin in Italien nicht besonders beliebt gewesen waren. Die Popularität der Marke wuchs, als 1967 auf Werbekampagnen und in Fernsehreklamen die Peroni-Blondine Solvi Stübing in einem knappen Matrosenanzug erschien. In den 1970er-Jahren wurde Stübing von neuen blonden Schönheiten abgelöst. Reklamespots mit Peroni-Blondinen wurden jahrzehntelang produziert, so zum Beispiel besonders imposant 2006 in Anlehnung an Fellinis *La Dolce Vita*.

Der Erfolg von Peroni und anderen italienischen

Brauereien hielt genauso lange an wie das Wirtschaftswunder. Als die Ölkrise Italien 1973 in die Rezession stürzte, ging auch die Nachfrage nach Bier stark zurück. Der verarmte Durchschnittsitaliener fand es zur Abwechslung gar nicht schlecht, auf Mammas Essen und Großvaters Wein zurückzugreifen. Doch als die Volkswirtschaft und die Urbanisierung Ende der 1970er-Jahre erneut ein stetiges Wachstum verzeichneten, herrschte wieder Nachfrage nach Bier. Der jährliche Bierverbrauch der Italiener stieg im Lauf der 1980er- und 1990er-Jahre und pendelte sich im 21. Jahrhundert bei etwa dreißig Litern pro Person ein.

Peroni Nastro Azzurro

Rom, Italien

Typ: Lager
Alkohol: 5,1 %
Stammwürze: 11,4 op
Bittereinheit: 18,4 EBU
Farbe: 5,8 EBC

Francesco Peroni gründete 1846 in Vigevano in Nord-
italien eine Brauerei, die seinen Namen trug. Da Rom
verlockende Wachstumsmöglichkeiten bot, verlegte er
die Brautätigkeit in den 1860er- bis 1870er Jahren in die
Hauptstadt des soeben vereinigten Italien. Zu Beginn
des 20. Jahrhunderts dehnte das Familienunternehmen Peroni seine Tätigkeit auf das ganze südliche Italien aus. Auf internationale Märkte strömte das Bier seit
den 1960er-Jahren. 2003 kaufte das internationale Unternehmen SABMiller die Brauerei Peroni.

Peroni Nastro Azzurro ist ein helles, halb vollmundiges
Bier. Es kam 1964 auf den Markt und wurde im folgenden Jahr in Perugia mit einer Goldmedaille als weltbes-
tes Lager ausgezeichnet. Wie es für italienisches Lager
typisch ist, wird der Malzgeschmack des Biers durch
Mais gemildert. Der Geschmack ist frisch und getreidig,
im Abgang hopfenbitter.

Präsident Václav Havel (links) führte Staatsgäste oft zum Bier aus. 1994 saßen an seinem Tisch im »U Zlatého Tygra« der amerikanische Präsident Bill Clinton und die UN-Botschafterin Madeleine Albright. Foto: Ondřej Němec.

XX
Aus dem Brauereikeller auf die Prager Burg

Der Dramatiker Václav Havel (1936–2011) spielte eine zentrale Rolle beim Sturz der kommunistischen Herrschaft in Osteuropa. Der Held der Samtenen Revolution von 1989 wurde der letzte Präsident der Tschechoslowakei und der erste Präsident der Tschechischen Republik. In Havels Lebenslauf spielen aber nicht nur Theater und Politik eine Rolle, sondern er verzeichnet auch ein knappes Jahr als Brauereiarbeiter.

Vor der Machtübernahme der Kommunisten im Jahr 1948 war Havels Vater ein erfolgreicher Geschäftsmann gewesen. Die bürgerliche Herkunft machte den jungen Václav in den Augen der Herrschenden grundsätzlich verdächtig. Der Zugang zur Universität, wo er Geisteswissenschaften studieren wollte, wurde ihm 1955 verwehrt. Die zweijährige Ausbildung an der Tschechischen Technischen Universität konnte den jungen Mann nicht umstimmen und zum Ingenieur machen. Das Theater trug den Sieg davon. Anfang der 1960er-Jahre wurde Havel durch seine Schauspiele, die in der Tradition des absurden Theaters den Irrsinn der Bürokratie schilderten, auch im Ausland bekannt.

Nach der sowjetischen Besatzung 1968 wurden Havels Stücke in seinem Heimatland unter Aufführungsverbot gestellt. Dennoch stand der Autor nicht mittellos da. Die Familie besaß eine Stadtwohnung in Prag, und im Vorjahr hatte Havel ein Landhaus in Hrádeček in der Nähe der Stadt Trutnov im Norden der Tschechoslowakei gekauft. Die Ereignisse des Jahres 1968 hatten seine Stücke im Westen so populär gemacht wie nie zuvor, daher sorgten die Honorareinnahmen für ein regelmäßiges Einkommen.

Als seine Stücke an Aktualität verloren und die Einkünfte weniger wurden, drohte Havel das Geld auszugehen. Er schrieb zwar weiterhin, doch in seinem Heimatland fanden seine politischen Essays nur als Untergrundpublikationen Verbreitung. Die Untätigkeit frustrierte Havel. Da er in Prag auf Schritt und Tritt überwacht wurde, verbrachten er und seine Frau Olga mehr und mehr Zeit auf dem Land in Hrádeček. Im Nachhinein bezeichnete der Schriftsteller den Anfang der 1970er-Jahre als »halbfreiwillige innere Emigration«.

Im Winter 1974 suchte Havel Arbeit. Den Anstoß dazu gab sowohl die Sorge um das Einkommen als auch das Bedürfnis, etwas Sinnvolles zu tun. Freilich stand Havel nicht unmittelbar vor der Insolvenz.

Die Brauerei Trutnov lag etwa zehn Kilometer von Hrádeček entfernt. Als Havel dort nach Arbeit fragte, gestand er dem Braumeister, dass er Dissident war, was sich jedoch nicht als Hindernis erwies. »Bei uns arbeiten ja auch Zigeuner«, antwortete der Braumeister und stellte Havel als Lagerarbeiter ein. Zwei Tage später er fuhr die örtliche Parteiführung von der Sache und entschied, die Brauerei dürfe den politisch unzuverlässigen Havel nicht beschäftigen. Es war jedoch zu spät, der Arbeitsvertrag war bereits unterschrieben. Die Partei tat, was sie konnte: Agenten der Geheimpolizei installierten in den Räumen der Brauerei Mikrofone und wiesen einige als loyale Kommunisten bekannte Arbeiter an, den Neuen im Auge zu behalten.

Havel bekam in der Brauerei das, was er sich erhofft hatte: Betätigung. Wenn der schmächtige Mann Hopfen- und Getreidesäcke schleppte und im kühlen Lager Fässer verrückte, war die Welt der Dichtung, des Theaters und der Politik weit weg. Ein Hundertliterfass wog in leerem Zustand fünfundneunzig Kilo und in vollem doppelt so viel. Havels damaliger Vorgesetzter Jan Špalek erinnert sich: »Der Anfang war schrecklich für ihn. Der arme Kerl fror die ganze Zeit.« Allmählich wurde Havel kräftiger, und die Fässer rollten leichter. Zur Enttäuschung der Geheimpolizei sprach Havel bei der Arbeit nicht über Politik. In der Erinnerung seiner Kollegen war er »ein stiller Typ«, »ein guter Kumpel«, »fleißig« und »einer von uns«.

Dennoch konnte der Bühnenautor seine Neigung zu diskreter Provokation nicht völlig verleugnen. Tag für Tag kam er in seinem von Westgeld gekauften Mercedes-Benz zur Arbeit. Schon bald wurde er darauf hingewiesen, dass er seinen Wagen nicht auf dem Parkplatz der Brauerei abstellen dürfe. Als er sich darüber wunderte, führten seine Kollegen ihm die Realität vor Augen: »Der Brauereidirektor hat einen kleinen Moskwitsch, der Braumeister hat einen Moskwitsch … Und du chauffierst deinen Arsch in einem Mercedes.« Von da an parkte Havel auf der Straße vor der Brauerei, bis auch das als »Provokation der Arbeiterklasse« verboten wurde. Am nächsten Morgen stellte der gehorsame Brauereiarbeiter seinen Wagen vor dem Parteibüro der Kommunisten ab. Die Arbeiterschaft nahm es ihm offenbar nicht übel.

Nach einigen Monaten wurde Havel befördert und aus dem Lager in die eigentliche Brauerei versetzt, an die Filteranlage. Seinem ironischen Stil getreu, schrieb er Jahrzehnte später, seine Aufgabe sei es gewesen, »das Bier zu verderben«. Die Erklärung lieferte er gleich nach: »Unmittelbar nach dem Brauen schmeckt das Bier am besten, weil es noch ein wenig Hefe enthält, die Aromen gibt. Man kann das Bier jedoch nicht so belassen, denn die Fässer könnten explodieren, deshalb muss man es vor dem Abtransport filtern. Das verschlechtert den Geschmack.« Havel kündigte im November 1974, aus dem simplen Grund, dass er nicht mehr wie gewohnt zur Brauerei fahren konnte. Als der Winter anbrach, ordnete die Geheimpolizei an, die Anliegerstraße an Havels Haus nicht vom Schnee zu räumen. Havel lief nicht zu Fuß zur Arbeit, sondern gab seine Stelle auf. Die Arbeit in der Brauerei hatte ihm nicht so viel Geld eingebracht, wie er gehofft hatte. Ein Drittel seines Monatslohns von zweitausend Kronen ging für Benzin drauf. Als Erfahrung waren die neun Monate in der Brauerei jedoch bereichernd und in gewisser Weise sogar entscheidend für Havels weitere Laufbahn.

Anfang 1975 schrieb Havel den Einakter *Audienz*. Im Nachhinein berichtete er, das Stück sei rasch entstanden, in nur ein bis zwei Nächten. Die Protagonisten sind Havels Alter Ego, der Intellektuelle Ferdinand Vaněk, der in einer Brauerei Arbeit gefunden hat, und sein dem Bier zugeneigter Vorgesetzter. Dieser hat den Befehl erhalten, höheren Ortes über Vaněks Aktivitäten Bericht zu erstatten. Das Problem besteht darin, dass der Leiter kein Mann der Feder ist, weshalb er Vaněk bittet, sich selbst zu bespitzeln und die Berichte zu verfassen.

Das Schauspiel verbreitete sich im Untergrund und kam auch den Brauereiarbeitern in Trutnov zu Gesicht. Allen war klar, wer für die Protagonisten Modell gestanden hatte. Der Braumeister Vilém Kasper war als freundlicher, aber dem Alkohol verfallener Tropf bekannt. Die Rollenfigur Vaněk lebte in den Schauspielen *Vernissage* (1975) und *Protest* (1978) weiter.

Durch die Arbeit an *Audienz* gewann Havel neue Schaffenskraft. Im April 1975 verfasste er einen offenen Brief an Gustáv Husák, den Generalsekretär der Kommunistischen Partei, und besiegelte damit sein eigenes Schicksal. In den Augen der Staatsmacht war Havel nun ein Paria – und zugleich die Leitgestalt der Dissidenten. Seine führende Stellung als Kritiker der kommunistischen Herrschaft wurde zwei Jahre später bestätigt, da er als einer der Ersten die offen kritische *Charta 77* unterschrieb.

Viele andere tschechoslowakische Dissidenten mussten in den 1970er-Jahren ebenfalls Hilfsarbeiten verrichten, da die Partei ihnen Stellen verwehrte, die ihrer Ausbildung entsprachen. Der Journalist Jiři Dienstbier beispielsweise arbeitete eine Zeit lang als Heizer und Nachtwächter in der Brauerei Staropramen im Prager Stadtteil Smíchov.

Václav Havel verbrachte die Jahre 1979–1983 im Gefängnis, doch gegen Ende des Jahrzehnts verschaffte die *Perestroika* auch den Dissidenten in der Tschechoslowakei mehr Spielraum. In den Prager Bierstuben verbesserten sie die Welt – und es blieb nicht bei bloßem Kneipengerede. Im November 1989 kam es zu einem friedlichen Machtwechsel durch die Samtene Revolution, deren führende Vertreter Havel und Dienstbier waren. Havel wurde im Dezember 1989 Präsident der Tschechoslowakei, und Dienstbier war bis 1992 Außenminister.

Auch als Präsident gab Havel seine alten Gewohnheiten nicht auf. In einem Interview mit dem finnischen Journalisten Martti Puukko erzählte er eine lustige Anekdote vom Februar 1990; damals hatte er als Präsident seines Landes zum ersten Mal die USA besucht. Havel wollte eine Kneipe besuchen. Er scheuchte seinen Sicherheitsbeamten ein Stück weiter weg und setzte sich zu einem Bier an die Theke. Bald nahm neben ihm ein Amerikaner Platz, und die beiden kamen ins Gespräch. Der Amerikaner bemerkte den ausländischen Akzent seines Gesprächspartners und fragte, woher er komme. »Aus der Tschechoslowakei«, antwortete Havel. Der Mann schien nicht genau zu wissen, wo sich dieses Land befand, stellte aber gleich darauf die nächste Frage: »Und was hast du da in der Tschechoslowakei für einen Job?« Havel antwortete wahrheitsgemäß, er sei der Präsident, worüber der Mann derart lachen musste, dass ihm der Bierschaum aus dem Mund spritzte. »Das ist gut! Das ist gut!«, rief er und schlug Havel anerkennend auf den Rücken. »Für die Antwort gebe ich dir ein Bier aus!« Havel sagte nicht nein, und als die Männer mit den frisch gefüllten Gläsern anstießen, verkündete der Amerikaner lachend dem ganzen Pub, er trinke Bier mit dem Präsidenten der Tschechoslowakei.

Zum Leidwesen seiner Leibwächter gab Havel auch während seiner Präsidentschaft seine Angewohnheit nicht auf, ohne Vorankündigung zum Bier in eine seiner Lieblingskneipen zu gehen. Natürlich begleiteten sie ihn, aber besondere Vorkehrungen zum Schutz des Präsidenten konnten nicht getroffen werden – und Havel legte auch keinen Wert darauf. Auch die Gäste des Präsidenten durften die besten Seiten Tschechiens kennenlernen. »Na Rybárně«, seit Jahrzehnten Havels Stammkneipe, befand sich unmittelbar neben seiner alten Stadtwohnung in der Gorazdova 17. Dorthin führte der Präsident sowohl The Rolling Stones als auch die amerikanische Außenministerin Madeleine Albright (die gebürtige Pragerin Marie Jana Korbelová) auf ein Glas *Pilsner Urquell*. Auch heute bekommt man unter derselben Adresse *Urquell vom Fass*. Aus der Bierstube, in der auch

Fischgerichte auf den Tisch kamen, ist inzwischen allerdings ein vietnamesisches Restaurant geworden. Als Bill Clinton 1994 Prag besuchte, lud Havel ihn in die berühmte Kneipe »U Zlatého Tygra« (Husova 17) in der Altstadt zum Urquell ein. Dasselbe Bier, neben ein paar anderen tschechischen Sorten, wurde auch in Havels dritter Stammkneipe »U Dvou slunců« (Nerudova 47) gezapft. Die letztgenannte lag besonders günstig – nur zwei Häuserblocks von der Prager Burg, dem Amtssitz des Präsidenten, entfernt.

Krakonoš Světlý Ležák
Trutnov, Tschechien

Typ: Pils
Alkohol: 5,1 %
Stammwürze: 12 op
Bittereinheit: 36 EBU
Farbe: 12 EBC

Trutnov liegt im Norden der Republik Tschechien, in der Nähe der polnischen Grenze. Václav Havel fühlte sich in dieser Gegend sehr wohl. Nachdem er lange an Lungenkrebs gelitten hatte, starb er in seinem Landhaus in Hrádeček. Bis zum Ende des Zweiten Weltkrieges war die Region überwiegend deutschsprachig, und 1938–1945 gehörte sie als Teil des Sudetenlandes zum Deutschen Reich.

Das älteste Dokument über Bierbrauen in Trutnov stammt aus dem Jahr 1260, als der böhmische König Ottokar II. den Bürgern der Stadt das Braurecht bestätigte. Die Brauerei Trutnov, genauer: Pivovar Krakonoš Trutnov, wurde 1582 gegründet und gehört nach tschechischen Maßstäben zu den mittelgroßen Bierbrauereien. Das Pilsner sowie das dunkle und helle Lager finden vor allem in der näheren Umgebung, in den Regionen Hradec Králové und Liberec Absatz.

Krakonoš Světlý Ležák ist das Spitzenprodukt der Brauerei Trutnov, sowohl der Produktionsmenge als auch dem Ruf nach. Es handelt sich um ein bernstein-farbenes, unpasteurisiertes Pils mit dickem Schaum. Im Geruch vereinen sich Malz-, Frucht- und Toffee-Aroma. Der Geschmack ist malzig und durch Hopfen geschärft. Der Abgang ist – typisch für tschechisches Pils – trocken und hopfig.

POLSKA PARTIA PRZYJACIÓŁ PIWA

AL. JEROZOLIMSKIE 42 m 100
00-024 WARSZAWA

PKO-BP IX O/Warszawa
Nr konta 1599-324988-132

tel./fax 275-422
tel./fax 275-423

leg. nr.: . . . .

miejsce
na
zdjęcie

imię
. . . .

nazwisko
. . . .

miasto
. . . .

. . . .
ulica   nr mieszkania

. . . .
kod   telefon

Die in der Zeitschrift Pan veröffentlichte Beitrittserklärung löste einen Strom von Mitgliedsanträgen aus, der die Partei der Bierfreunde vom Insiderwitz zu einer echten politischen Bewegung machte.

XXI
Die Partei der Bierfreunde Polens

Um die Wende von den 1980ern zu den 1990ern führte Polen den Übergang Osteuropas vom Kommunismus zur Mehrparteiendemokratie an. Bei der Wahl 1989 gewann die Gewerkschaftsbewegung Solidarność alle freien Sitze für sich, und im folgenden Jahr wurde der Anführer der Bewegung, Lech Wałęsa, Präsident seines Landes. Polen war frei – wusste aber nicht recht, was es mit seiner Freiheit anfangen sollte. Nachdem der Rausch der Befreiung verflogen war, mussten die Bürger in den grauen Alltag zurückkehren. Entgegen den Erwartungen hatte der Sturz des Kommunismus nicht allen den Lebensstandard Westdeutschlands beschert. Im Gegenteil: Rationalisierungsmaßnahmen in den staatlichen Großbetrieben führten zu Massenentlassungen, und die Aufhebung der Preisregulierung für Lebensmittel heizte die Inflation an. Die Solidarność-Bewegung spaltete sich in mehrere Parteien auf, und die Politik artete mehr und mehr in Gezänk aus. Enttäuschung und Pessimismus prägten die Zeit bis zur ersten völlig freien Parlamentswahl in Polen 1991. Auch Wałęsa erhielt als Präsident seinen Anteil an dem Dreck, mit dem das hitzige Volk alles bewarf, was auch nur entfernt mit Politik zu tun hatte. Die Polen hofften auf eine Veränderung, ohne genau zu wissen, wie sie aussehen sollte. Ein typisches Phänomen dieser Zeit zu Beginn der 1990er-Jahre war die Partei der Bierfreunde Polens, *Polska Partia Przyjaciół Piwa*, PPPP.

Die Partei der Bierfreunde Polens ist in der Geschichte Europas nicht einzigartig. Entsprechende Parteien gab es in den 1990er-Jahren auch in der Tschechoslowakei, Russland, der Ukraine und Weißrussland. Die Programme dieser Parteien enthielten ähnliche Zielsetzungen wie in Polen. Einige setzten sich ernsthaft für Wirtschaftsreformen und Mäßigung des Alkoholkonsums ein, andere waren reine Witzparteien. Der Einzug ins Parlament gelang allerdings nur den polnischen Bierfreunden.

Der Widerstand gegen die Staatsgewalt zählte seit Jahrhunderten zu den grundlegenden Elementen der nationalen Identität der Polen. Seit der Polnischen Teilung Ende des 18. Jahrhunderts hatte das Land, abgesehen von der kurzen Zeit der Republik 1918 bis 1939, zweihundert Jahre lang keine eigene Regierung. Als Besatzer traten Russland, Österreich-Ungarn und Preußen sowie das nationalsozialistische Deutschland auf. Die kommunistische Herrschaft nach dem Zweiten Weltkrieg wurde unter dem Druck der Sowjetunion errichtet. Vor diesem Hintergrund ist es nicht verwunderlich, dass die Enttäuschung über die Freiheit sich in weitverbreiteter Politikverdrossenheit äußerte. Ein Teil der Bevölkerung beteiligte sich an Demonstrationen gegen die

Interimsregierung. Ein Teil war desinteressiert und ließ die Politik in ihrer eigenen Parallelwelt leben. Ein Teil zog das Ganze ins Lächerliche.

Skauci Piwni, »Die Bierpfadfinder«, war eine humoristische Serie, die um die Wende von den 1980er- zu den 1990er-Jahren im polnischen Fernsehen lief; sie zeigte erwachsene Männer in Pfadfinderkluft, die sich vom Gerstensaft zu diversen Abenteuern beflügeln ließen. Ein Riesenerfolg wurde die Serie nicht, doch die Beteiligten machten Geschichte mit einer Idee, die ihnen bei den Dreharbeiten kam: Könnte man nicht eine eigene Partei für Bier gründen? Der Gedanke wurde bei einigen Gläsern diskutiert. Auch am nächsten Morgen wirkte er nicht übel.

In jenen Tagen wurden in Polen zahlreiche Parteien gegründet. Die Solidarność-Bewegung hatte in den 1980er-Jahren die Gegner des Kommunismus vereint, doch nach dem Sturz des gemeinsamen Feindes gab es nichts mehr, was sie zusammenhielt. An die Macht kam eine Übergangsregierung, die den Namen Solidarność trug, doch die Bewegung selbst splitterte sich zwischen 1989 und 1990 in zahlreiche politische Gruppen mit unterschiedlichen Zielen auf. Sozialdemokraten, Katholiken, Agrarier und Liberale repräsentierten verschiedene Segmente des politischen Spektrums, zerfielen aber ihrerseits in verschiedene Parteien. Sie alle richteten den Blick auf die erste völlig freie Parlamentswahl, die im Herbst 1991 stattfinden sollte. Es war bezeichnend für die Zersplitterung des politischen Systems, dass an der

Wahl 1991 insgesamt einhundertelf Parteien oder Listen teilnahmen. Etwa die Hälfte davon war in mindestens zwei Wahlkreisen aktiv, und rund zwanzig Parteien hatten eine landesweite Tätigkeit vorzuweisen.

Die PPPP ging aus einem Insiderwitz hervor. Die Idee der Schauspieler aus der Serie »Bierpfadfinder« kam der Redaktion der Zeitschrift *Pan* zu Ohren, deren Chefredakteur Adam Halber sie weiterentwickelte. Er entwarf halb im Spaß, halb im Ernst ein politisches Programm für die Partei, in dem es hieß, dass die Mitglieder »alles tun, um dafür zu sorgen, dass die Bierkultur gut und die Führung der Partei noch besser ist. Wir brauchen ordentliche Bierstuben, in denen man in entspannter Atmosphäre einen Krug gutes Bier genießen kann. So lässt sich die vulgäre Wodkakultur an den Ufern der Oder, der Weichsel und des Bug durch den Genuss von Hopfengetränken ersetzen.« Der Hinweis auf die Wodkakultur saß. Anders als der südliche Nachbar Tschechoslowakei oder der westliche Nachbar Deutschland war Polen 1990 der westlichste Vorposten der osteuropäischen Wodkazone. Der Durchschnittspole trank zehn Liter Wodka pro Jahr. Sechzig Prozent allen Alkohols wurde in Form von Wodka getrunken, nur knapp ein Viertel in Form von Bier. Der Bierkonsum (neunundzwanzig Liter pro Person und Jahr) betrug etwa ein Viertel der entsprechenden Menge in der Tschechoslowakei.

Dabei hatte das Bier in Polen eine lange und bunte Geschichte. Die fruchtbaren Ebenen eigneten sich vorzüglich für den Anbau von Gerste, und im Mittelalter wurde dort im gleichen Maß Bier gebraut wie in ganz Mitteleuropa. Der Gerstensaft sorgte auch für Gefühlsstürme. In der Stadt Breslau (poln. *Wrocław*) in Schlesien, im heutigen Südwestpolen, eskalierte ein Streit zwischen der Kirche und der weltlichen Verwaltung über das Schicksal einiger Bierfässer zum so genannten Breslauer Bierkrieg (1380–1382), der ungeachtet seines Namens glücklicherweise gewaltlos verlief.

Die Klöster hatten in Schlesien im 14. Jahrhundert ein Sonderrecht, Bier zu brauen und auszuschenken, doch von diesem Privileg abgesehen besaß der Stadtrat von Breslau das Monopol auf Braugenehmigungen und Handel. Die Stellung des Domkapitels war umstritten. Es unterstand dem Bischof und setzte sich selbst einem Kloster gleich, doch die weltliche Verwaltung wollte dem Bischof kein Braurecht gewähren. Als der Rat im Jahre 1380 unter Hinweis auf sein Handelsmonopol einige Fässer des berühmten Biers aus Schweidnitz (poln. *Świdnica*) beschlagnahmte, das der Herzog von Liegnitz als Weihnachtsgeschenk an das Domkapitel geschickt hatte, ging den Geistlichen die Galle über. Sie drohten den Stadtbürgern sogar mit dem Kirchenbann, wenn das Bier nicht ausgeliefert würde. Das Domkapitel verbot auch die Feier von Gottesdiensten in Breslau, bis die bischöfliche Verwaltung ihr Weihnachtsbier bekam. Die Stadt gab nicht nach. Schmähungen und Flüche gingen hin und her. Die Kirchtüren blieben ein gutes Jahr lang verschlossen. Erst das Eingreifen des Papstes und des

Königs führte 1382 einen Waffenstillstand im verbalen Schlagabtausch herbei. Das Domkapitel und der Stadtrat versicherten einander »Ehrerbietung, Verehrung, Gehorsam und Treue«, wie es in der feierlichen Erklärung hieß. Die Frage des Braurechts blieb über Jahrhunderte ungelöst. Das Schweidnitzer Bier hatten die Ratsherren längst getrunken ...

Gut sechs Jahrhunderte später verlief die Bierdebatte in Polen gesitteter – in völliger Übereinstimmung mit dem Gesetz. Um sich als Partei registrieren lassen zu können, mussten die Bierfreunde fünftausend Unterschriften sammeln. Adam Halber veröffentlichte im Herbst 1990 in der Zeitschrift *Pan* ein Inserat über die geplante Bierpartei. Beigefügt war eine Karte, mit der man sich für die Gründung aussprechen konnte. Die Menge der Antworten überraschte alle. Tausende von Lesern schickten die mit Name, Adresse und Unterschrift versehene Karte ein. Die erforderlichen Unterschriften kamen zusammen, und am 28. Dezember wurde die Partei der Bierfreunde Polens in das Parteiregister eingetragen. Aus dem Witz war Ernst geworden. Die nächste Frage war, was die Partei eigentlich tun wollte.

Die Bierpartei begann sich auf die Wahl vorzubereiten. Vorsitzender und Galionsfigur wurde der Vater der Idee, der aus den »Bierpfadfindern« bekannte Komiker Janusz Rewiński. Für die praktische Arbeit war der Vizevorsitzende Halber zuständig. Er überarbeitete seinen ursprünglichen Programmentwurf und gestaltete ihn detaillierter. Zur Förderung der Bierkultur sollte unter anderem die Steuer auf hochprozentige Getränke im Verhältnis zur Biersteuer erhöht und die Bürokratie bei der Gründung einer Kleinbrauerei oder Bierstube vereinfacht werden. Gefordert wurde ferner eine Verschärfung der Umweltgesetze, denn »ohne sauberes Wasser kann man kein gutes Bier brauen«.

In der Öffentlichkeit bewahrte die Partei ihr Narrengesicht. Der bärtige und bäuchige Rewiński war ein leicht wiederzuerkennender und sympathischer Vorsitzender, der den Bierfreunden viel Publizität verschaffte. Die Werbeplakate zeigten ihn, wie er in seiner aus dem Fernsehen bekannten Pfadfinderkluft Bierfässer schleppte. Rewiński verfasste auch den Text des Parteiliedes, das die Vorzüge des Biers gegenüber dem Wodka aufzeigte: »Trink ein Bier, trink zwei, auch drei/ das macht dich lustig und frei./Schnaps schmeckt nicht mehr gut genug/drum greif getrost zum Bierkrug!«

Hinter den Kulissen trieb Halber in Höchstgeschwindigkeit Hunderte von Kandidaten für die Partei auf. Manche ließen sich durch das fröhliche Öffentlichkeitsbild der Bierpartei oder durch Rewińskis Bekanntheit anlocken. Einige betrachteten die Partei als frische, liberale Alternative. Obwohl seit dem Ende der Alleinherrschaft der Kommunisten erst zwei Jahre vergangen waren, litten viele Regierungsparteien unter dem Zerfall der Solidarność-Bewegung. Die schmerzhaften Reformen der Übergangsregierung belasteten sowohl die Liberal- als auch die Sozialdemokraten. Die Biermänner hatten keine Vergangenheit in der Solidarność-Bewegung oder bei den Kommunisten. Sie kamen nicht aus der Politik.

Das Ergebnis der Parlamentswahl im Oktober 1991 entsprach, was die größten Parteien betraf, den Erwartungen. Angesichts der Tatsache, dass es sich um die erste völlig freie Wahl handelte, war die Gleichgültigkeit der Wähler außerordentlich groß. Nur 43,2 Prozent der Wahlberechtigten gaben ihre Stimme ab. Die Stimmen waren so zersplittert, dass selbst die größten Parteien, die in der politischen Mitte angesiedelte Demokratische Union und die Sozialdemokraten, nur je zwölf Prozent erhielten. Die anderen Parteien erreichten weniger als zehn Prozent. Insgesamt verteilten sich die vierhundertsechzig Parlamentssitze auf neunundzwanzig Parteien. Einer der Überraschungssieger war die Bierpartei, die 367 106 Stimmen erhielt. Mit sechzehn Abgeordneten war sie die zehntgrößte Fraktion im Parlament. Ihre Plätze im Plenarsaal befanden sich zwischen der Mitte und der Rechten, in den beiden obersten Reihen. Man witzelte, diese Platzierung in der Nähe der Türen sei erfolgt, damit die Biertrinker einen möglichst kurzen Weg zum Pissoir hatten.

Das Wahlergebnis erwies sich als Pyrrhussieg für die Bierfreunde. Die ungewöhnliche Partei erregte auch im Ausland Interesse, und die Parteiführung konnte sich im Blitzlicht sonnen. Im Inneren gärte es jedoch. Die Pioniere der Partei, Adam Halber an der Spitze, wollten an ihren ursprünglichen Zielen festhalten und die

Welt vor allem durch das Bierglas betrachten. Wenn Wirtschaftsreformen oder Umweltgesetze die Stellung des Biers förderten, waren sie gut. Aber der Parteivorsitzende Janusz Rewiński hatte auch viele Geschäftsleute angezogen, die darauf drängten, die Bierfreunde zu einer regulären Partei mit allgemeinem Programm zu machen. Die Differenzen zwischen Idealisten und Pragmatikern wuchsen so rasch, dass die Partei schon vor der Konstituierung des neuen Parlaments zerfiel. Die Presse jubelte über die neue Wende und prägte für die beiden Gruppen die Bezeichnungen Großes und Kleines Bier.

Die Mehrheit, das »Große Bier«, bestand vorwiegend aus den Geschäftsleuten, die der Parteivorsitzende Rewiński als Kandidaten gewonnen hatte. Viele von ihnen hatte gerade die Geschichtslosigkeit der Partei dazu bewogen, sich aufstellen zu lassen. Die PPPP wurde als Chance zur Veränderung betrachtet. Einer der Abgeordneten der Partei, der später auch zum Minister aufgestiegene Zbigniew Eysmont, erinnert sich: »Nur wenige Geschäftsleute tranken damals überhaupt Bier. Der Eintritt in die Partei war einfach eine günstige Gelegenheit. Wir wollten nicht um der Politik willen in die Politik – dann hätten wir uns den Liberalen von Gdańsk angeschlossen –, sondern wir wollten die Möglichkeit, ein neues politisches Umfeld für die Geschäftstätigkeit zu schaffen.« Die als »Großes Bier« bekannte Gruppe von dreizehn Abgeordneten gab sich den offiziellen Namen Polnisches Wirtschaftliches Programm (*Polski Program*

Gospodarczy, PPG). Schon bald unterstützte sie die führenden rechten Parteien. Eysmont war 1992 als Minister ohne Portefeuille für die Entwicklung des Wirtschaftslebens zuständig. Zwar hatte die PPG-Gruppe zu diesem Zeitpunkt praktisch nichts mehr mit der ursprünglichen Partei oder dem »Kleinen Bier«, das deren Tradition fortsetzte, zu tun, doch formal war Eysmonts Partei weiterhin die PPPP, die Partei der Bierfreunde Polens. So ging er weltweit als einziger Minister einer Bierpartei in die Geschichte ein.

Das »Kleine Bier«, dem nur drei Abgeordnete verblieben, unterschied sich in seiner parlamentarischen Linie letztlich nicht übermäßig vom Geschäftsmännerflügel des »Großen Biers«. Die anfängliche Konzentration auf Bier wich einer reformfreudigen Gesamtpolitik, wenngleich die Gruppierung in ihren wirtschaftspolitischen Auffassungen weiter links stand als das »Große Bier«. Als dreiköpfige Gruppe hatten die Bieridealisten allerdings kaum politisches Gewicht. Da sich die Parteienlandschaft in Polen ständig veränderte, war niemand überrascht, als die Abgeordneten des »Kleinen Biers« während der Legislaturperiode zu anderen Fraktionen überwechselten. Halber, der Hauptideologe der Bierpartei, wandte sich frustriert ab und wurde einfacher Abgeordneter der Sozialdemokraten.

Nach knapp zwei Jahren löste Präsident Wałęsa im Mai 1993 das Parlament auf; die nächste Wahl wurde für September angesetzt. Die Partei der Bierfreunde trat zersplittert zur Wahl an. Die Parteiführung hatte innerhalb von zwei Jahren vollständig gewechselt. Die bisherigen Abgeordneten kandidierten entweder für andere Parteien oder zogen sich ganz aus der Politik zurück. Zwei Jahre parlamentarischer Verantwortung hatten auch die Sympathien für die Biermänner schal werden lassen. Obwohl die Partei landesweit bekannte Ex-Sportler und -Trainer als Kandidaten aufstellte, hinterließ der letzte Schluck einen faden Geschmack. Sie erhielt nur 14 382 Stimmen, und mit diesem Anteil von 0,1 Prozent musste sie den Traum vom Parlament aufgeben. Generell war die politische Lage anders als zwei Jahre zuvor. Die drei größten Parteien errangen insgesamt zweiundachtzig Prozent der Parlamentssitze; Protestbewegungen wie die Bierfreunde waren nicht mehr gefragt. Die Tätigkeit der Partei schlief ein, und vor der nächsten Wahl im Jahr 1997 wurden die Bierfreunde aus dem Parteiregister gestrichen.

So kurz die Geschichte der Bierpartei auch war, kann man doch feststellen, dass sie ihre Aufgabe erfüllte. Polen ist zum Bierland geworden. Der Anteil des Wodkas am Alkoholkonsum hat sich in zwanzig Jahren auf etwa dreißig Prozent halbiert. Gleichzeitig ist die Bierkultur sowohl quantitativ als auch qualitativ aufgeblüht. Polen ist heute nach Deutschland, Russland und Großbritannien der viertgrößte Bierproduzent Europas. Auch der Bierkonsum der Polen hat sich innerhalb von zwei Jahrzehnten verdreifacht, auf fast hundert Liter pro Einwohner im Jahr.

Żywiec
Żywiec, Polen

Typ: Lager
Alkohol: 5,6 %
Stammwürze: 12,3 op
Bittereinheit: 20 EBU
Farbe: 12,1 EBC

Der polnischen Brauindustrie ist es in den letzten fünfundzwanzig Jahren ebenso ergangen wie den politischen Parteien des Landes. Die großen Unternehmen
wurden noch größer und die kleinen rückten an den
Rand. Die größte Brauerei des Landes ist die Kompania
Piwowarska (Marktanteil 43 Prozent), die im Besitz von
SABMiller steht und zu deren Marken *Tyskie*, *Żubr* und
Lech zählen. Der Żywiec-Konzern, der Heineken gehört,
erreicht einen Marktanteil von 33 Prozent.

Die Stadt Żywiec liegt in Oberschlesien, am Nord-
rand des Karpatenbogens. Herzog Albrecht von Teschen,
der zugleich Erzherzog von Österreich war und dem
Haus Habsburg entstammte, gründete 1856 in der Stadt
eine Brauerei, die bis zur Verstaatlichung nach dem
Zweiten Weltkrieg den Habsburgern gehörte. Die Lage
am Fuß des Gebirges und die damit verknüpften Assoziationen von Naturfrische spiegeln sich im Logo der

Brauerei, das ein tanzendes Paar in Nationaltracht und drei Tannen zeigt. Die polnischen Wurzeln symbolisiert die Krone der polnischen Könige.

Das Bier, das den Namen der Brauerei trägt, ist ein korngelbes, halb vollmundiges Lager. Getreide und Malzsüße prägen den Geschmack. Die Hopfung ist mittelstark. Das Wasser, mit dem *Żywiec* gebraut wird, stammt traditionsgemäß aus Bergquellen.

Wasser war im belagerten Sarajevo kostbar. Nachdem die Serben die Wasserzufuhr unterbrochen hatten, bezogen die Einwohner ihr Trink- und Nutzwasser aus den Brunnen der Brauerei Sarajevska.

XXII
Der Retter von Sarajevo

Im April 1992 belagerten serbische Truppen Sarajevo, die Hauptstadt von Bosnien und Herzegowina. Rund dreihunderttausend Menschen waren in der Stadt eingeschlossen. Einen Monat später kappten die Belagerer die Wasserleitungen, die Trinkwasser aus den Bergen der Umgebung nach Sarajevo brachten. »Sollen sie doch Champagner trinken«, hätte die französische Königin Marie Antoinette in dieser Situation vielleicht gesagt. Sekt fand sich in der eingekreisten Stadt nicht, doch die Brauerei Sarajevska konnte den Durst der Stadtbewohner stillen.

Nach der offiziellen Auslegung des Islam sind alkoholische Getränke, einschließlich Bier, *harām*, d. h. verboten. Die türkischen Osmanen, die Bosnien im 15. Jahrhundert eroberten, waren in Glaubensfragen jedoch verhältnismäßig liberal. Als Großwesir von Bosnien amtierte 1861–1869 der westlich orientierte Topal Osman-Pascha, in dessen Amtszeit die ersten kommerziellen Brauereien entstanden. Der Österreicher Joseph Feldbauer gründete 1868 im Stadtteil Kovačići am Westrand der Hauptstadt die Brauerei Sarajevska. Der Großwesir war bei der Eröffnung persönlich anwesend und trank das erste Glas des von Feldbauer gebrauten Biers. Der Geschmack sagte ihm so sehr zu, dass er sein leeres Glas mit Golddukaten füllte und dem Braumeister zum Dank überreichte. Dieser erste Erfolg hielt nicht an. Wegen geringer Nachfrage und wirtschaftlichen Schwierigkeiten musste die Brauerei ihre Tätigkeit mehrmals unterbrechen.

In den Gebirgsgegenden Europas litten die Städte in aller Regel nicht unter Mangel an Trinkwasser. An den unbesiedelten Berghängen gab es zur Genüge frisches Wasser, und den Rest erledigte die Schwerkraft. Brunnen wurden in den Stadtgebieten nicht gebraucht. Als sich die Besiedlung auf die Berghänge ausdehnte, wurde das Wasser über Leitungen in die Stadt geführt, um seine Sauberkeit zu gewährleisten. So verhielt es sich auch in Sarajevo. Die Brauerei Sarajevska erhielt ihr Wasser von den Abhängen des Berges Zlatište im Süden der Stadt. Problematisch war dabei allerdings, dass Wasser aus Gebirgsquellen und -bächen stark mineralhaltig ist. Vor allem für die untergärigen Lagerbiere wäre weicheres Wasser notwendig gewesen.

Auf dem Berliner Kongress nach dem Russisch-Türkischen Krieg wurde Bosnien und Herzegowina 1878 der Herrschaft Österreich-Ungarns unterstellt, obwohl es offiziell weiterhin zum Osmanischen Reich gehörte. Der Herrschaftswechsel wirkte sich förderlich auf die bosnische Brauindustrie aus. Auch aus Sarajevo zog man zur Fortbildung ans andere Ende des Reiches, nach Pilsen in Böhmen. In der Brauerei *Bürgerliches Brauhaus* (heute *Pilsner Urquell/Plzeňský Prazdroj*) lernten die Bosnier die Eigenschaften der verschiedenen Wasserarten kennen und beschlossen, nach dem Vorbild der Böhmen weicheres Wasser im Schoß der Erde zu suchen. Ein geeigneter Standort fand sich am südlichen Rand des Stadtzentrums hinter dem Fluss Miljacka, wo man in großer Tiefe eine reiche Grundwasserader entdeckte. Die neue Brauerei wurde 1898 in der Franjevačka 15 eröffnet. Die Qualität des dort gebrauten Biers sprach sich bis nach Wien herum, und Lagerbier aus Sarajevo wurde bald auch am kaiserlichen Hof genossen.

Die Einwohnerzahl von Sarajevo stieg im Lauf des 20. Jahrhunderts von rund fünfzigtausend auf fast eine halbe Million. Bei der letzten Volkszählung in Jugoslawien bezeichneten sich die Hälfte der Einwohner als Bosniaken und dreißig Prozent als Serben. Der Anteil der Kroaten lag bei etwa sechs Prozent, und gut zehn Prozent der Einwohner von Sarajevo nannten als nationale Identität »jugoslawisch«. Auch bei der Gesamtbevölkerung von Bosnien und Herzegowina bildeten die Bosniaken die größte Gruppe (44 Prozent) vor den Serben (31 Prozent).

Der Zusammenbruch des Kommunismus in Osteuropa zwischen 1989 und 1990 zerriss Jugoslawien. Der Tsunami des Nationalismus überrollte Slowenien und Kroatien und erreichte schließlich Bosnien, das traditionell ein Konglomerat verschiedener Nationalitäten, Religionen und Identitäten war. Die Bosniaken und

Kroaten traten für einen unabhängigen multikulturellen Staat ein, während die Mehrheit der Serben dafür plädierte, sich dem unter serbischer Führung stehenden Rest-Jugoslawien oder Groß-Serbien anzuschließen. Die Kämpfe zwischen der Regierung und der serbischen Armee in Bosnien begannen im Februar 1992. Bei der Entscheidung für die eine oder andere Seite in diesem Konflikt war zwar meist der ethnische Hintergrund ausschlaggebend, doch in der bosnischen Armee kämpften neben Bosniaken, Kroaten und »Jugoslawen« auch einige regierungstreue Serben.

Im April erreichten die Kämpfe auch Sarajevo, das die Serben rasch einkreisten. Da die bosnischen Regierungstruppen, die die Hauptstadt hielten, zahlenmäßig deutlich stärker waren, verzichteten die Serben auf einen direkten Angriff. Stattdessen wollten sie die Stadt in ihre Gewalt bringen, indem sie sie einschlossen und von den Bergen aus bombardierten. Aus drei Himmelsrichtungen wurde Sarajevo mit Granaten unter Beschuss genommen. Als die Stadt dennoch nicht kapitulierte, zogen die Serben die Schraube fester, indem sie die Strom- und Wasserversorgung unterbrachen.

Bisher hatten Pumpwerke Wasser aus den Bergen nach Sarajevo gebracht, insbesondere von Osten her. Nach dem Kriegsausbruch befanden sich alle Wasserquellen auf dem Gebiet der serbischen Truppen. Aus dem Fluss Miljacka, der durch die Stadt floss, konnte man zwar Wasser holen, doch an den offenen Uferhängen waren die Wasserholer ein leichtes Ziel für die serbischen Scharfschützen. Zudem war die Qualität des Wassers zweifelhaft. In der Stadt lief das Gerücht um, die Serben hätten am Oberlauf Gift in die Miljacka geschüttet. Man stellte Gefäße auf die Höfe und Dächer, um Regenwasser aufzufangen, das jedoch nur wenig Abhilfe schaffte. Zudem näherte sich der Sommer. Im Juli und August regnet es im Landesinnern Bosniens nur selten.

Da die wenigen privaten Brunnen und Quellen den Wasserbedarf nicht annähernd decken konnten, wurden die tiefen Brunnen der Brauerei Sarajevska anderthalb Jahre lang zur Lebensquelle der Stadt. Glücklicherweise gab es genug Wasser. Im Lauf der Jahrzehnte waren auf dem Gelände der Brauerei neue Brunnen gegraben worden, von denen einige bis in eine Tiefe von dreihundert Metern reichten. 1991 hatte die Jahresproduktion von Sarajevska 748 000 Hektoliter betragen. Hätte man diese Menge an die Einwohner der eingeschlossenen Stadt verteilt, hätte jeder mehr als zweihundert Liter Bier bekommen.

In den Räumen der Brauerei wurden öffentliche Wasserausgabestellen eingerichtet, und in Tankwagen wurde Wasser in die anderen Stadtteile gebracht. Die Schlangen an den Wasserhähnen der Tankwagen wurden in den ersten Jahren der Belagerung ein wesentlicher Teil des Stadtbilds von Sarajevo. Die Einwohner gruben auch neue Brunnen, doch wegen des Treibstoffmangels musste die Arbeit weitgehend von Hand erledigt werden, weshalb die Brunnen flach ausfielen und nicht wesentlich zur Wasserversorgung beitrugen. Die Brauerei litt jedoch nicht unter Wassermangel. Sie braute sogar während der gesamten dreijährigen Belagerung ohne Unterbrechung Bier. Dabei wurden keine hohen Produktionszahlen erreicht, doch das Wichtigste war die moralische Wirkung. Die Einwohner wollten sich selbst und der Welt demonstrieren, dass sie vor der militärischen Gewalt nicht kapitulierten, sondern ihr Leben weiterführten. Wichtig für das Überleben waren neben der Wasserversorgung die Flugzeuge der UN, die Lebensmittel und Medikamente in die belagerte Stadt brachten.

Im Januar 1994 wurde ein Filtersystem in Gebrauch genommen, das unter Anleitung des amerikanischen Helfers Fred Cuny gebaut worden war und das Wasser des Flusses Miljacka trinkbar machte. Es dauerte noch ein halbes Jahr, bis die Anlage ihre volle Kapazität erreichte. Das gesäuberte Wasser wurde in das Leitungssystem der Stadt eingespeist und floss nach zweijähriger Unterbrechung wieder überall aus dem Hahn. Das Brunnenwasser der Brauerei Sarajevska hatte seine Schuldigkeit getan und konnte nun wieder zu seinem eigentlichen Zweck verwendet werden, als Rohstoff für Bier.

Obwohl die Bombardierungen die Stadt schwer zerstörten und 17 600 Menschen (in der Mehrheit Zivilisten) töteten, hielt die Verteidigung von Sarajevo stand. Ein Waffenstillstand beendete die Kämpfe im Oktober

1995, und im Februar 1996, nach drei Jahren und zehn Monaten, erklärte die bosnische Regierung die Belagerung offiziell für beendet.

Sarajevsko Pivo
Sarajevo, Bosnien und Herzegowina

Typ: Lager
Alkohol: 4,9 %
Stammwürze: 11,2 op
Bittereinheit: 20 EBU
Farbe: 7,3 EBC

Ende Juni 1914 erschoss der junge serbische Nationalist Gavrilo Princip den österreichischen Thronfolger Franz Ferdinand vor dem Delikatessengeschäft Moritz Schiller, nur zwei Häuserblocks von der Brauerei Sarajevska entfernt. Das Attentat löste den Ersten Weltkrieg aus, mit dem eine Epoche in der Geschichte der Sarajevska zu Ende ging. Vor dem Krieg war die Brauerei eine der größten Österreich-Ungarns gewesen. Als aus ihrem Heimatland Jugoslawien wurde, sank die Nachfrage nach Bier, und Sarajevska erreichte die Produktionszahlen der 1910er-Jahre (hundertfünfzigtausend Hektoliter jährlich) erst 1965 wieder.

Der Bosnienkrieg (1992–1995) brachte der Brauerei Schäden in Höhe von schätzungsweise zwanzig Millionen Dollar. In den Jahren 1996–2009 wurde die gesamte Produktionstechnik erneuert. Heute liegt die Jahresproduktion der Brauerei bei achthunderttausend Hektoliter

Bier und einer Million Hektoliter Erfrischungsgetränke und Mineralwasser.

Sarajevsko Pivo ist ein hellgelbes, frisches und leicht gehopftes Lager. Es wird aus natürlichen Rohstoffen (Wasser, Gerstenmalz, Hopfen, Hefe) ohne Konservierungsstoffe gebraut. Das Bier wurde 2011 in Brüssel mit der Goldmedaille *Monde Selection* ausgezeichnet.

Brian Cowen war als Politiker bekannt, der sich nicht aufspielte, sondern es sich auch als Minister nicht nehmen ließ, in einfachen Kreisen ein Guinness oder auch zwei zu trinken. Foto: James Flynn.

XXIII
Die Bauchlandung des keltischen Tigers

+ 26 Prozent, + 19 Prozent, + 28 Prozent. Der ISEQ, der Aktienindex der irischen Börse, zeigte in den Jahren 2004–2006 schwindelerregende Zuwachsraten. Auch die anderen Kennziffern der Ökonomie wiesen in dieselbe Richtung. Das Bruttosozialprodukt Irlands hatte sich in den Jahren 2000–2006 verdoppelt. Die Arbeitslosenrate lag unter fünf Prozent, obwohl vor allem aus den neuen EU-Staaten in Osteuropa Arbeitskräfte auf die Insel strömten. Irland war in Fahrt. In Fahrt war auch Finanzminister Brian Cowen.

Cowen war 1984 mit vierundzwanzig Jahren ins Unterhaus des irischen Parlaments gewählt worden. Der Sohn einer Pubbesitzerfamilie aus Tullamore in Mittelirland präsentierte sich den Wählern als leicht zugänglicher, jovialer Mann aus dem Volk, der sich in Pubs wohlfühlte und gern sang. Er wurde einer der wichtigsten Politiker der Mitte-Rechts-Partei Fianna Fáil und übernahm 1992 mit zweiunddreißig Jahren zum ersten Mal ein Ministeramt.

Anfang der 1990er-Jahre war Irland eines der ärmsten Länder Westeuropas. Das Bruttosozialprodukt pro Einwohner lag 1992 unter dem Spaniens und erreichte nur ungefähr sechzig Prozent des entsprechenden Wertes für Deutschland. Das Land gehörte seit 1973 der Europäischen Gemeinschaft (später der Europäischen Union) an, doch seine Rolle in der internationalen Wirtschaft beschränkte sich weitgehend darauf, eine Art Hinterland Großbritanniens zu sein, ein Arbeitskräftereservoir, aus dem man zum Geldverdienen nach Großbritannien oder in die USA zog. Und oft blieb man auch dort. Bei der Volkszählung von 2008 gaben sechsunddreißig Millionen US-Bürger an, irische Wurzeln zu haben.

Die Wirtschafts- und Beschäftigungssituation Irlands veränderte sich jedoch in den 1990er-Jahren. Zu Beginn des Jahrzehnts wurden Wirtschaftsreformen eingeleitet, zu deren Urhebern auch Brian Cowen gehörte, der von 1992–1994 als Minister für Arbeit, Energiewirtschaft und Kommunikation zuständig war. Die Körperschaftssteuer, die Unternehmen auf ihre Gewinne zahlten, wurde auf rund zehn Prozent gesenkt. Die Finanzmarktregulierung wurde abgebaut. Neue Unternehmenssubventionen, vor allem für Technologiebetriebe und für die Produktentwicklung, wurden eingeführt. Da Irland zudem von der EU Subventionen unter anderem für das Bildungswesen und die Infrastruktur erhielt und seine Altersstruktur die jüngste aller EU-Länder war, waren die Voraussetzungen für ein rasches Wachstum gegeben. Viele Großunternehmen verlagerten den Schwerpunkt ihrer Tätigkeit in Europa nach Irland. Die Wirtschaft blühte, und zum ersten Mal seit Jahrhunderten zog Irland ausländische Arbeitskräfte an. Auch eigene Auswanderer kehrten auf die Grüne Insel zurück.

In den Jahren 1995–2000 wuchs das Bruttosozialprodukt jährlich um fast zehn Prozent. 1999 lag es pro Kopf der Bevölkerung über dem Großbritanniens, und ein Ende des rasanten Aufschwungs schien nicht in Sicht. Irland wurde dank seines Wirtschaftswunders als »Keltischer Tiger« bezeichnet, in Anlehnung an die »asiatischen Tiger« Südkorea, Taiwan, Hongkong und Singapur, die seit den 1960er-Jahren zu wirtschaftlichen Großmächten aufgestiegen waren. Auch nach der weltweiten Rezession um die Jahrtausendwende erlebte Irland erneut einen deutlich stärkeren Aufschwung als das restliche Europa.

Brian Cowen war in den Jahren 1997–2004 Gesundheits- und Außenminister seines Landes. 2004 übernahm er das Amt des Finanzministers. Angesichts des Wohlstands gab es genug zu verteilen. Die Computergiganten HP, Apple und Dell führten ihre europäischen Geschäftsaktivitäten von Irland aus. Der Prozessorenhersteller Intel und die Suchmaschine Google planten, Hunderte von Millionen in Irland zu investieren. Die Steuereinnahmen wuchsen, das Budget zeigte ein deutliches Plus, und die schwierigste Aufgabe für den Finanzminister war die Entscheidung, zu welcher Eröffnung einer neuen Geschäftsstelle er diesmal gehen sollte. Bei der Eröffnung stieß man nach internationalem Brauch mit Champagner an, doch wenn man anschließend in den Pubs der Umgebung die nationalen Traditionen hochhielt, schäumten dunklere Getränke in den Gläsern.

Im Dezember 2004 veröffentlichte Cowen sein erstes Budget. Im Haushaltsplan für 2005 stiegen die Ausgaben um neun Prozent, das heißt um 3,7 Milliarden Euro. Obwohl davon drei Milliarden durch eine neue Staatsverschuldung aufgebracht wurden, sollte an sich alles in Ordnung sein. Bisher hatten sich die Investitionen ausgezahlt. Auch jetzt sah es gut aus. Irland hatte als Staat den amerikanischen Traum erlebt. Die Erfolgsstory des Kapitalismus hatte eine ganze Nation aus der Armut geführt. Obwohl die Zeitschrift *The Economist* Irland im Juni 2005 vor den Gefahren einer Immobilienblase warnte – der Preisindex für Immobilien hatte sich in den Jahren 1997–2005 fast verdreifacht –, unternahm die Regierung nichts, um das Wachstum zu zügeln.

Die strategischen Entscheidungen des Finanzministeriums wurden im Restaurant des *Dáil*, des Unterhauses des irischen Parlaments, vorbereitet. Verschiedenen Schilderungen zufolge ging es beim Mittagessen feuchtfröhlich zu, und die Abende dauerten bis über die Sperrstunde hinaus. Cowens engster Kreis setzte sich bis spätnachts für die Wirtschaft des Landes ein, und wenn die Ziffern des Budgets vor den Augen tanzten, lockerte man die Stimmung durch fröhliche Lieder auf. Steuergelder verschlangen diese vom Guinness beflügelten improvisierten Wirtschaftsseminare nicht (zumindest nicht unmittelbar), denn jeder Teilnehmer gab der Reihe nach eine Runde aus.

Besonders eifrig entwarf der Wirtschaftsflügel der Partei Fianna Fáil die großen Linien der Wirtschaftspolitik an den Mittwochabenden, denn donnerstags tagte das Unterhaus nach alter Tradition nicht. Verständlicherweise können Nachdenken, Visionen und übermäßige Konzentration auf Zahlen zur Folge haben, dass man am nächsten Morgen mit Kopfschmerzen oder gar Übelkeit erwacht.

In den Bilanzen der Brauereien schlug sich der berauschende wirtschaftliche Aufschwung nicht nieder. Der Bierkonsum ging in Irland zu Beginn des 21. Jahrhunderts leicht zurück. Besonders deutlich trat die Veränderung in den Pubs zutage. Der Verkauf von Zapfbier verringerte sich in den Jahren 2000–2007 um fast ein Drittel. Zwar stieg der Absatz von Flaschenbier leicht an, konnte den Trend jedoch nicht umkehren. Das wohlhabend werdende Irland orientierte sich in seinen Trinksitten am Vorbild Kontinentaleuropas. Der Absatz von Wein und Cider wuchs rasant.

Finanzminister Cowen gehörte nicht zu denen, die Trends nachliefen. Er legte keinen Wert auf Drinks für zwanzig Euro in den modischen Lokalen, in denen sich die erfolgreichen jungen Geschäftsleute gern zeigten, sondern trank sein Guinness im Pub wie das gemeine Volk. Zwar lachte man über den vulgären Minister, doch die öffentliche Meinung schien fest auf seiner Seite zu stehen. Das schlug sich auch in politischem Erfolg nieder. Bei der Parlamentswahl im Frühjahr 2007 war Cowen der überlegene Sieger in seinem Wahlkreis. Fianna Fáil blieb die größte Partei im Parlament und übernahm erneut die Regierungsverantwortung. Das Budget, das Cowen zum Ende des Vorjahres vorgelegt hatte, fand die Zustimmung der Bürger. Es sah verbesserte Sozialleistungen vor und verminderte die Steuer für Käufer einer Erstwohnung.

Das nächste Jahr veränderte Brian Cowens Leben und die Wirtschaft Irlands. Im April 2008 legte Bertie Ahern das Amt des Premierministers nieder und ging in den Ruhestand. Als Vizevorsitzender seiner Partei, stellvertretender Premierminister und Finanzminister war Cowen dafür prädestiniert, Aherns Nachfolger zu werden. Allerdings hatte die Wirtschaft Irlands zu diesem Zeitpunkt bereits erste Schwächen gezeigt, und vieles deutete darauf hin, dass der neue Premierminister nicht nur lächelnd im Rampenlicht stehen würde. Cowen schritt zur Tat. Wie in den vorhergehenden Jahren wurde die Wirtschaftslage im engen Kreis bei stärkenden Getränken erörtert. (Nicht umsonst wird Bier gern als »flüssiges Brot« bezeichnet.) Der neue Finanzminister Brian Lenihan tauchte in der fröhlichen Runde allerdings nicht auf.

Im Sommer 2008 musste die Regierung zugeben, dass es wirtschaftliche Probleme gab. Als im September in den USA mit dem Konkurs der Investmentbank Lehman Brothers die Finanzkrise ausbrach, war auch in Irland klar, dass die Wirtschaft des Landes nur durch schnelle und entschlossene Ausweichmanöver davor zu bewahren war, auf Grund zu laufen. Das Staatsschiff hatte allerdings zwei Steuerruder. Finanzminister Lenihan trug in der Öffentlichkeit die Hauptverantwortung dafür, Irland aus der Krise zu steuern, doch im Hintergrund berechnete Premierminister Cowen seinen eigenen Kurs. Der im Oktober vorgelegte Haushaltsentwurf war ein ehrgeiziger Versuch, den Staatshaushalt auszugleichen, doch viele der vorgesehenen Ausgabenkürzungen mussten revidiert werden. Der Hauptgrund hierfür waren die lautstarken öffentlichen Proteste der Gewerkschaften, Studenten und Rentner, doch auch die diffuse Arbeitsteilung zwischen Premier und Finanzminister dürfte die Durchsetzung von Haushaltsreformen erschwert haben.

Im Lauf des Jahres 2008 fiel der Aktienindex der irischen Börse um 66 Prozent, die Arbeitslosigkeit verdoppelte sich auf zwölf Prozent, und die Immobilienpreise sanken um fast zwanzig Prozent. Die Banken gerieten in Schwierigkeiten. Auf den langen Schwips des Aufstiegs und die zweijährige nachlassende Trunkenheit folgte ein schwerer Kater. Die internationalen Unternehmen verlegten ihre Tätigkeit in stabilere Regionen, die Arbeitskräfte wanderten wieder ab, und ganze Wohngebiete leerten sich. Die Popularität von Brian Cowen und der Fianna Fáil brach zusammen. Im Januar 2009 war nur noch jeder zehnte Ire der Meinung, Cowens Regierung habe erfolgreich gearbeitet.

Noch im April 2008, als Cowen Premierminister

wurde, brachte die führende Zeitung Irlands, *Irish Independent*, einen umfangreichen Artikel über ihn unter dem Titel »Manchmal schaffen es auch patente Kerle an die Spitze«. Cowen wurde als untypischer Politiker dargestellt, dem Strebertum, Selbstbeweihräucherung und Ellenbogentaktik fremd waren. Er wurde als extrovertierter, offener und gesprächsbereiter Mann geschildert. Im Interview erinnerte er sich an seine Jugend als Kellner und meinte, in jenen Jahren habe er mehr gelernt als an der Universität. Die Atmosphäre der Pubs sei ihm seither wichtig geblieben. »Andere trinken zu Hause etwas, bevor sie ausgehen. Ich tue das Gegenteil. Wenn ich trinke, dann im Pub. Auf dem Heimweg von einer Sitzung kehre ich gern irgendwo zu ein paar Pints ein.« Zum Schluss des Artikels wünscht der Journalist dem Politiker, dass er auch in seinem neuen Amt ein ausgeglichenes Leben führen kann: »... sich wohlfühlen und regieren. Prost, Herr Premierminister!«

In der Düsterkeit der Wirtschaftskrise kehrte sich das Öffentlichkeitsbild bald ins Negative um. Was man bisher als Cowens »gute Laune« beschrieben hatte, wurde nun als »Dummheit« bezeichnet. Entsprechend wurde aus »Geselligkeit« nun »Faulheit«. In Cowens Privatleben wühlte die Presse jedoch nicht herum. Schlagzeilen machte der Alkoholkonsum des Premierministers erst im September 2010, als die schlimmste Phase der Wirtschaftskrise bereits überstanden war. Cowen trat im Frühstücksprogramm der öffentlichen Rundfunkanstalt RTÉ auf, sprach mit heiserer Stimme, und der Inhalt seiner Äußerungen war nicht ganz kohärent. Die Behauptung, er sei betrunken oder verkatert gewesen, wurde entschieden dementiert, doch der Korken war geöffnet. Dass Cowen gern tief ins Glas schaute, war kein Tabu mehr.

2010 stellte Irland einen fragwürdigen Weltrekord auf: Das Haushaltsdefizit betrug zweiunddreißig Prozent des Bruttosozialprodukts. Zum Vergleich: Die von der EU im Maastricht-Vertrag für den Euro definierte kritische Grenze liegt bei drei Prozent, und in Griechenland, dem EU-Staat, der von der Wirtschaftskrise am stärksten betroffen war, lag der Höchststand bei fünfzehn Prozent. In Irland handelte es sich 2010 allerdings nur um einen einmaligen Ausgabeposten im Rahmen des Rettungspakets für die Banken. Die Stabilisierung des Bankensystems und die Stützpakete von der EU und dem internationalen Währungsfonds IMF schufen die Basis für einen neuen Aufschwung. Die amerikanische Zeitschrift *Newsweek* nahm Cowen sogar in die Liste der zehn Staatsmänner auf, die die Krise am besten bewältigt haben.

Ein vereinzeltes Lob konnte den Abrutsch jedoch nicht aufhalten. Anfang 2011 erklärte der unpopuläre Cowen seinen Rücktritt als Parteivorsitzender und als Premierminister. Nach dieser Erklärung resümierte der *Irish Independent* Cowens Amtsjahre mit den Worten: »Der schlechteste Premierminister in der Geschichte des Landes.« Drei Jahre zuvor hatte ein anderer Ton geherrscht. Sic transit gloria mundi.

Nachdem Cowen sich zurückgezogen hatte, wurde er im November 2011 erneut Ziel einer Schlammschlacht, als die Reporter Bruce Arnold und Jason O'Toole in ihrem Buch *The End of the Party* (deutsch sowohl »Das Ende der Partei« als auch »Das Ende der Party«) den biergeschwängerten Entscheidungsprozess Cowens und der Partei Fianna Fáil beschrieben. Die Details der abendlichen Sitzungen wurden publik, und man erfuhr unter anderem, dass Cowen und seine Begleiter vor der fatalen Radiosendung im September 2010 in einer Kneipe 3600 Euro vertrunken hatten ...

Um der Wahrheit die Ehre zu geben, muss freilich gesagt werden, dass man die Verantwortung für die Wirtschaftskrise nicht allein Cowen zuschieben und nicht allein seine Trinksitten kritisieren sollte. Zur Entstehung der Finanzblase trugen die seit den 1990er-Jahren getroffenen Entscheidungen bei, und sie wurde letztlich durch die Habgier Tausender, wenn nicht gar Zehntausender Menschen ermöglicht. Ähnliche Hoffnungen auf ein luxuriöseres Leben hatten die vom Tulpenwahn berauschten Niederländer 1637 gelockt, ebenso die Börsenmakler der Wall Street in den 1920er-Jahren, die finnischen Yuppies in den 1980er-Jahren oder die spanischen Immobilienspekulanten in den ersten Jahren des 21. Jahrhunderts. Vergleichbare Risiken war man auch früher eingegangen, betrunken oder nüchtern. Cowen verwirklichte konsequent die wirtschaftsliberale Politik seiner Partei, die der irischen Wirtschaft tatsächlich einen rasanten Aufschwung brachte. In nachträglicher Weisheit kann man nur feststellen, dass spätestens 2004 jemand die Bremse hätte ziehen müssen.

Man sollte auch nicht vergessen, dass Brian Cowen nicht einmal in die Erste Liga käme, wenn man Staatsoberhäupter nach ihrem Alkoholkonsum oder dem dadurch verursachten Schaden klassifizieren würde. In Russland waren die letzten Jahre der Präsidentschaft von Boris Jelzin von dessen Alkoholismus überschattet, während es Mustafa Kemal trotz seiner ungesunden Lebensweise gelang, die Türkei zu einem modernen Staat zu machen. Bei Winston Churchill wiederum scheint die Vorliebe für Whisky sein Bild als allmächtiger Übermensch in den Augen der Nachwelt sogar noch zu festigen. Dem Sieger fällt es leicht, mit den Fingern das V-Zeichen zu bilden, und einen Verlierer kann man leicht abstempeln. Wenn der wirtschaftliche Sprung des keltischen Tigers nicht mit einer Bauchlandung, sondern mit einem kontrollierten Abstieg geendet hätte, wären die Bierkrüge, die Brian Cowen leerte, nur eine amüsante Episode in den Annalen der Geschichte.

Guinness Draught
Dublin, Irland

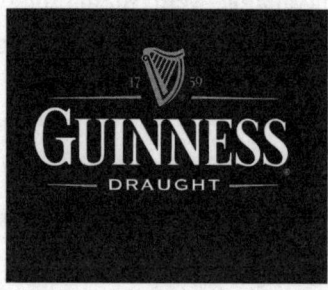

Typ: Stout
Alkohol: 4,2 %
Stammwürze: 9,6 op
Bittereinheit: 22 EBU
Farbe: 108 EBC

Arthur Guinness erwies sich als weit vorausschauender Geschäftsmann, als er die Brauerei St. James' Gate auf neuntausend Jahre von der Stadt Dublin pachtete. Er begann 1778, dunkles obergäriges Bier zu brauen, und das *Guinness-Stout,* das wir heute kennen, wurde 1820 erstmals gebraut. Das Guinness-Imperium hat bereits die große Hungersnot in Irland 1845–1852, den Osteraufstand in Dublin 1916 und den blutigen Freiheitskrieg 1919–1921 überlebt. Auch die Wirtschaftskrise konnte das Fundament der Geschäftstätigkeit nicht zerstören. Zwar sank der jährliche Absatz von *Guinness* in Irland in den Jahren von 2001–2011 von zweihundert Millionen auf hundertzwanzig Millionen Liter, doch die internationale Nachfrage blieb stabil. Besonders schnell wuchs der Markt in Afrika; im Konsum des schwarzen Goldes unter den Bieren liegt Irland nur noch an zweiter Stelle. Am meisten *Guinness* wird heute in Nigeria getrunken.

Guinness wurde zum Vorbild für trockene Stouts. Sein Geschmack ist stark hopfig, kräftig und trocken. Das Geheimnis des typischen Geschmacks ist geröstete, ungemalzte Gerste. Sowohl beim Zapfbier als auch in der Dose bildet eine Stickstoffpatrone Bläschen, die dem *Guinness Draught* seinen charakteristischen, reichlichen und feinen Schaum geben.

Ein Höhepunkt der Koexistenz von Bier und Fußball: Der von dem Brauereibesitzer John Houlding gegründete FC Liverpool als Sieger der von dem Bierkonzern Heineken gesponserten Champions League im Jahr 2005 – auf den Trikots Werbung für das dänische Bier Carlsberg.

XXIV
FC Heineken gegen
AB InBev United

Henry Mitchell aus Birmingham, der Besitzer der nach
ihm benannten Brauerei *Henry Mitchell's old Crown Brewery*, gründete 1886 eine Fußballmannschaft für seine
Arbeiter. Der Mitchell St George's FC entwickelte sich
rasch von einer Betriebsmannschaft zur Spitzenelf ihrer Zeit, deren Spieler Halbprofis waren. 1889 schaffte
es die Mannschaft im englischen Pokalwettbewerb
(*FA Cup*) ins Viertelfinale, dank ihres »engagierten Präsidenten, der einen großen Geldbeutel besitzt«, wie das
Sportblatt *Athletic News* kommentierte.

Bis heute fließt Biergeld in den Fußballsport. Die
Summen sind im Vergleich zu Henry Mitchells Zeiten
größer geworden, ebenso aber auch die Öffentlichkeits-
wirkung. Im Herbst 2013 verlängerten der Europäische
Fußballverband UEFA und der Brauereikonzern Heineken ihren Vertrag über die Position als Hauptsponsor
der *UEFA Champions League* um drei Jahre (2015–2018).
Schätzungen zufolge bringt dieser Vertrag der UEFA
jährlich fünfzig bis fünfundfünfzig Millionen Euro ein.
Im Gegenzug bekommen über Fernsehen und Internet
jährlich mehr als vier Milliarden durstige Fußballfans
das Heineken-Emblem zu sehen.

Bierbrauereien und Fußball haben sich seit der Entstehung des Spiels gegenseitig unterstützt. Die englische Liga wurde 1888 gegründet, und schon in den ersten Jahrzehnten wurden die meisten ihrer Mannschaften von einer Brauerei gefördert. Als Gegenleistung für ihr finanzielles Engagement erhielten die Brauereien das Recht, den Zuschauern Bier zu verkaufen und in den Stadien für ihre Produkte zu werben.

Mitchell St George's blieb auch nicht die einzige von einem Bierbaron geschaffene Mannschaft. Der erfolgreichste Bierverein ist der 1892 von dem Brauereibesitzer John Houlding gegründete FC Liverpool, später unter anderem achtzehnfacher Ligameister und fünffacher Sieger im Europa-Cup oder der Champions League.

Es waren seit jeher dieselben Faktoren, die das Interesse der Brauereien gerade auf den Fußball lenkten. Marketingexperten würden von Synergie-Effekten sprechen. Fußball und Biertrinken sprechen die breiten Massen an, zudem ist die wichtigste Zielgruppe bei beiden identisch: Männer zwischen 18 und 35 Jahren. Bier ist traditionell das Getränk der Sportfans, zuerst nur auf den Tribünen, seit der Mitte des 20. Jahrhunderts zunehmend auch zu Hause auf dem Sofa. Wenn ein Verein einen Vertrag über das im Stadion zu verkaufende Bier geschlossen hatte, war es naheliegend, mit der betreffenden Brauerei in größerem Umfang zusammenzuarbeiten. Den Marketingabteilungen der Brauereien gefielen die Assoziationen, die mit dem Fußball verknüpft wurden: Kühnheit, Leidenschaft und Erfolg.

Diese Eigenschaften und ebenso die Vereinstreue der Zuschauer wollte man gern auf die eigene Biermarke übertragen.

Zwar erhofften sich die Brauereien von der Zusammenarbeit mit dem Fußball verschiedene Wirkungen, etwa Etablierung des Markennamens, Produkttreue und Publicity, doch man kann sagen, dass hinter all dem letztlich ein einziges Ziel steht: möglichst viel Bier zu verkaufen. Der Wert der Sponsorenverträge mit Fußballvereinen und -verbänden ist in der Regel geheim, es lässt sich also nicht exakt angeben, wie viel Brauereigeld beim Fußball rollt. Jedenfalls geht es allein in Europa um Hunderte Millionen jährlich.

Das nach außen sichtbarste Zeichen für Sponsoring sind die Werbelogos auf den Spielertrikots. Beispielsweise zierte die Trikots von Liverpool fast zwanzig Jahre lang, 1992–2010, das Logo der dänischen Brauerei Carlsberg. Dass es von den Trikots verschwand, bedeutete jedoch nicht das Ende der Zusammenarbeit. Carlsberg hatte sich im Lauf der Jahre bereits so fest im Bewusstsein der Liverpool-Fans verankert, dass das Sponsoring der Trikots dem Brauereikonzern nicht unbedingt einen Mehrwert gebracht hätte. Aufmerksamkeit konnte man auch auf anderen Wegen erhalten. Heute ist Carlsberg-Lager das »offizielle Bier« des FC Liverpool. Die Zusammenarbeit hat sich unter anderem auf die sozialen Medien verlagert, wo Carlsberg als Teil des »Liverpool-Erlebnisses« präsentiert wird. Für die Kundenbindung gelten Erlebnischarakter und

Gemeinschaftsgefühl als besonders wichtig; die bloße Maximierung der visuellen Präsenz ist demgegenüber zweitrangig.

Die Bedeutung der Trikotreklame bei der Zusammenarbeit zwischen großen Brauereikonzernen und Fußballvereinen hat sich in den 2010er-Jahren gegenüber dem Beginn des Jahrhunderts oder den 1990er-Jahren verringert. In den fünf größten europäischen Ligen trägt nur die englische Mannschaft Everton eine Bierreklame auf dem Trikot; ihr Sponsor ist seit 2004 die thailändische Brauerei Chang. Die Zusammenarbeit zwischen Brauereien und Fußballvereinen dauert jedoch an. Beispielsweise hat in Deutschland jede Mannschaft der drei höchsten Ligen eine Brauerei als Kooperationspartner. Das Sponsoring hat lediglich neue Formen angenommen. Mehr als zuvor wird die Partnerschaft auch außerhalb des Spiels sichtbar gemacht, zum Beispiel in der eigenen Werbung der Brauereien.

Die großen Bierkonzerne beteiligen sich auf mehrere Arten am Sponsoring. Der vorherrschende Trend geht dahin, die Hauptmarke nicht an einen einzelnen Verein zu binden, sondern ihr als Sponsor von Turnieren und Ligen Sichtbarkeit zu verschaffen, sodass alle Fans, unabhängig von ihrer Vorliebe für einen bestimmten Verein, die Marke als ihre eigene empfinden können. Heineken sponsert mit seinem Lager die Champions League, Carlsberg die englische Premier League sowie die Fußball-EM 2012 und 2016. Der Konzern AB InBev wiederum unterstützt mit seiner Marke Budweiser zum Beispiel den englischen FA Cup und die Weltmeisterschaften.

Die anderen Biermarken der Brauereikonzerne beteiligen sich am Sponsoring auf der Ebene, die zu der jeweiligen Marke passt, indem sie etwa eine National- oder Vereinsmannschaft unterstützen. Beispielsweise ist die außerhalb der Benelux-Staaten kaum bekannte Biermarke Jupiler des Konzerns AB InBev in Belgien und den Niederlanden einer der prominentesten Fußballsponsoren. Die erste Liga in Belgien heißt offiziell *Jupiler Pro League*. Jupiler ist auch der Hauptsponsor der belgischen Nationalmannschaft. Unter den Vereinsmannschaften sind als Kooperationspartner von Jupiler in der Saison 2013/2014 unter anderen die niederländischen Vereine Ajax, Willem II und Sparta Rotterdam sowie die belgischen Clubs Anderlecht, Standard Lüttich und FC Brügge zu nennen. In anderen Absatzgebieten stellt AB InBev andere Biermarken in den Vordergrund. Beispielsweise tritt in Deutschland Hasseröder als Sponsor von Werder Bremen und Hannover 96 auf.

In entsprechender Weise unterstützt auch Heineken einzelne Nationalmannschaften und Vereine hauptsächlich über andere Biermarken des Konzerns. Warka ist der Hauptsponsor der polnischen Nationalmannschaft, Amstel unterstützt Manchester City. Sogar der SSC Neapel aus der Weinregion Kampanien hat einen Biersponsor, das italienische Lager Birra Moretti.

In den letzten Jahren haben die großen Brauereien rund um die Fußballkooperation große Unterhaltungskomplexe gebildet. Die Fans können nicht nur im Stadion, sondern zum Beispiel in Kneipen oder in den sozialen Medien am Gemeinschaftserlebnis teilnehmen. Wer Glück hat, gewinnt in seinem Lokal oder bei einem Wettbewerb im Internet Karten für ein von der Biermarke gesponsertes Spiel, und umgekehrt kann man mit der Eintrittskarte später an Bier-Events im realen Leben und im Internet teilnehmen. Vor allem die Werbekampagne, die Heineken 2012 um die Champions League herum aufbaute, sowie die langjährige Zusammenarbeit zwischen Carlsberg und Liverpool haben viele Follower, und Gefällt mir-Klicks erreicht – und Insiderinformationen zufolge auch den Absatz im erhofften Maß erhöht.

Bei kleineren Brauereien fällt im Zusammenhang mit Fußballsponsoring häufig das Wort Zusammengehörigkeit. Mit der Unterstützung des lokalen Sportvereins will man nicht in erster Linie einen genau kalkulierten wirtschaftlichen Nutzen erzielen. Wichtiger ist es, Teil der örtlichen Gemeinschaft zu sein, genau da in Erscheinung zu treten, wo die Menschen zusammenkommen. Allerdings kann man auch über eine weniger berühmte Mannschaft eine beträchtliche Zahl von Konsumenten erreichen – zum Beispiel haben Spiele der dritten Liga in Deutschland und England durchschnittlich mehr als sechstausend Zuschauer.

Mit dem Sponsoring eines Sportvereins sind auch Risiken verbunden. Negative Konnotationen über den Verein werden gern auch auf die als Sponsor auftretende

Biermarke übertragen. Die Brauereien sind sich dieses Faktors bewusst und berücksichtigen ihn manchmal auch bei ihrem Sponsoring. Zum Beispiel tragen die Mannschaften Celtic und Rangers, die um die Fußballherrschaft in Glasgow kämpfen, auf ihren Trikots häufig die Werbung desselben Sponsors, der auf diese Weise erreicht, dass sein Sponsoring nicht zu einem Boykott von Seiten der halben Stadt führt. Die beiden Glasgower Mannschaften warben in den Jahren 2003–2010 für Carling-Bier. In den Jahren 2010–2013 trat als gemeinsamer Sponsor eine andere Biermarke auf: Tennent's. In der Spielzeit 2013/2014 hatten beide Mannschaften erneut denselben Sponsor, den irischen Ciderkonzern C&C, warben allerdings für verschiedene Cidersorten: Celtic für Magners, Rangers für Blackthorn.

Die Ethik des Brauereisponsorings ist in den letzten Jahren vor allem in Deutschland in die Diskussion geraten. Obgleich die Einstellung zum Alkohol in Deutschland traditionell liberaler ist als in Skandinavien, empfanden es manche als fragwürdig, dass Sport und Alkohol mit den gleichen positiven Assoziationen verbunden werden. Die Brauereien reagierten darauf. Beispielsweise wirbt einer der Hauptsponsoren des DFB, die Brauerei Bitburger, im Zusammenhang mit der Nationalmannschaft ausschließlich für ihr alkoholfreies Bier.

In einer neuseeländischen Untersuchung wurde 2008 festgestellt, dass das Sponsoring von Sportvereinen den Alkoholkonsum im gleichen Maße steigert wie Direktwerbung. Bei Anhängern von Vereinen, die von Alkoholproduzenten unterstützt werden, wurde ein leicht erhöhtes Risiko von Alkoholkrankheiten beobachtet. Eine 2012 veröffentlichte niederländische Studie konstatierte, dass Alkoholwerbung und -sponsoring das Interesse Minderjähriger an den Getränken steigert, auch wenn das Marketing ausschließlich auf Erwachsene ausgerichtet ist. Die Verfasser beider Untersuchungen fordern in ihren Schlussfolgerungen den Gesetzgeber auf, strengere Regelungen für Alkoholwerbung und Vereinssponsoring in Erwägung zu ziehen. Praktische Auswirkungen auf die Sponsorentätigkeit von Brauereien hatten die Untersuchungen nicht. In Ländern, in denen alkoholische Getränke einen natürlichen Teil der Speisenkultur darstellen, zählen die Gelder, die der Sport von Brauereien erhält, vielleicht doch nicht zu den größten Gefahren für die Gesundheit der Bevölkerung.

Ethisch fragwürdiger wird es, wenn der Sponsor seine Unterstützung an Bedingungen knüpft, die den Werten der Mannschaft oder gar der geltenden Gesetzgebung widersprechen. In Europa sind solche Fälle selten, doch im internationalen Fußball findet sich ein interessantes Beispiel. Der internationale Fußballverband FIFA arbeitet seit Langem mit dem Brauereikonzern Anheuser-Busch InBev zusammen. Als die WM in Brasilien 2014 näher rückte, bildete ein brasilianisches Gesetz ein Hindernis für die Zusammenarbeit, da es den Verkauf und Konsum alkoholischer Getränke in Fußballstadien verbot. Bei Länder- oder Ligaspielen gab es seit Jahren kein Bier mehr. Die FIFA setzte das ausrichtende Land unter Druck, und 2012 musste Brasilien nachgeben. Aufgrund einer Sonderregelung durften die Zuschauer beim *Confederations Cup* 2013 und bei der WM 2014 Bier trinken – oder, nun ja, zumindest Budweiser ...

Die schönere Seite der Medaille ist die Tatsache, dass die Sponsoringprogramme der Brauereien häufig auch soziale Tätigkeit an der Basis beinhalten. Die Brauereien fördern den Juniorenfußball, die Instandhaltung der Spielfelder und zum Beispiel die Schiedsrichterausbildung. Zudem weisen die Bierproduzenten beim Sportsponsoring, ebenso wie in ihrem Marketing generell, auf die Tugend des Maßhaltens hin.

Heineken
Amsterdam, Niederlande

Typ: Lager
Alkohol: 5,0 %
Stammwürze: 11,4 op
Bittereinheit: 18 EBU
Farbe: 7,3 EBC

Gerard Adriaan Heineken kaufte 1864 die Brauerei De Hooijberg und ließ vier Jahre später in Amsterdam neue Produktionsstätten errichten. Der Deutsch-Französische Krieg unterbrach 1870/71 den Import bayerischen Biers in die Niederlande. Dies schuf einen Markt für das von Heineken entwickelte Lager nach bayerischem Vorbild, das als »Herrenbier« vermarktet wurde, um es von den Sorten abzuheben, die von den Arbeitern bevorzugt wurden. Das Getränk fand Abnehmer. 1873 erhielt die Brauerei nach ihrem Besitzer den Namen Heineken, und im selben Jahr wurde auch die Herstellungsweise des gleichnamigen Biers standardisiert. *Heineken Lager* erhielt in den ersten Jahrzehnten zahlreiche internationale Preise. Das Bier wird bis heute nach dem Originalrezept gebraut, zu dessen wesentlichen Elementen eine längere Kaltgärung gehört als bei gewöhnlichem Lager.

Heineken ist ein hellgelbes, schäumendes Lager. Der

Geschmack ist frisch und fruchtig, die Hopfung mittel-stark. Heineken ist der drittgrößte Brauereikonzern der Welt; seine internationalen Marken sind neben *Heineken* beispielsweise *Amstel, Sol* und *Tiger.* Der Konzern ist seit 1994 Hauptsponsor der Champions League.

DANKE!

Jako Arula
Daniela Brignone
André Bühler
Kenneth Cortsen
Emir O. Filipović
Larissa Fleischmann
Tim Hampson
Olli Heikkilä
Karel Janko
Michaela Knoer
Jussi T. Lappalainen
Ondřej Němec

Michelle Norman
Ulla Nymand
Lien Pleck
Annelies Rittgerodt
Paul Rouse
Olli Sarmaja
Georg Sladek
Manfred Straube
Sigrid Strætkvern
Adrian Tierney-Jones
Elina Ussa
Ines Zekert

BILDRECHTENACHWEIS

Alle Abbildungen der Bieretiketten sind rechtefrei
Abbildung S. 7, 16–17, 18, 58, 68, 80, 92, 104, 136, 148, 160, 180, 192, 208, 220, 232, 244, 282, 296, 320: rechtefrei
Abbildung S. 34: Abdruck mit freundlicher Genehmigung von Bérengère de Laveleye, Brüssel
Abbildung S. 44: Abdruck mit freundlicher Genehmigung der Landesbibliothek Coburg
Abbildung S. 122: Abbildung mit freundlicher Genehmigung des Deutsche Bahn Museums, Nürnberg
Foto S. 260: Abdruck mit freundlicher Genehmigung von Archivo Storico e Museo Birra Peroni, Rom, Italien
Foto S. 270: © Ondrej Nemec [Schreibweise von Seite 270 übernehmen!]
Foto S. 306: © James Flynn; Abdruck mit freundlicher Genehmigung

QUELLEN UND LITERATUR

I Das Bündnis von Kirche und Bier

Hornsey, I. S., *A History of Beer and Brewing*, Padstow 2003.

Jonas Bobiensis, *Vita Columbani*, in: B. Krusch (Hg.), *Ionae Vitae Sanctorum*, Hannover 1905.

Nelson, M., *The Barbarian's Beverage. A History of Beer in Ancient Europe*, London 2005.

O'Hara, A., »The Vita Columbani in Merovingian Gaul«, *Early Medieval Europe* 17 (2009), S. 126–153.

Unger, R. W., *Beer in the Middle Ages and the Renaissance*, Philadelphia 2004.

Wood, I. N., *The Missionary Life: Saints and the Evangelisation of Europe, 400–1050*, Singapore 2001.

Catholic Online/Saints & Angels (www.catholic.org/saints)

II Das Geheimnis des prachtvollen Bogens

Blommaert, Ph. – Serrure, C. P. (Hg.), *De Grimbergsche oorlog. Ridderdicht uit de XIV eeuw*, Gent 1852–54.

Gocar, M., *Cette bonne vieille bière: pétillante antiquité, mousseux moyen-âge*, Bruxelles 1969.

History and Origin of Manneken-Pis (Souvenir of Brussels), Bruxelles 1873.

Koletzko, B. – Lehner, F., »Beer and breastfeeding: short and long term effects of breast feeding on child health«, *Advances in Experimental Medicine and Biology* 478 (2000), S. 23–28.

Mennella, J. A. – Beauchamp, G. K., »Beer, breast feeding, and folklore«, *Developmental Psychobiology* 26 (1993), S. 459–466.

Sharar, S., *Childhood in the Middle Ages*, London 1990.

Musea van de Stad Brussel/Manneken-Pis (http://www.brussel.be/dwnld/50581926/Manneken-Pis een schattige fontein.pdf)

III Die Hopfen-Reformation

Frank, B., »Martin Luther und das Bier«, *Jahrbuch der Gesellschaft für Geschichte des Brauwesens* 1966, S. 31–37.

Herborn, W. von, »Römerbier, Grutbier, Hopfenbier. Zur rheinischen Biergeschichte von den Anfängen bis zum Beginn der Neuzeit«, in: F. Langensiepen – M. Krieger (Hg.), *Bierkultur an Rhein und Maas*, Bonn 1998, S. 195–218.

Hildegard von Bingen (*Hildegard Bingensis*), *Physica* (hg. v. R. Hildebrandt – T. Gloning), Berlin 2010.

Speckmann, W. D., »Ein großer Geist mit eigenem Bier. Philipp Melanchthon«, *Jahrbuch der Gesellschaft für Geschichte des Brauwesens* 1997, S. 13–21.

Stresow, G., »Martin Luther – trinkfreudiger Reforma-tor«, *Jahrbuch der Gesellschaft für Geschichte des Brauwe-sens* 2002, S. 205–236.

Unger, R. W., *A History of Brewing in Holland, 900–1900: Economy, Technology, and the State*, Leiden 2001.

Vaughan, H. M., *The Medici popes: Leo X and Clement VII*, London 1908.

West, J., *Drinking with Calvin and Luther. A History of Alco-hol in the Church*, Lincoln 2003.

IV Maler von Bauern und Tavernen

Barnes, D. R. – Rose, P. G., *Matters of Taste: Food and Drink in Seventeenth-Century Dutch Art and Life*, Guangdong 2002.

Bode, W. von, *Adriaen Brouwer. Sein Leben und seine Werke*, Berlin 1924.

Knuttel, G., *Adriaen Brouwer. The Master and His Work*, The Hague 1962. (Translated by J. G. Talma-Schil-thuis and R. Wheaton.)

Lemoine, S. – Marchand, B., *Les peintres et la bière. Pain-ters and Beer*, Paris 1999.

Richardson, T. M., *Pieter Bruegel the Elder. Art Discourse in Sixteenth-Century Netherlands*, Surrey 2011.

Silver, L., *Pieter Bruegel*, New York 2011.

Stechow, W., *Pieter Bruegel the Elder*, New York 1990.

Vlieghe, H., *David Teniers the Younger. A Biography*, Turn-hout 2011. (Translated by B. Jackson.)

V Der Siegtrunk von Krostitz

Findeisen, J. P., *Gustav II. Adolf von Schweden. Der Eroberer aus dem Norden*, Gernsbach 2005.

Heise, U., *Ur-Krostitzer. Chronik einer Brauerei in Mitteldeutschland*, Leipzig 2006.

Metasch, F., »Gustav Adolf von Schweden«, in: M. Donath – A. Thieme (Hg.), *Sächsische Mythen*, Leipzig 2011, S. 126–136.

Krostitzer Brauerei/Archiv

VI Der Durst nach Europäischem in Russlands

Alexander, J. T., *Catherine the Great: Life and Legend*, Oxford 1989.

Cross, A., *By the Banks* of Neva, Glasgow 1997.

Cross, A., »The Old Man from Cambridge, Mrs Cross, and Other Anglo-Petrine Matters of Due Weight and Substance«, in: L. Hughes (Hg.), *Peter the Great and the West. New Perspectives*, Chippenham 2001, S. 3–26.

Grey, I., *Peter the Great, Emperor of All Russia*, London 1962.

Pokhlebkin, W., *History of Vodka*, New York 1992. (Original: *Istorija Vodki*, Moskva 1991. Translated by R. Clarke.)

Smith, R. E. F. – Christian, D., *Bread and Salt. A social and economic history of food and drink in Russia*, Cambridge 1984.

VII Bier zum Wohle der Waisen

Bennett, J. M., *Ale, Beer, and Brewsters in England: Women's Work in a Changing World, 1300–1600*, New York 1996.

Bunge, F. G. von, *Liv- und esthländisches Privatrecht*, Dorpat 1838.

»Memorial der livländischen Ritterschaft über die Schenkerei-, Brauerei- und Brennereiberechtigung der Rittergutsbesitzer in Livland«, *Baltische Monatsschrift* 48 (1899), S. 79–118.

Sepp, A., *Õllelinn Tartu. A. Le Coq 1807–2007*, Tartu 2007.

Zetterberg, S., *Viron historia*, Hämeenlinna 2007.

VIII Offizier und Feinschmecker

Attorps, G., *Fältkamrater till Fänrik Stål*, Stockholm 1940.

Bulgarin, F., *Vospominanija 4–5*, Sankt-Peterburg 1848.

Colliander, T., *Den femte juli*, Helsingfors 1943.

Hårdstedt, M., *Om krigets förutsättningar. Den militära underhållsproblematiken och det civila samhället i norra Sverige och Finland under Finska kriget 1808–1809*, Umeå universitet (Diss.) 2002.

Hårdstedt, M., *Finska kriget 1808–1809*, Stockholm 2006.

Lappalainen, J. T., *Elämää Suomen sotaväessä Kaarle X. Kustaan aikana* (Studia Historica Jyväskyläensia 12), Jyväskylä 1975.

Lappalainen, J. T. – Ericson Wolke, L. – Pylkkänen, A., *Sota Suomesta. Suomen sota 1808–1809*, Helsinki 2007.

Montgomery, G., *Historia öfver kriget mellan Sverige och Ryssland åren 1808 och 1809 1–2*, Örebro 1842.

Nelsson, B., *Duncker och Savolaxbrigaden*, Stockholm 2011.

Runeberg, J. L., *Fähnrich Stahls Erzählungen*, Leipzig 1904. (Original *Fänrik Ståls sägner*, Borgå 1848–1860. Dt. von Wolrad Eigenbrodt).

Toivanen, P., *Kuopion historia 2. Savon residenssistä valtuusmiesten aikaan*, Kuopio 2000.

Valta, T., *Olvi vuodesta 1878*, Iisalmi 1998.

Wrede, J., *Se kansa meidän kansa on. Runeberg, vänrikki ja kansakunta*, Helsinki 1988.

IX Fässer auf die Schienen

Die deutschen Eisenbahnen in ihrer Entwicklung 1835–1935, Berlin 1935.

Franzke, J. – Bartelsheim, U. (Hg.), *Ein Jahrhundert unter Dampf: Die Eisenbahn in Deutschland 1835–1919* (Geschichte der Eisenbahn in Deutschland, Band 1), Nürnberg 2001.

Mück, W., *Deutschlands erste Eisenbahn mit Dampfkraft. Die kgl. priv. Ludwigs-Eisenbahn zwischen Nürnberg und Fürth*, Universität Würzburg (Diss.) 1968.

Mück, W., »Eine Idee und ihre Verwirklichung: Die Nürnberg-Fürther Ludwigseisenbahn von 1835«, *Mitteilungen des Vereins für Geschichte der Stadt Nürnberg* 72 (1985), S. 232–262.

Spielhoff, L., *Geschichte der Eisenbahn-Bierwagen, Das erste Frachtgut deutscher Eisenbahnen: Bier*, Freiburg 2000.

Zitzmann, P., »Unternehmensgeschichte der Ludwigs-Eisenbahn-Gesellschaft von 1835–1969«, *Mitteilungen des Vereins für Geschichte der Stadt Nürnberg* 60 (1973), S. 250–295.

DB Museum/Archiv

Tucher Bräu/Archiv

X Die Bierforschungen des Louis Pasteur

Baxter, A. G., »Louis Pasteur's beer of revenge«, *Nature Reviews Immunology* 1 (2001), S. 229–232.

Debré, P., *Louis Pasteur*, Baltimore 2000. (Original *Louis Pasteur*, Paris 1994. Translated by E. Forster.)

Pasteur, L., *Études sur la bière*, Paris 1876.

Philliskirk, G., »Pasteurization«, in: G. Oliver (Hg.), *Oxford Companion to Beer*, Oxford 2012, S. 641–642.

Vallery-Radot, R., *La vie de Pasteur*, Paris 1911.

XI Die Bier-Medici von Kopenhagen

Glamann, K., *Jacobsen of Carlsberg. Brewer and Philanthropist*, Copenhagen 1991. (Original *J. C. Jacobsen på Carlsberg*, København 1990. Translated by G. French.)

Glamann, K., *Beer and Marble. Carl Jacobsen of New Carlsberg*, Copenhagen 1996. (Original *Øl og Marmor. Carl*

Jacobsen på Ny Carlsberg, København 1995. Translated by G. French.)

Glamann, K. – Glamann, K., *The Story of Emil Chr. Hansen,* Copenhagen 2009. (Original *Nordens Pasteur. Fortællingen om Emil Chr. Hansen,* København 1994. Translated by G. French.)

Moltesen, M., *Wolfgang Helbig. Brygger Jacob Christiansens agent i Rom 1887–1914,* København 1987.

Moltesen, M., »Wolfgang Helbig e la Ny Carlsberg Glyptotek«, in: S. Örmä – K. Sandberg (Hg.), *Wolfgang Helbig e la scienza dell'antichità del suo tempo* (Acta Instituti Romani Finlandiae 37), Roma 2011, S. 69–79.

The Carlsberg Archives (www.carlsberggroup.com/Company/heritage)

XII Eisgekühlt im Nordpolarmeer

Huntford, R., *Nansen. The Explorer as Hero,* London 1997.

Johansen, H., *With Nansen in the North. A Record of the Fram Expedition in 1893–96,* London 1899. (Original *Selv-anden paa 86° 14': optegnelser fra Den Norske polarfærd 1893–96.* Translated by H. L. Brkstad.)

Nansen, F., *På ski over Grønland,* Kristiania 1888.

Nansen, F., *Fram over Polhavet. Den norske polarfærd 1893–1896,* Kristiania 1897.

Fram Museum (http://www.frammuseum.no)

Ringnes Bryggeri/Arkiv

XIII Nicht schießen! Wir bringen Bier

Brown, M. – Seaton, S., *Christmas Truce. The Western Front, December 1914*, London 1999.

Cleaver, A. – Park, L. (Hg.), *Not a shot was fired. Letters from the Christmas Truce 1914*, e-book 2008.

Ferro, M. – Brown, M. – Cazals, R. – Mueller, O., *Meetings in No Man's Land. Christmas 1914 and Fraternization in the Great War*, London 2007. (Original *Frères de Tranchées*, Paris 2005. Translated by H. McPhail.)

Frenzen, M., »Exkursion nach Frelinghien vom 8. bis 12. 11. 2008«. (http://www.saechsische-armee.de/upload/magazin/1.pdf).

Jürgs, M., *Der kleine Frieden im Großen Krieg. Westfront 1914: Als Deutsche, Franzosen und Briten gemeinsam Weihnachten feierten*, München 2003.

Weintraub, S., *Silent Night: The Story of the World War I Christmas Truce*, New York 2001.

XIV Der Bierstubenagitator

Deuerlein, E. (Hg.), *Der Hitler-Putsch: Bayerische Dokumente zum 8./9. November 1923* (Quellen und Darstellungen zur Zeitgeschichte 9), Stuttgart 1962.

Gordon, H. J., *Hitler and the Beer Hall Putsch*, Princeton 1972.

Jenks, W. A., *Vienna and the young Hitler*, New York 1960.

Kershaw, I., *Hitler, 1889–1936*, Stuttgart 1998. (Original

Hitler, 1889–1936: hubris, London 1998. Übersetzung von J. P. Krause und J. W. Rademacher.)

Kershaw, I., *Hitler, 1936–1945*, Stuttgart 2000. (Original *Hitler, 1936–1945: nemesis*, London 2000. Übersetzung von K. Kochmann.)

Shirer, W. L., *Aufstieg und Fall des Dritten Reiches* I–II, München 1963. (Original *The Rise and Fall of the Third Reich*, New York 1960. Übersetzung von W. und M. Pferdekamp.)

Waite, R. G. L., *The Psychopathic God*, New York 1977.

The National Archives (http://www.nationalarchives. gov.uk)

XV Außenpolitik nach den Lehren des Bierhandels

Birkelund, J. P., *Gustav Stresemann. Patriot und Staatsmann. Eine Biografie*, Hamburg 2003. (Original *Biography of Gustav Stresemann*. Übersetzung von M. Ruf.)

Eklund, C., *Paneurooppa vai Mitteleuropa? Gustav Stresemann Saksan ulkopolitiikan johdossa 1923–1929*, Universität Helsinki (Magisterarbeit) 1998.

Koszyk, K., *Gustav Stresemann – Der kaisertreue Demokrat. Eine Biographie*, Köln 1989.

Stresemann, G., *Die Entwicklung des Berliner Flaschenbiergeschäfts*, Universität Leipzig (Dissertation) 1901.

Stresemann, V., *Mein Vater Gustav Stresemann*, München 1979.

Wright, J., *Gustav Stresemann: Weimar's Greatest Statesman*, Oxford 2002.

XVI Tour de Bière

Badcock, J., »The Fancy, or True Sportsman's Guide; authentic Memoirs of Pugilists, vols. 1–13«, in: *The Annals of Sporting and Fancy Gazette*, 1822–1828.

Bamforth, C. V., *Beer – Health and Nutrition*, New Delhi 2004.

Houlihan, B., *Dying to Win: Doping in Sport and the Development of Anti-doping Policy*, Strasbourg 2003.

Lecoultre, V. – Schutz, Y., »Effect of a Small Dose of Alcohol on the Endurance Performance of Trained Cyclists«, *Alcohol and Alcoholism* 44 (2009), S. 278–283.

McGann, B. – McGann, C., *The Story of the Tour de France. Volume 1: 1903–1964*, Indianapolis 2006.

Piendl, A., »Beer as a sporting drink«, *Brauwelt* 130 (1990), S. 370–372.

Pyykkönen, T. – Vasara, E., *Viinamäen urheilumiehet. Urheilu ja raittius 1900-luvulla*. Helsinki 1990.

Thompson, C. S., *The Tour de France: A Cultural History*, Berkeley 2006.

Bike Race Info/Tour de France (http://www.bikerace-info.com/tdf/tdfindex.html)

XVII Die fantastischste Pub-Gesellschaft von Oxford

Carpenter, H., *J. R. R. Tolkien: A Biography*, New York 1977.

Evans, G. R., *The University of Oxford. A New History*, London 2010.

Glyer, D. P., *The Company They Keep*, Kent 2007.

Green, R. L. – Hooper, W., *C. S. Lewis – A Biography*, New York 1974/2002.

Tolkien, J. R. R., *Der Herr der Ringe 1: Die Gefährten*, Stuttgart 2002 (Original *The Lord of the Rings 1: The Fellowship of the Rings*, London 1954. Übersetzung von W. Krege, Übersetzung der Gedichte von E.-M. von Freymann.)

BBC Archive/JRR Tolkien (http://www.bbc.co.uk/archive/writers/12237.shtml)

XVIII Die Bierschlacht um England

Brooks, R. J., *Kent Airfields in the Second World War*, Newbury 1998.

Kilduff, P., *Red Baron, the Life and Death of an Ace*, Newton Abbot 2007.

Lipfert, H., *Das Tagebuch des Hauptmann Lipfert: Erlebnisse eines Jagdfliegers während des Rückzuges im Osten 1943–1945*, Stuttgart 1973.

Airfields of Britain/Ford (Yapton) (http://www.abct.org.uk/airfields/ford-yapton)

Arundel Brewery (http://www.arundelbrewery.co.uk)

London Biggin Hill Airport (http://www.bigginhillair-port.com)

Westerham Brewery (http://www.westerhambrewery.co.uk)

XIX Der amerikanische Traum in Italien

Brignone, D., *Birra Peroni 1846–1996. Centocinquant'anni di birra nella vita italiana*, Milano 1995.

Petri, R., »Dalla ricostruzione al miracolo economico«, in: G. Sabbatucci – V. Vidotto (Hg.), *Storia d'Italia 5. La Repubblica 1943–1963*, Bari 1997, S. 313–440.

Rossi, N. – Toniolo, G., »Italy«, in: N. Crafts – G. Toniolo (Hg.), *Economic Growth in Europe since 1945*, Cambridge 1996, S. 427–454.

Vidotto, V., »La nuova società«, in: G. Sabbatucci – V. Vidotto (Hg.), *Storia d'Italia 6. L'Italia contemporanea dal 1963 a oggi*, Bari 1999, S. 3–100.

L'istituto nazionale di statistica/L'Italia in 150 anni. Sommario di statistiche storiche 1861–2010 (http://www.3.istat.it/dati/catalogo/20120118_00/)

XX Aus dem Brauereikeller in die Prager Burg

Havel, V., *Disturbing the Peace. A Conversation with Karel Hvížďala*, New York 1990. (Original *Dálkový výslech: rozhovor s Karlem Hvížďalou*, Bonn–Praha 1985–1986. Translated by P. Wilson.)

Havel, V., *To the Castle and Back*, New York 2008.

Kaiser, D., *Disident. Václav Havel 1936–1989*, Praha 2009.

Kriseová, E., *Václav Havel – Životopis*, Berlin 1991.

Puukko, M., *Rautaesiripun riekaleet. Aikamatkoja uudessa Euroopassa*, Helsinki 2010.

Novak, A. – Novak, J. (Regie), *Citizen Havel is Rolling Barrels*, Dokumentarfilm, Tschechien 2009.

Václav Havel Library/Archive (http://archive.vaclavhavel-library.org/)

XXI Die Partei der Bierfreunde Polens

Bubel, L., »Prawdziwa Historia powstania działalnośći i upadku Polskiej Partii Przyjaciół Piwa«. (www.polskapartianarodowa.org/index.php?option=com_content&task=view&id=1541&Itemid=185)

Coricelli, F. – Revenga, A., »Wages and unemployment in Poland: recent developments and policy issues«, *Policy, Research working papers* 821 (1992).

Henzler, M., »Palikot? A pamiętacie Partię Przyjaciół Piwa? Z ławy piwnej do sejmowej«, *Polityka* 9.10.2011. (www.polityka.pl/historia/nowozytnosc/

1520918,1,palikot-a-pamietacie-partie-przyjaciol-
piwa.read)

Kowalczuk, I., »Conditions of Alcoholic Beverages Con-
sumption among Polish Consumers«, *Electronic Journal of Polish Agricultural Universities* 7 (2004). (www.ej-
pau.media.pl/volume7/issue2/economics/art-06.html)

Maruck, T., *Der Schweidnitzer Keller im Breslauer Rathaus,*
Würzburg 2009.

Millard, F., *Democratic Elections in Poland, 1991–2007,* New
York 2010.

The Brewers of Europe/Beer statistics 2012 edition
(www.brewersofeurope.org/docs/publications/2012/
stats_2012_web.pdf)

XXII Der Retter von Sarajevo

Anderson, S., *The Man Who Tried to Save the World: The
Dangerous Life & Mysterious Disappearance of Fred Cuny,*
New York 1999.

Andreas, P., *Blue Helmets and Black Markets: The Business
of Survival in the Siege of Sarajevo,* Ithaca 2008.

Čehajić, R. – Šakić, N., *Njegovo veličanstvo pivo,* Zenica
2005.

Donija, R. J., *Sarajevo. A Biography,* London 2006.

Macek, I., *War Within. Everyday Life in Sarajevo under Siege,*
Uppsala 2000.

XXIII Die Bauchlandung des keltischen Tigers

Arnold, B. – O'Toole, J., *The End of the Party: How Fianna Fáil Finally Lost Its Grip on Power*, Dublin 2011.

Alcohol Beverage Federation of Ireland/Irish Brewers Association (www.abfi.ie)

Business & Finance (www.businessandfinance.ie)

Irish Independent (www.independent.ie)

The Irish Stock Exchange/Annual Statistical Reviews (www.ise.ie)

Raidió Teilifís Éirann (www.rte.ie)

Trading Economics (www.tradingeconomics.com)

United Nations Data Retrieval System (data.un.org)

XXIV FC Heineken gegen AB InBev United

Bergkvist, L., »The Flipside of the Sponsorship Coin. Do You Still buy the Beer When the Brewer Underwrites a Rival Team?«, *Journal of Advertising Research*, March 2012, S. 65–73.

Bühler, A., *Professional football sponsorship in the English Premier League and the German Bundesliga*, University of Plymouth (Diss.) 2006.

Collins, T. – Vamplew, W., *Mud, Sweat and Beers: A Cultural History of Sport and Alcohol*, Oxford 2002.

de Bruijn, A. – Tanghe, J. – Bujalski, M. – Gosselt, J. – Schreckenberg, D. – Slowdonik, L., »Report on the impact of European alcohol marketing exposure on youth alcohol expectancies and youth drinking«, Alcohol Measures for Public Health Research Alliance (AMPHORA) 2012. (http://www.drugsandalcohol.ie/19722/1/AMPHORA_WP4_longutudinal_advertising_survey.pdf)

Horne, J. – Whannel, G., »Beer Sponsors Football: What Could Go Wrong?«, in: L.A. Wenner – S. Jackson (Hg.), *Sport, Beer, and Gender: Promotional Culture and Contemporary Social Life*, New York 2009, S. 55–74.

O'Brian, K.S. – Kypri, K., »Alcohol industry sponsorship and hazardous drinking among sportspeople«, *Addiction* 103 (2008), S. 1961–1966.

Wagner, D., *Kulturbier. Deutsche Kultur in der Bierplakatwerbung* (Finnische Beiträge zur Germanistik 10), Frankfurt am Main 2003.

FootballEconomy.Com (www.footballeconomy.com)

Kenneth Cortsen (kennethcortsen.com)

SportBusiness International (www.sportbusiness.com)

SportsPro Media (www.sportspromedia.com)

Interviews:

Kenneth Cortsen, University College Nordjylland

André Bühler, Deutsches Institut für Sportmarketing

Vertreter von Brauereien und Fußballvereinen

REGISTER

351